5年

英語

はじめに

５年生の英語では，自分のことを相手に伝える表現《ひょうげん》や，日常生活でよく使う表現を学びます。まずは，自こしょうかいをしたり，自分のたん生日を伝えたりして自分のことを話せるようになりましょう。また，1日にすることや自分のできること，行きたい場所やものの場所のたずね方なども身につけていきます。

月　日

〈時間〉20分

〈合格〉70点

〈得点〉　/100

1 自こしょうかいをしよう！

答え → 別さつ1ページ

1 [スポーツを表すことば] **次の絵の(1)〜(3)に合う単語を，____に書きましょう。うすい文字はなぞりましょう。** (15点) 1つ5

(1) te____

(2) ba____

(3) vo____

2 [あいさつ・自こしょうかいをする] **次の日本語に合う英文になるように，下の□からあてはまる単語を選んで，____に書きましょう。** (24点) 1つ6 完答

(1) ぼくはマイクです。

I ____ Mike.

(2) はじめまして。

____ to meet you.

(3) わたしの名前はえりです。

____ ____ is Eri.

(4) こちらこそ，はじめまして。

____ to meet you, ____.

name	Nice	am	My	too	Nice

復習《ふくしゅう》のポイント!

- 「はじめまして」とあいさつをするときは Nice to meet you. と言います。答えるときは Nice to meet you, too. と言います。
- 自分の名前を伝えるときは My name is ～. と言います。

3 [好きなスポーツをたずねる] **次の日本語に合う英文になるように，(　)からあてはまる単語を選んで，＿＿＿に書きましょう。**(16点) 1つ8

(1) あなたは何のスポーツが好きですか。

＿＿＿＿＿＿ sport do you like?　(Where,　What)

(2) ぼくはバスケットボールが好きです。

I ＿＿＿＿＿＿ basketball.　(like,　play)

たいせつ

4 [まとめ] **次の日本語に合う英文になるように，(　)の単語をならべかえて，＿＿＿に書きましょう。**(45点) 1つ9

(1) わたしはジュディーです。(am / I) Judy.

＿＿＿＿＿＿＿＿＿＿＿＿ Judy.

(2) ぼくの名前はえいすけです。(is / name / My) Eisuke.

＿＿＿＿＿＿＿＿＿＿＿＿ Eisuke.

(3) はじめまして。(to / you / Nice / meet).

＿＿＿＿＿＿＿＿＿＿＿＿ .

(4) あなたは何のスポーツが好きですか。(do / like / What / you / sport)?

＿＿＿＿＿＿＿＿＿＿＿＿ ?

(5) わたしはバレーボールが好きです。(like / volleyball / I).

＿＿＿＿＿＿＿＿＿＿＿＿ .

2 たん生日をたずねてみよう！

月　　日

〈時間〉20分　〈合格〉70点　〈得点〉　／100

答え→別さつ1ページ

1 [月を表すことば] **次の絵に合う単語を，＿＿に書きましょう。うすい文字はなぞりましょう。**（24点）1つ6

(1) Ja＿＿＿＿

February

(2) Ma＿＿＿＿

April

May

(3) Ju＿＿＿＿

July

August

September

(4) Oc＿＿＿＿

November

December

2 [たん生日をたずねる] **次の日本語に合う英文になるように，下の□からあてはまる単語を選んで，＿＿に書きましょう。**（18点）1つ9 完答

(1)

たん生日はいつ？

＿＿＿＿ is your ＿＿＿＿?

(2)

ぼくのたん生日は5月2日だよ。

＿＿＿＿ birthday is ＿＿＿＿ 2nd.

When　　My　　birthday　　May

復《ふく》習《しゅう》のポイント!

- たん生日をたずねるときは When is your birthday? と言います。
- 自分のたん生日を伝えるときは My birthday is ～. を使って言います。

3 ［ほしいものをたずねる］ **次の日本語に合う英文になるように，（　）からあてはまる単語を選んで，______に書きましょう。** (18点) 1 つ 9

(1) あなたはたん生日に何がほしいですか。

______ do you want for your birthday?

(When,　What)

(2) わたしはかばんがほしいです。

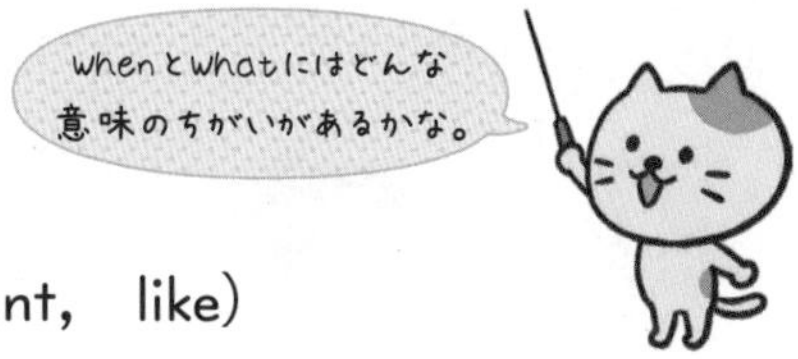

I ______ a bag.　(want,　like)

たいせつ

4 ［まとめ］ **次の日本語に合う英文になるように，（　）の単語をならべかえて，______に書きましょう。** (40点) 1 つ10

(1) あなたのたん生日はいつですか。(is / birthday / When / your)?

______?

(2) わたしのたん生日は12月27日です。(December / birthday / is / My) 27th.

______ 27th.

(3) あなたはたん生日に何がほしいですか。

(you / for / What / want / do) your birthday?

______ your birthday?

(4) わたしは本がほしいです。(want / book / I / a).

______.

3 1日の生活について たずねてみよう！

月　日

〈時間〉20分　〈合格〉70点　〈得点〉　/100

答え→別さつ2ページ

1 ［1日にすることを表すことば］**次の絵に合う単語を，＿＿に書きましょう。うすい文字はなぞりましょう。**（24点）1つ6

get up

(1) e＿＿＿＿ breakfast

(2) g＿＿＿＿ to school

(3) st＿＿＿＿ English

(4) ta＿＿＿＿ a bath

go to bed

2 ［時間わりをたずねる］**次の日本語に合う英文になるように，(　)からあてはまる単語を選んで，＿＿に書きましょう。**（24点）1つ8

(1) あなたは月曜日に算数がありますか。

Do you ＿＿＿＿＿＿ math on Monday?

(play,　have)

(2) はい，あります。

Yes, I ＿＿＿＿＿＿.　(do,　don't)

(3) いいえ，ありません。

No, I ＿＿＿＿＿＿.　(do,　don't)

復習《ふくしゅう》のポイント!

- 時間わりをたずねるときは Do you have ～ on (曜日)? と言います。
- 答えるときは「はい」の場合は Yes, I do.,「いいえ」の場合は No, I don't. と言います。

3 [何時にするかをたずねる] **次の日本語に合う英文になるように，下の［　］からあてはまる単語を選んで，＿＿＿に書きましょう。** (16点) 1つ8 完答

(1)

あなたは何時に起きますか。

＿＿＿＿＿ ＿＿＿＿＿ do you get up?

(2)

わたしはたいてい7時に起きます。

I usually get up ＿＿＿＿＿ ＿＿＿＿＿.

time	seven	What	at

たいせつ **4** [まとめ] **次の日本語に合う英文になるように，(　)の単語と符号をならべかえて，＿＿＿に書きましょう。** (36点) 1つ9

(1) あなたは火曜日に英語がありますか。

(you / English / Do / on / have) Tuesday?

＿＿＿＿＿＿＿＿＿＿＿＿＿＿＿＿ Tuesday?

(2) ((1)への答え)いいえ，ありません。(I / , / No / don't) .

＿＿＿＿＿＿＿＿＿＿＿＿＿＿＿＿ .

(3) あなたは何時にねますか。

(you / do / What / go / time) to bed?

＿＿＿＿＿＿＿＿＿＿＿＿＿＿＿＿ to bed?

(4) わたしはたいてい10時にねます。

I usually (at / bed / go / to) ten.

I usually ＿＿＿＿＿＿＿＿＿＿＿＿＿＿＿＿ ten.

4

できること，できないことをたずねてみよう！

月	日

〈時間〉20分

〈合格〉70点

〈得点〉　／100

答え→別さつ2ページ

1 ［できることを表すことば］ 次の絵の(1)～(3)に合う単語を，＿＿に書きましょう。うすい文字はなぞりましょう。(18点) 1つ6

(1) si＿＿＿＿ well

(2) r＿＿＿＿ fast

(3) sw＿＿＿＿ fast

2 ［できること・できないことを伝える］ 次の絵に合う英文になるように，can か can't のどちらかを選んで，＿＿に書きましょう。(21点) 1つ7

(1)

I ＿＿＿＿＿＿ ride a bike.

(2)

I ＿＿＿＿＿＿ jump high.

(3)

I ＿＿＿＿＿＿ play tennis well.

復《ふく》習《しゅう》のポイント！

- 自分ができることを伝えるときはI can ～., できないことを伝えるときはI can't[cannot] ～. と言います。
- canのうしろには動作を表すことばが続きます。

3 [できるかどうかをたずねる] **次の日本語に合う英文になるように，(　)からあてはまる単語を選んで，＿＿に書きましょう。** (21点) 1つ7

(1) あなたはピアノをひくことができますか。

＿＿＿＿＿＿ you play the piano?　(Can,　Do)

(2) はい，できます。

Yes, I ＿＿＿＿＿＿.　(do,　can)

(3) いいえ，できません。

No, I ＿＿＿＿＿＿.　(can't,　don't)

たいせつ

4 [まとめ] **次の日本語に合う英文になるように，(　)の単語と符号をならべかえて，＿＿に書きましょう。** (40点) 1つ8

(1) わたしは英語を話すことができます。(can / speak / I) English.

＿＿＿＿＿＿＿＿＿＿＿＿＿＿＿＿ English.

(2) わたしは野球をすることができません。(baseball / can't / I / play).

＿＿＿＿＿＿＿＿＿＿＿＿＿＿＿＿.

(3) あなたは上手におどることができますか。(well / you / Can / dance)?

＿＿＿＿＿＿＿＿＿＿＿＿＿＿＿＿?

(4) ((3)への答え)はい，できます。(can / , / Yes / I).

＿＿＿＿＿＿＿＿＿＿＿＿＿＿＿＿.

(5) ((3)への答え)いいえ，できません。(can't / , / No / I).

＿＿＿＿＿＿＿＿＿＿＿＿＿＿＿＿.

5 どこに行きたいか たずねてみよう！

月　日

〈時間〉20分　〈合格〉70点　〈得点〉　/100

答え→別さつ2ページ

1 ［場所を表すことば］ **次の絵の(1)〜(4)に合う単語を，＿＿に書きましょう。うすい文字はなぞりましょう。** (24点) 1つ6

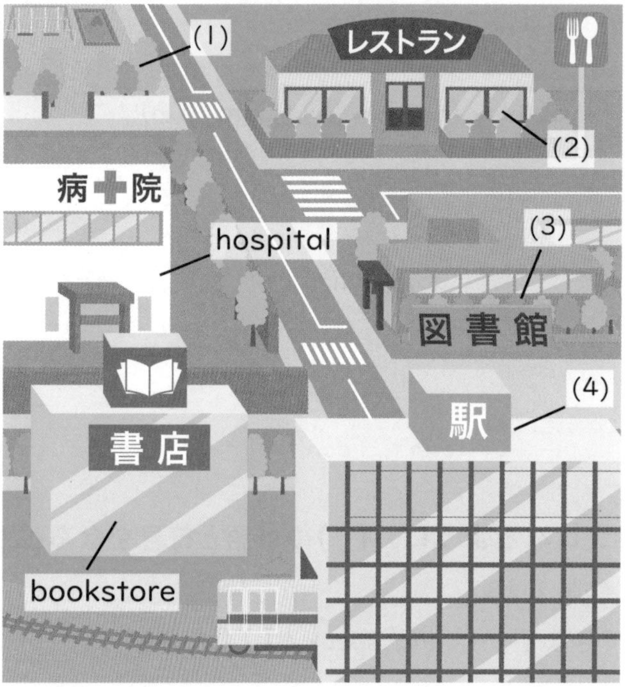

(1) pa＿＿＿＿＿＿

(2) re＿＿＿＿＿＿

(3) li＿＿＿＿＿＿

(4) st＿＿＿＿＿＿

2 ［行きたい場所をたずねる］ **次の日本語に合う英文になるように，下の□からあてはまる単語を選んで，＿＿に書きましょう。** (18点) 1つ9

(1)

あなたはどこに行きたいですか。

＿＿＿＿＿＿ do you want to go?

(2)

わたしはオーストラリアに行きたいです。

I ＿＿＿＿＿＿ to go to Australia.

want	have	Where	What

復習《ふくしゅう》のポイント!

- 行きたい場所をたずねるときは Where do you want to go? と言います。
- 行きたい場所を伝えるときは I want to go to ～. と言います。

3 [ものの場所をたずねる] **次の日本語に合う英文になるように，(　)からあてはまる単語を選んで，______に書きましょう。** (18点) 1つ9

(1) あなたのぼうしはどこにありますか。

______ is your cap?　(Where,　What)

(2) それはベッドの上にあります。

It's ______ the bed.　(on,　under)

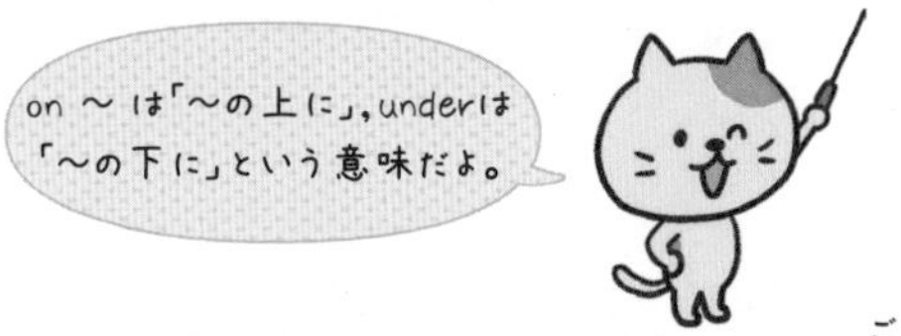

たいせつ **4** [まとめ] **次の日本語に合う英文になるように，(　)の語句《ごく》をならべかえて，______に書きましょう。** (40点) 1つ10

(1) あなたはどこに行きたいですか。(to / Where / you / go / do / want)?

______?

(2) わたしは書店に行きたいです。(go / the bookstore / want / to / to / I).

______.

(3) その本はどこにありますか。(is / Where / the book) ?

______?

(4) それはテーブルの下にあります。(under / It's / the table).

______.

6

仕上げテスト

月　日
〈時間〉30分
〈合格〉70点
〈得点〉　/100

答え → 別さつ 3ページ

1 ［自こしょうかいをする］ **次の絵と英文を線で結んで，正しい組み合わせにしましょう。**

(12点) 1つ4

(1) はじめまして。

(2) ぼくはトムです。

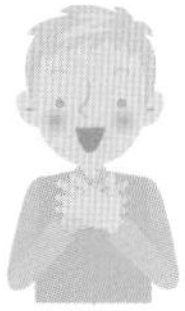

(3) わたしの名前はみほです。

My name is Miho.	I am Tom.	Nice to meet you.

2 ［たん生日をたずねる］ **次の日本語に合う英文になるように，下の［　］からあてはまる単語を選んで，＿＿に書きましょう。** (18点) 1つ6 完答

(1)

あなたのたん生日はいつですか。

＿＿＿＿＿ is your birthday?

(2)

わたしのたん生日は3月5日です。

My birthday is ＿＿＿＿＿ 5th.

(3)

あなたはたん生日に何がほしいですか。

＿＿＿＿＿ do you ＿＿＿＿＿ for your birthday?

want　　When　　March　　What

3 ［１日の生活についてたずねる］**次の日本語に合う英文になるように，（　）からあてはまる単語を選んで，＿＿に書きましょう。**（18点）1つ6

⑴ あなたは月曜日に理科がありますか。

Do you ______ science on Monday?　(have,　like)

⑵ いいえ，ありません。

No, I ______.　(can't,　don't)

⑶ あなたは何時に起きますか。― 6時です。

______ time do you get up?　(What,　When)

―― At six.

4 ［できること・できないことを伝える］**サムが自分のできること・できないことについて話しています。サムができることと，できないことを，下の［　］から２つずつ選んで，英語で＿＿に書きましょう。**（16点）1つ4

I can play basketball.
I can't play soccer.
I can run fast, but I can't swim.

できること：

______

______

できないこと：

______

______

swim	play basketball	run fast	play soccer

5 [好きなスポーツをたずねる] **次の日本語に合う英文になるように，(　)の単語をならべかえて，______に書きましょう。**(12点) 1つ6

(1) あなたは何のスポーツが好きですか。(sport / you / What / do / like)?

______?

(2) わたしはテニスが好きです。(like / I / tennis).

______.

6 [ものの場所をたずねる] **次の日本語に合う英文になるように，(　)からあてはまる単語を選んで，______に書きましょう。**(24点) 1つ6

(1) 本はどこにありますか。— それはつくえの上にあります。

______ is the book?　(Where,　What)

— It's ______ the desk.　(on,　under)

(2) ボールはどこにありますか。— それはテーブルの下にあります。

______ is the ball?　(Where,　When)

— It's ______ the table.　(on,　under)

5年

算数

はじめに

5年生では，倍数や約数，分数の通分や約分，小数のかけ算やわり算など，とても多くのことを学びます。互いに関係しあっていますので，1つ1つ理解《りかい》していくように心がけましょう。また，割合《わりあい》や平均《へいきん》，速さなどの文章題も勉強しますが，計算力が必要なものも多いので，はやく正しく計算できるよう，練習しておきましょう。

1 小数のかけ算

月　日

〈時間〉25分

〈合格〉80点

〈得点〉　／100

答え→別さつ4ページ

たいせつ

1 [整数×小数] **次の計算をしましょう。** (12点)1つ4

(1) $\begin{array}{r} 9 \\ \times\ 0.5 \\ \hline \end{array}$

(2) $\begin{array}{r} 32 \\ \times\ 0.8 \\ \hline \end{array}$

(3) $\begin{array}{r} 46 \\ \times\ 3.7 \\ \hline \end{array}$

たいせつ

2 [小数×小数] **次の計算をしましょう。** (24点)1つ4

(1) $\begin{array}{r} 1.7 \\ \times\ 3.2 \\ \hline \end{array}$

(2) $\begin{array}{r} 2.8 \\ \times\ 4.9 \\ \hline \end{array}$

(3) $\begin{array}{r} 6.5 \\ \times\ 6.5 \\ \hline \end{array}$

(4) $\begin{array}{r} 8.3 \\ \times\ 7.6 \\ \hline \end{array}$

(5) $\begin{array}{r} 3.6 \\ \times\ 0.4 \\ \hline \end{array}$

(6) $\begin{array}{r} 3.29 \\ \times\ 0.5 \\ \hline \end{array}$

3 [小数×小数] **次の計算をしましょう。** (24点)1つ4

(1) $\begin{array}{r} 2.6 \\ \times\ 3.5 \\ \hline \end{array}$

(2) $\begin{array}{r} 4.5 \\ \times\ 7.2 \\ \hline \end{array}$

(3) $\begin{array}{r} 2.5 \\ \times\ 0.8 \\ \hline \end{array}$

(4) $\begin{array}{r} 3.8 \\ \times\ 0.2 \\ \hline \end{array}$

(5) $\begin{array}{r} 0.6 \\ \times\ 1.3 \\ \hline \end{array}$

(6) $\begin{array}{r} 3.5 \\ \times\ 0.02 \\ \hline \end{array}$

復《ふく》習《しゅう》のポイント!

小数をかける筆算では，まず，小数点がないものとして計算します。次に，積の小数点は，かけられる数とかける数の小数点の右にあるけた数の和だけ，右から数えてうちます。

たいせつ **4** ［小数倍］ **ひろしさんの体重は45kgです。また，お父さんの体重はひろしさんの体重の1.8倍，妹の体重はひろしさんの体重の0.4倍です。** (12点)1つ6

(1) お父さんの体重は何kgですか。

(2) お父さんの体重は妹の体重の何倍ですか。

たいせつ **5** ［面積］ **次の面積を求めましょう。** (12点)1つ6

(1) たてが6.7cm，横が3.4cmの長方形の面積

(2) 1辺が2.8mの正方形の面積

6 ［積の大きさ］ **次のかけ算のうち，積が36より小さくなるものを選んで，すべて記号で答えましょう。** (8点)

ア 36×1.4　**イ** 36×0.9　**ウ** 36×1　**エ** 36×0.7

7 ［小数を使った問題］ **1mの重さが4.8kgの鉄のぼうがあります。このぼう7.5mの重さは何kgですか。** (8点)

2 小数のわり算

月　日

〈時間〉25分
〈合格〉80点
〈得点〉　/100

答え→別さつ4ページ

たいせつ

1 [整数÷小数] **次の計算をしましょう。**(12点)1つ4

(1) $4.5\overline{)\,36}$

(2) $2.8\overline{)\,98}$

(3) $0.6\overline{)\,27}$

2 [小数÷小数] **次の計算をしましょう。**(24点)1つ4

(1) $2.6\overline{)\,15.6}$

(2) $4.8\overline{)\,43.2}$

(3) $3.7\overline{)\,51.8}$

(4) $4.2\overline{)\,96.6}$

(5) $0.4\overline{)\,15.2}$

(6) $0.09\overline{)\,64.8}$

3 [わり進む] **次のわり算をわり切れるまでしましょう。**(20点)1つ5

(1) $1.4\overline{)\,4.9}$

(2) $0.6\overline{)\,56.1}$

(3) $2.8\overline{)\,2.1}$

(4) $2.6\overline{)\,0.65}$

復習《ふくしゅう》のポイント！

小数でわる筆算では，わる数とわられる数の小数点を同じけた数だけ右に移《うつ》し，わる数を整数になおしてから計算します。

たいせつ

4 ［がい数で表す］ **次の商を，四捨五入《ししゃごにゅう》して，$\frac{1}{10}$の位までのがい数で表しましょう。** （10点）1つ5

(1)

$0.9\overline{)4.7}$

(2)

$2.3\overline{)8}$

たいせつ

5 ［商と余《あま》り］ **次の商を一の位まで求め，余りも出しましょう。** （10点）1つ5

(1)

$8.6\overline{)32}$

(2)

$2.6\overline{)54.9}$

6 ［商の大きさ］ **次のわり算のうち，商が42より大きくなるものを選んで，すべて記号で答えましょう。** （8点）

ア 42÷0.9　　**イ** 42÷1　　**ウ** 42÷1.4　　**エ** 42÷0.8

7 ［小数を使った問題］ **8.4mで3.5kgのパイプがあります。** （16点）1つ8

(1) このパイプ1kgの長さは何mですか。

(2) このパイプ1mの重さは何kgですか。商を四捨五入して，$\frac{1}{100}$の位までのがい数で求めましょう。

3 整数の性質

月　日

〈時間〉25分

〈合格〉80点

〈得点〉/100

答え→別さつ4ページ

たいせつ **1** [偶数《ぐうすう》と奇数《きすう》] **1，2，3，4の数字を1回ずつ使ってできる4けたの整数について，次の問いに答えましょう。**（12点）1つ6

(1) いちばん小さい奇数はいくつですか。

(2) いちばん大きい偶数はいくつですか。

2 [倍数] **次の数の倍数を，小さい順に3つかきましょう。**（6点）1つ2

(1) 5　(2) 13　(3) 25

3 [約数] **次の数の約数をすべてかきましょう。**（6点）1つ2

(1) 8　(2) 18　(3) 45

4 [公倍数] **次の数の公倍数を，小さい順に3つかきましょう。**（6点）1つ2

(1) 4，7　(2) 18，24　(3) 6，8，12

たいせつ **5** [最小公倍数] **次の数の最小公倍数を求めましょう。**（18点）1つ3

(1) 5，9　(2) 8，14　(3) 15，18

(4) 26，39　(5) 28，42　(6) 9，15，18

6 [公約数] **次の数の公約数をすべてかきましょう。**（6点）1つ2

(1) 6，8　(2) 36，48　(3) 12，18，30

復習《ふくしゅう》のポイント！

公倍数のうちで，いちばん小さい数を最小公倍数といい，公約数のうちで，いちばん大きい数を最大公約数といいます。

7 ［最大公約数］ **次の数の最大公約数を求めましょう。**（18点）1つ3

(1) 9，15　　(2) 30，45　　(3) 39，52

(4) 42，70　　(5) 54，72　　(6) 16，24，40

8 ［倍数の問題］ **1から150までの整数のうち，12の倍数はいくつありますか。**

（10点）

たいせつ

9 ［公倍数を使った問題］ **A駅では，午前7時にB町行きのバスとC町行きのバスが同時に発車します。B町行きのバスは15分ごとに，C町行きのバスは18分ごとに発車します。**（12点）1つ6

(1) B町行きのバスとC町行きのバスが，次に同時に発車するのは午前何時何分ですか。

(2) B町行きのバスとC町行きのバスは午後2時までに，午前7時をふくめて何回同時に発車しますか。

10 ［公約数を使った問題］ **144個《こ》のりんごと180個のみかんを，それぞれ同じ数ずつ，余りが出ないようにできるだけ多くの子どもに配ります。何人の子どもに配れますか。**（6点）

月　日

〈時間〉25分

〈合格〉80点

〈得点〉　/100

4 合同な図形

答え→別さつ5ページ

1 [合同な図形] **下のアの図形と合同な図形をすべて選び，記号で答えましょう。** (10点)

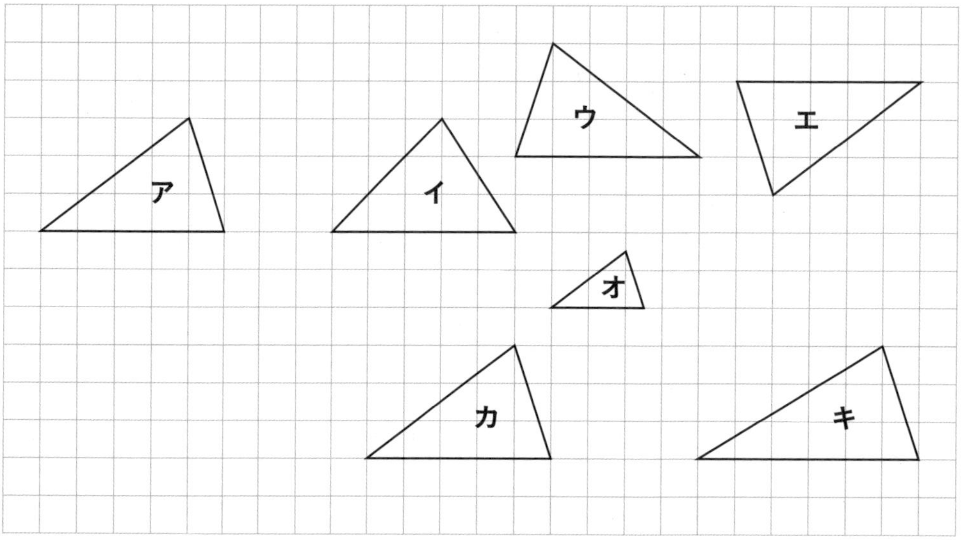

たいせつ **2** [対応《たいおう》する辺や角] **右の2つの四角形は合同です。** (40点)1つ10

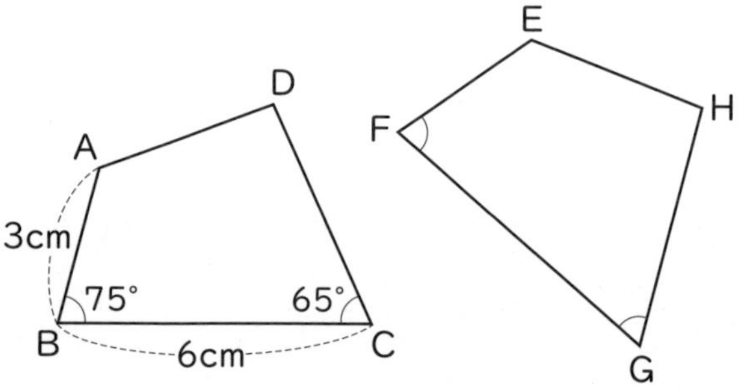

⑴ 頂点《ちょうてん》Aに対応する頂点はどれですか。

⑵ 辺CDに対応する辺はどれですか。

⑶ 角Fの大きさは何度ですか。

⑷ 辺FGの長さは何cmですか。

復習《ふくしゅう》のポイント！

合同な２つの図形は，ぴったり重ね合わせることができます。合同な図形では，対応《たいおう》する辺の長さは等しく，対応する角の大きさも等しくなっています。

たいせつ **3** ［合同な三角形］ **次の三角形と合同な三角形をかくとき，あとどの辺の長さや角の大きさがわかればよいですか。下から１つずつ選んで，記号で答えましょう。** (20点)１つ10

(1)

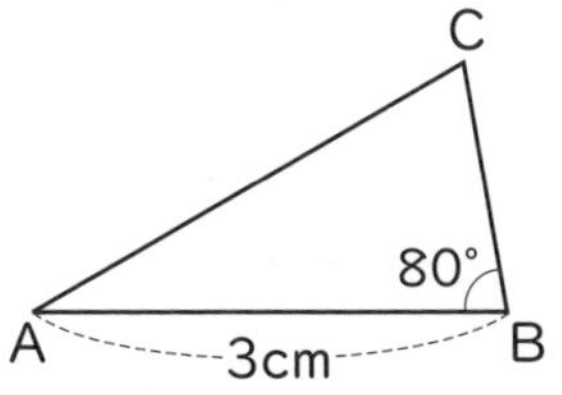

(2)

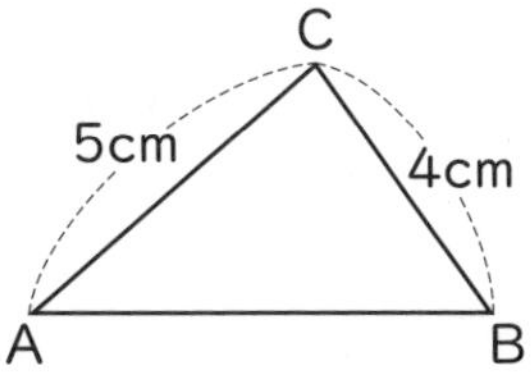

ア 角Aの大きさ　**イ** 辺ABの長さ　**ウ** 辺ACの長さ

4 ［合同な図形］ **次の四角形について，下の問いにあてはまるものをすべて選んで記号で答えましょう。** (20点)１つ10

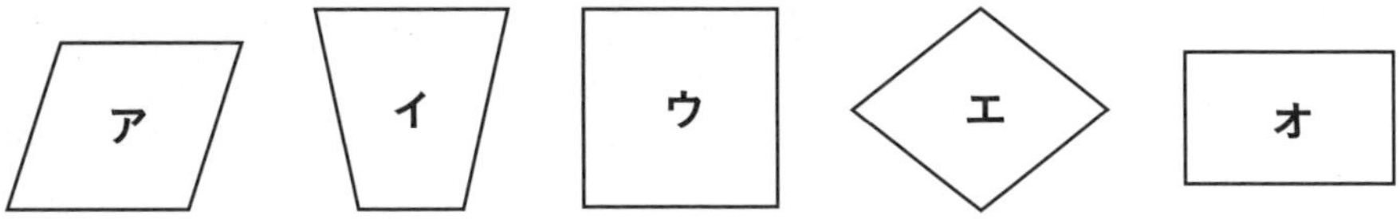

平行四辺形　台形　正方形　ひし形　長方形

(1) １つの対角線で分けると，２つの合同な三角形ができるもの。

(2) ２つの対角線で分けると，４つの合同な三角形ができるもの。

5 ［合同な図形の作図］ **下の図形と合同な図形をかきましょう。** (10点)

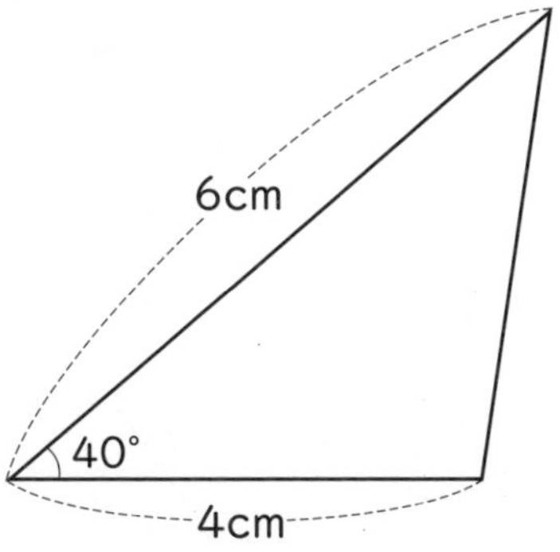

5 図形の角

月　日

〈時間〉25分　〈合格〉80点　〈得点〉　/100

答え→別さつ5ページ

たいせつ **1** ［三角形の角］ **次の図の㋐の角度は何度ですか。** (24点)1つ4

(1)

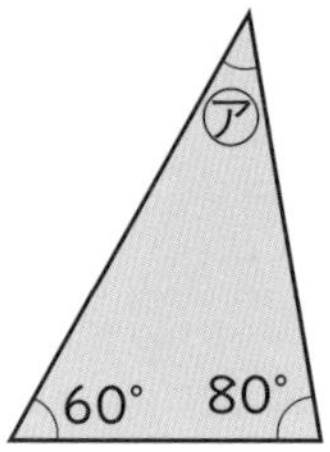

(2)

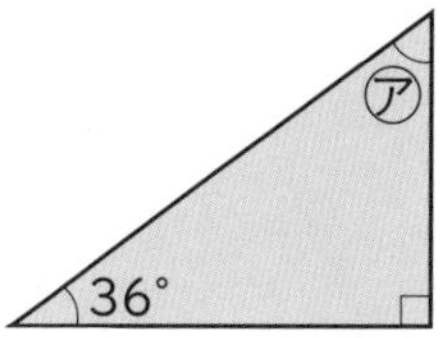

(3)

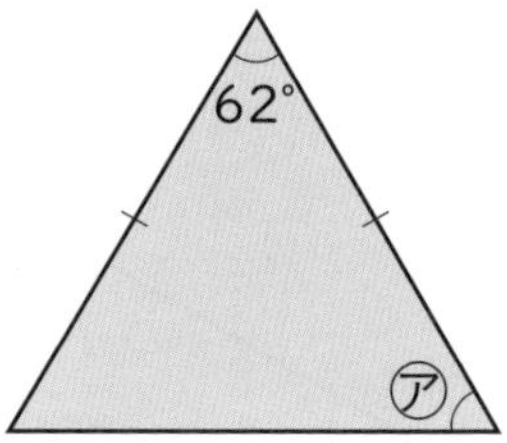

(4)

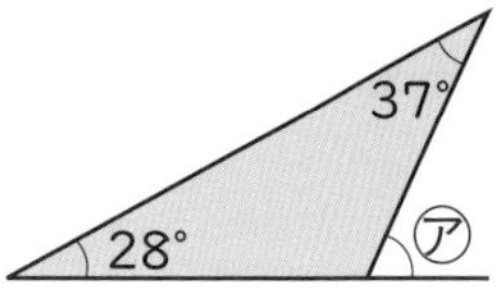

(5)

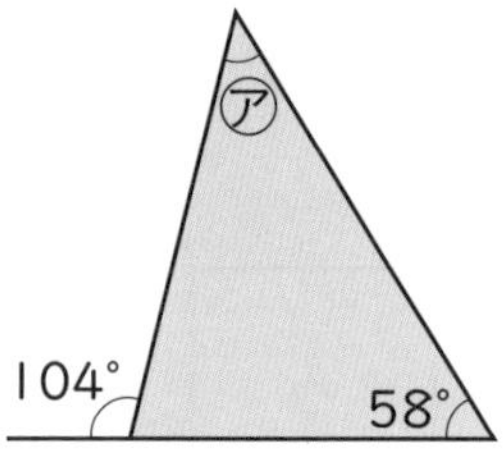

(6)

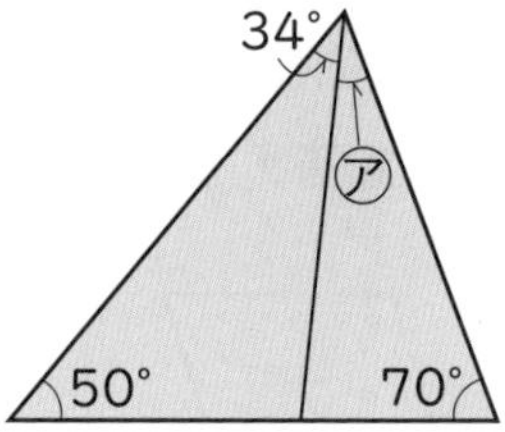

たいせつ **2** ［対角線でできる角（長方形）］ **右の長方形ABCDの㋐，㋑の角度はそれぞれ何度ですか。** (10点)1つ5

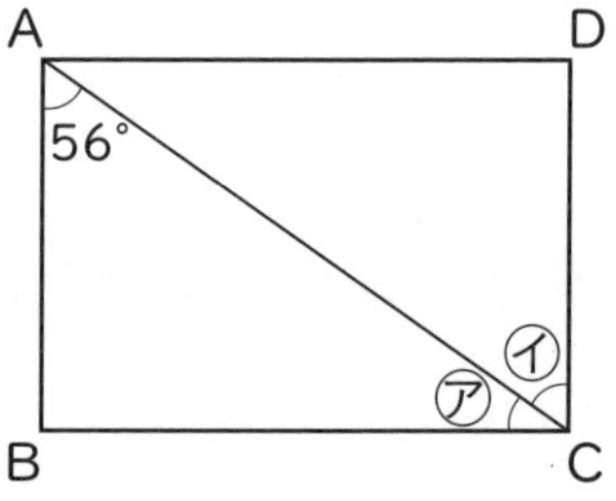

3 ［対角線でできる角（平行四辺形）］ **右の平行四辺形ABCDの㋐，㋑の角度はそれぞれ何度ですか。** (10点)1つ5

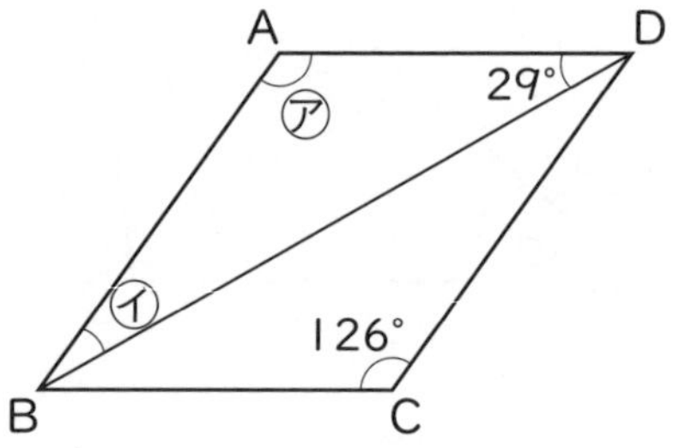

復習《ふくしゅう》のポイント！

三角形の３つの角の大きさの和は180°です。また，四角形や五角形の角の大きさの和は，三角形に分けて考えます。
四角形…360°（三角形２つ分），五角形…540°（三角形３つ分）

たいせつ **4** ［四角形・五角形の角］ **次の図の㋐の角度は何度ですか。**（30点）1つ5

(1)

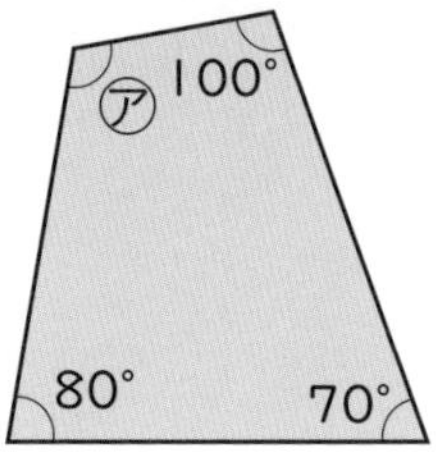

(2)

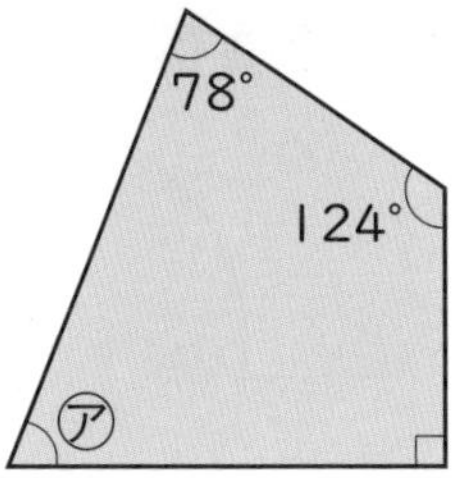

(3)

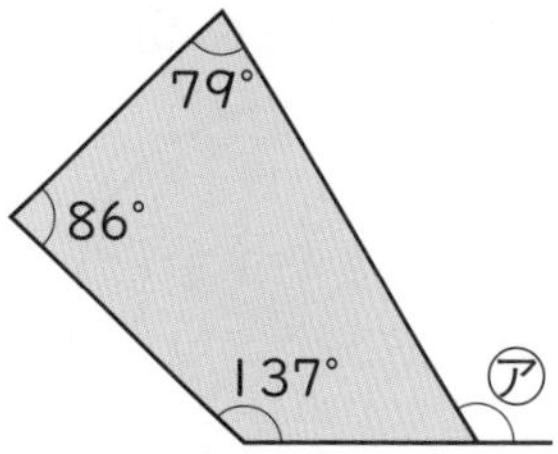

(4)

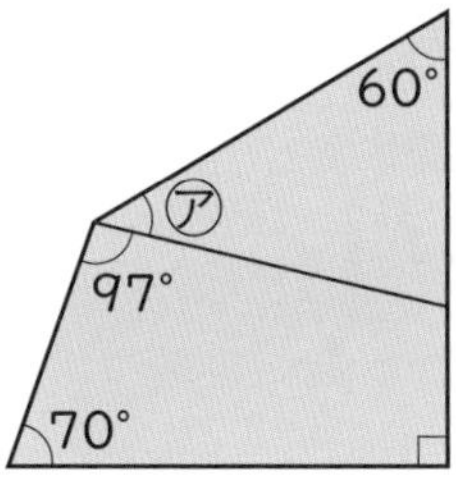

(5)

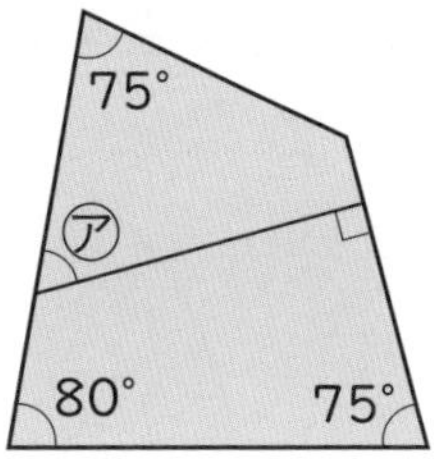

(6)

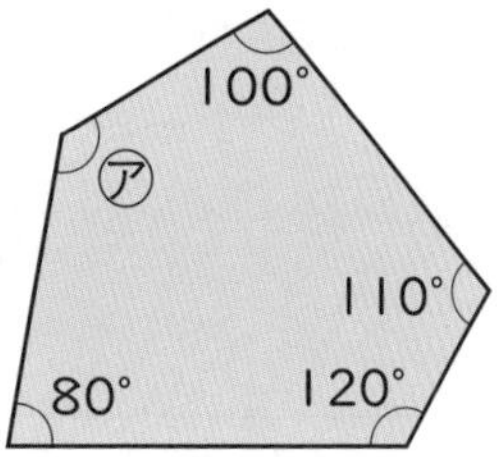

5 ［七角形の角］ **右の図は，七角形です。**（12点）1つ6

(1) 頂点《ちょうてん》Aから，何本の対角線がひけますか。

(2) 7つの角の大きさの和は何度ですか。

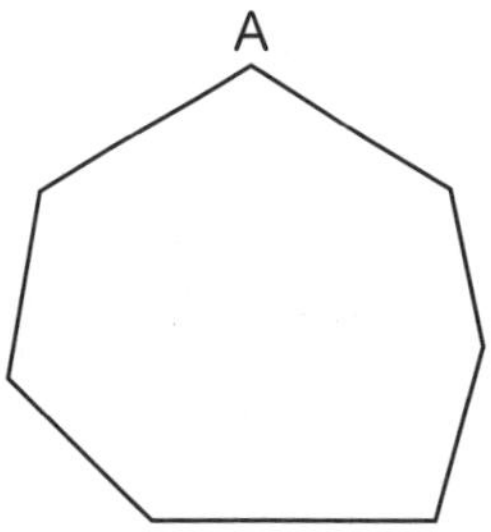

たいせつ **6** ［複合《ふくごう》図形の角］ **右の図は，長方形を折ったところを表しています。㋐の角度は何度ですか。**（14点）

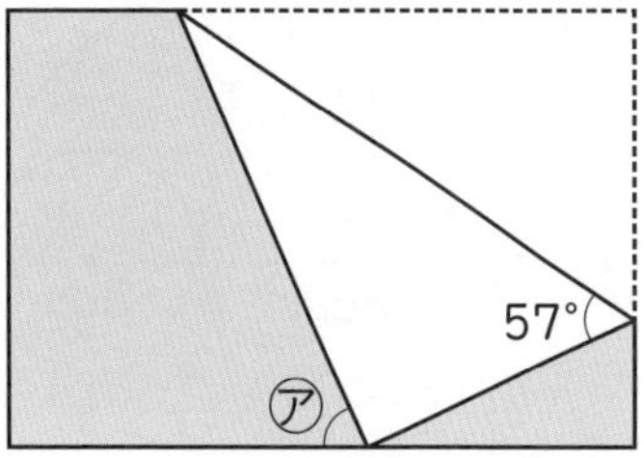

6 円と正多角形

月	日

〈時間〉25分　〈合格〉80点　〈得点〉/100

答え → 別さつ6ページ

1 [円周] **次の円の円周の長さを求めましょう。ただし，円周率《えんしゅうりつ》を3.14とします。(これからの問題も，円周率を使うときは，3.14を使います。)** (10点)1つ5

(1)

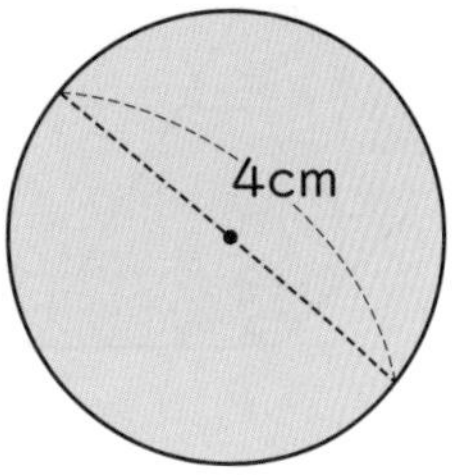

(2)

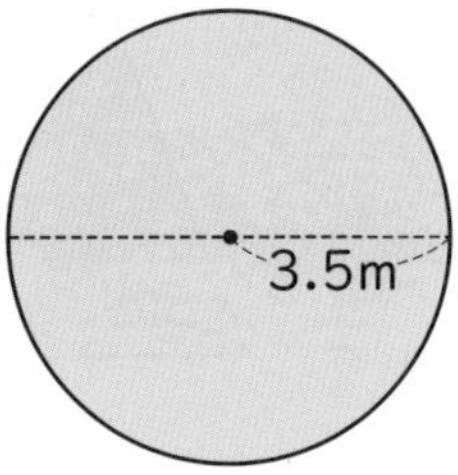

2 [図形のまわりの長さ] **次の図形のまわりの長さを求めましょう。** (14点)1つ7

(1)

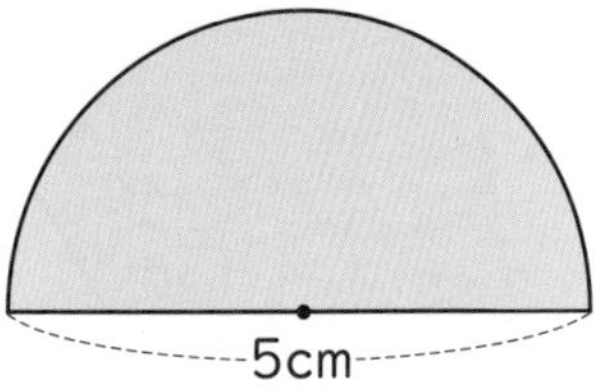

(2)

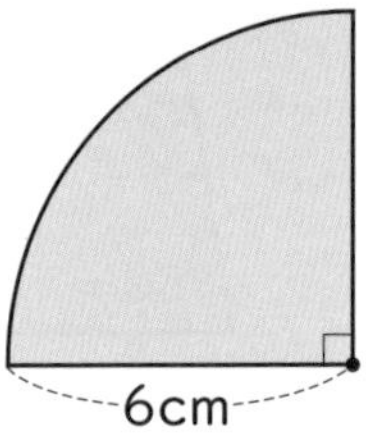

たいせつ **3** [直径や半径を求める] **次の問いに答えましょう。** (14点)1つ7

(1) 円周が9.42mの円の直径は何mですか。

(2) 円周が25.12cmの円の半径は何cmですか。

たいせつ **4** [複合《ふくごう》図形] **次の図形の色をつけた部分のまわりの長さを求めましょう。** (16点)1つ8

(1)

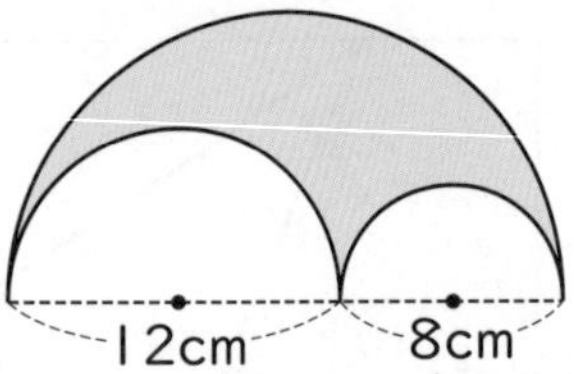

(2)

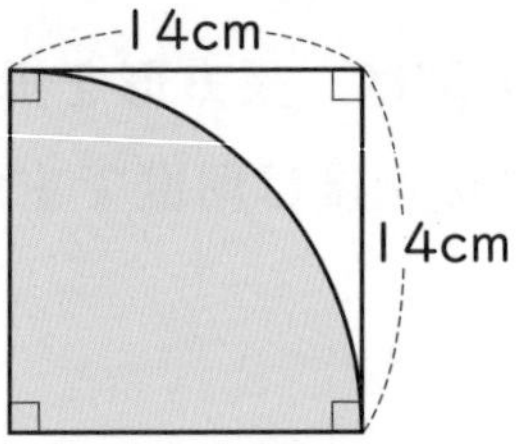

復習《ふくしゅう》のポイント！

円周は，円周＝直径×円周率《えんしゅうりつ》 の式で求められます。円周率は，ふつう 3.14 を使います。

正多角形は，辺の長さも角の大きさもそれぞれすべて等しい。

たいせつ **5** ［正多角形］ **円の中心のまわりを等分する方法で正五角形をかきます。** （18点）1つ9

(1) 円の中心のまわりの角を何度ずつに等分すればよいですか。

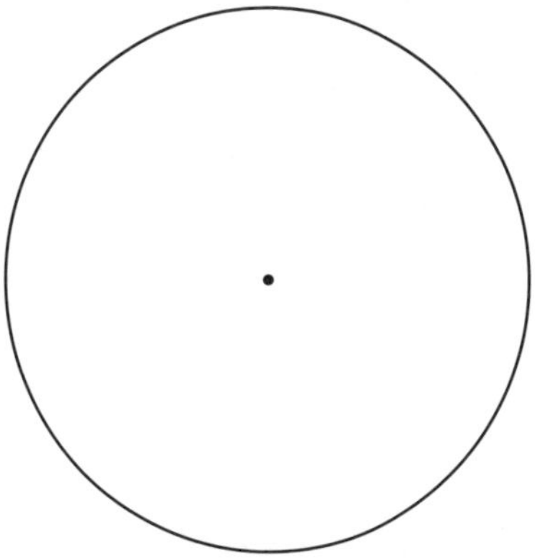

(2) この正五角形を右の図にかきなさい。

6 ［正多角形］ **右の図は，円の中心のまわりを等分する方法でかいた正六角形です。** （18点）1つ9

(1) 三角形ABOは何という三角形ですか。

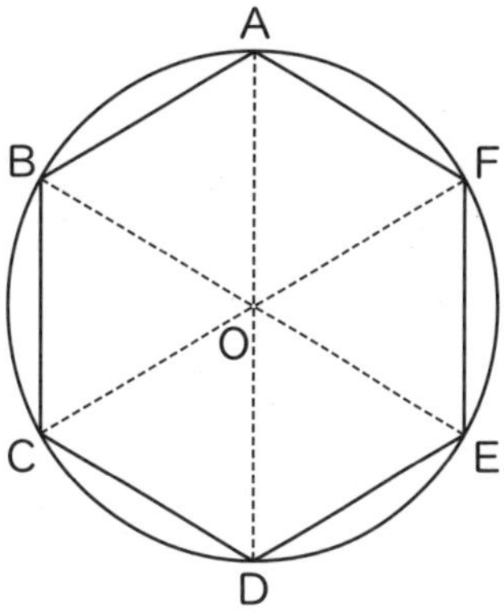

(2) 三角形ACEは何という三角形ですか。

たいせつ **7** ［半径と円周］ **右の図のように，半径が7cmの円を大きくしていきます。半径を28cmにすると，円周はもとの円周の何倍になりますか。** （10点）

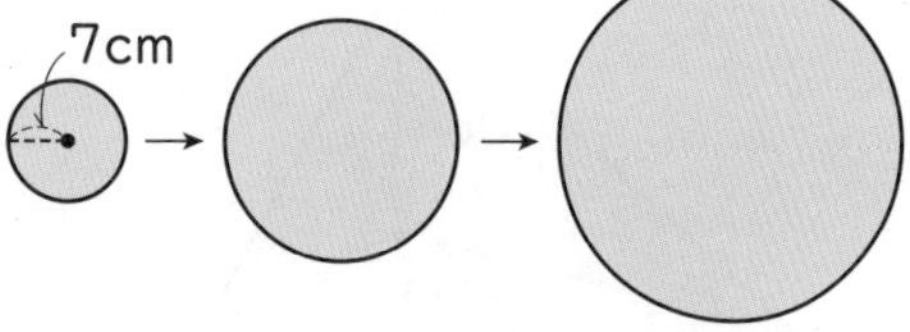

7 三角形・四角形の面積

月　　日

〈時間〉25分　〈合格〉80点　〈得点〉　/100

答え→別さつ6ページ

1 ［三角形の面積］ **次の三角形の面積を求めましょう。**（18点）1つ6

(1)

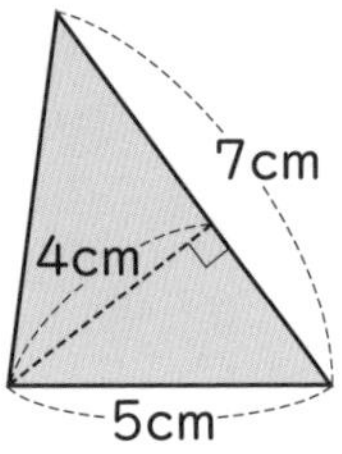

(2)

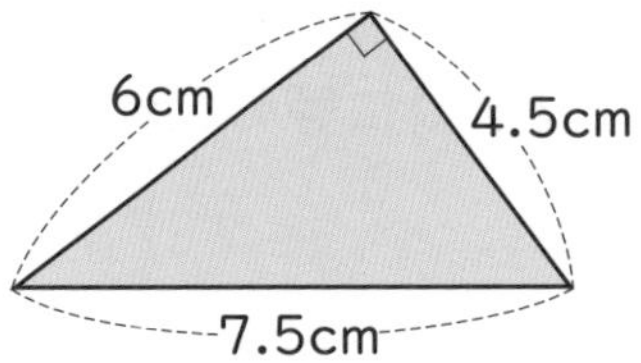

(3)

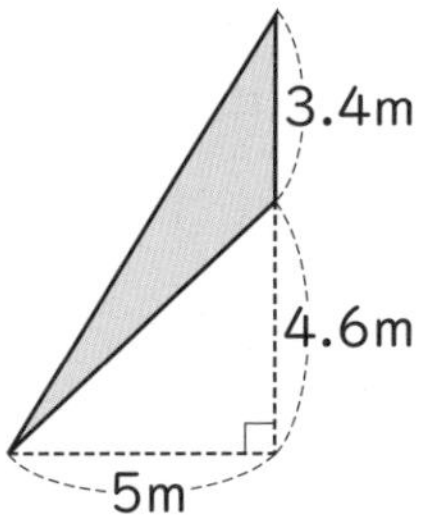

たいせつ **2** ［平行な直線と三角形の面積］ **右の図で，㋐，㋑の直線は平行です。**（12点）1つ6

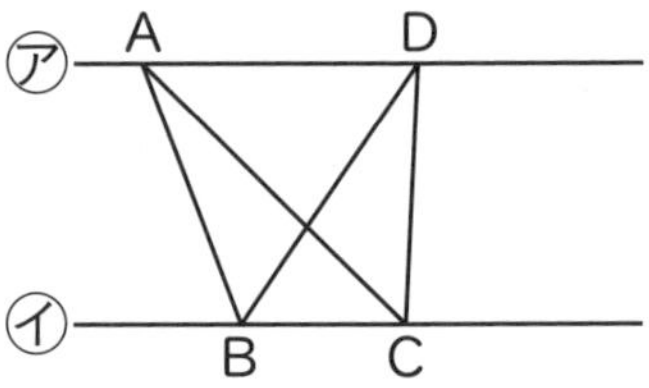

(1) 三角形ABCと面積が等しい三角形はどれですか。

(2) 三角形ACDと面積が等しい三角形はどれですか。

3 ［三角形の高さ］ **底辺が9cmで，面積が63cm^{2}の三角形の高さは，何cmですか。**（6点）

たいせつ **4** ［複合《ふくごう》図形の面積］ **次の図形の色をつけた部分の面積を求めましょう。**（14点）1つ7

(1)

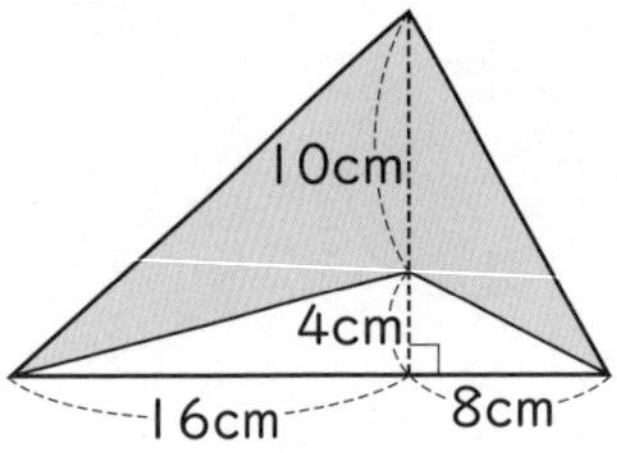

(2)

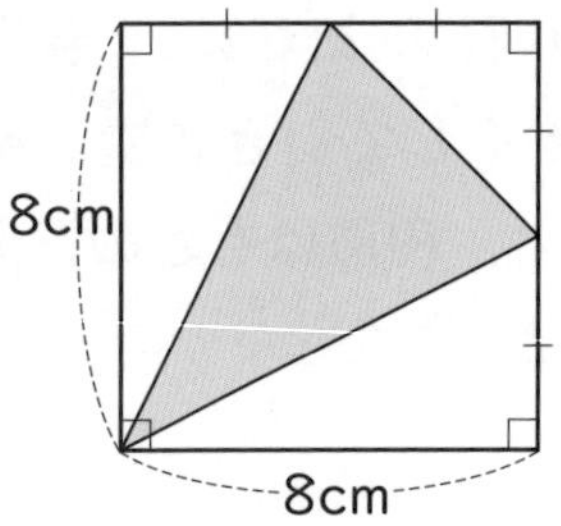

復習《ふくしゅう》のポイント！

三角形の面積＝底辺×高さ÷2, 平行四辺形の面積＝底辺×高さ
台形の面積＝(上底＋下底)×高さ÷2
ひし形の面積＝対角線×対角線÷2

5 ［平行四辺形の面積］ **次の平行四辺形の面積を求めましょう。**(18点)1つ6

(1)

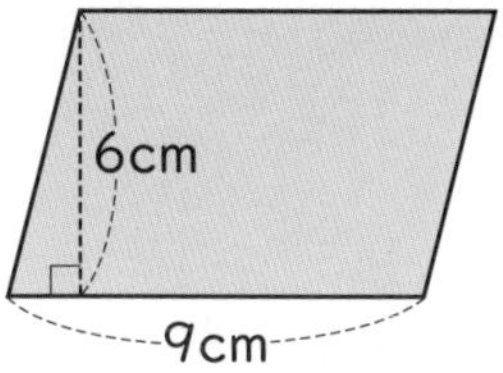

(2)

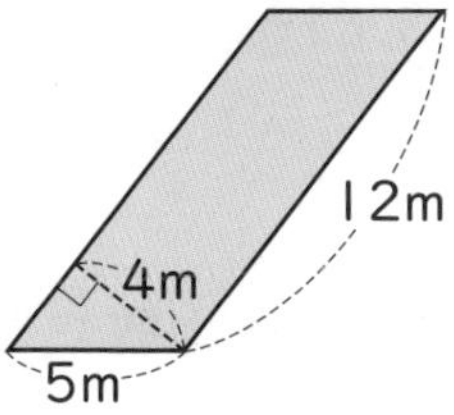

(3)

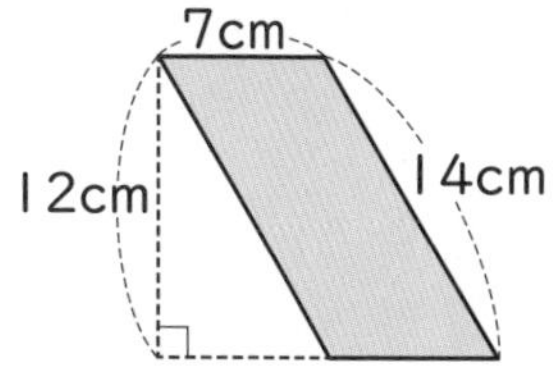

6 ［台形とひし形の面積］ **次の台形とひし形の面積を求めましょう。**(14点)1つ7

(1)

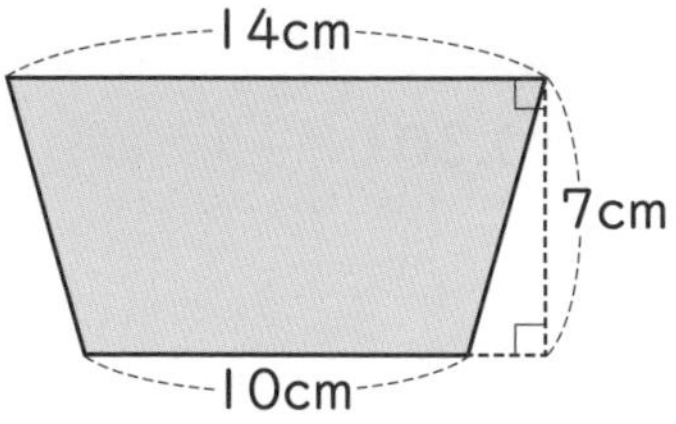

(2)

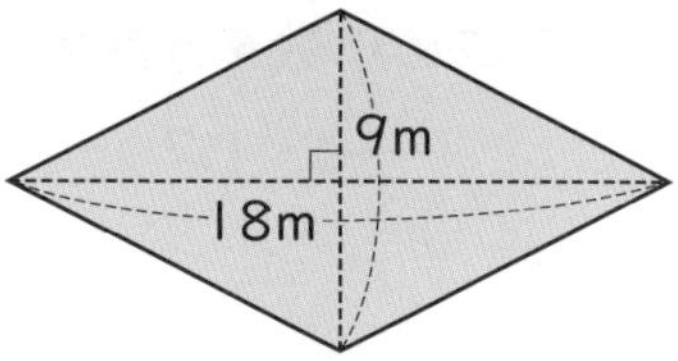

たいせつ

7 ［平行四辺形の底辺，高さと面積］ **右の図のように，面積が140cm^{2}で，底辺が8cmの平行四辺形があります。**(18点)1つ9

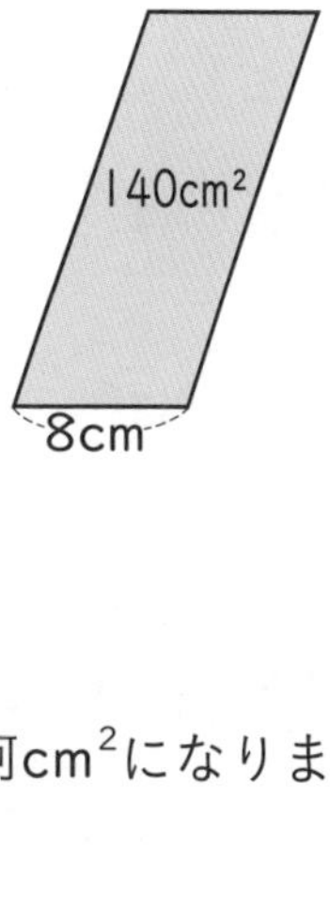

(1) 底辺は8cmのままで，高さを3倍にすると，平行四辺形の面積は何cm^{2}になりますか。

(2) 高さは変えずに，底辺を32cmにすると，平行四辺形の面積は何cm^{2}になりますか。

8 分数と小数・整数

月　日
〈時間〉25分
〈合格〉80点
〈得点〉／100

答え → 別さつ7ページ

1 ［わり算と分数］**次の商を分数で表しましょう。**（12点）1つ4

(1) $4\div5$　　(2) $3\div16$　　(3) $15\div4$

2 ［分数を小数や整数で表す］**次の分数を小数や整数で表しましょう。ただし，わり切れないときは，四《し》捨《しゃ》五《ご》入《にゅう》して$\frac{1}{100}$の位までのがい数にします。**（12点）1つ4

(1) $\frac{4}{5}$　　(2) $\frac{12}{4}$　　(3) $\frac{5}{6}$

たいせつ **3** ［小数を分数で表す］**次の小数を分数で表しましょう。**（9点）1つ3

(1) 0.9　　(2) 1.7　　(3) 0.301

4 ［分数の倍］**右の図のような重さのお米があります。答えを分数で表しましょう。**（9点）1つ3

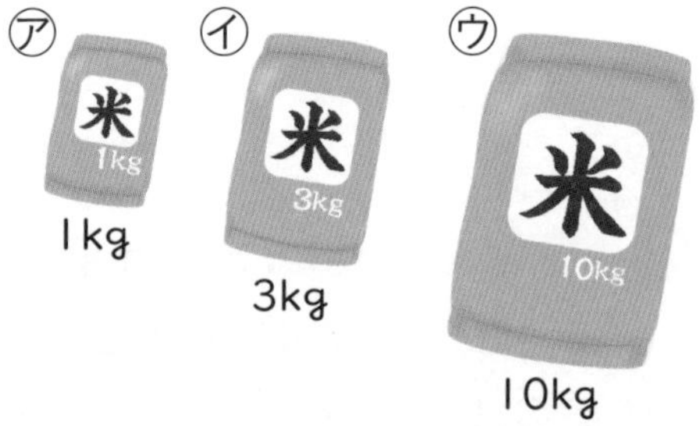

(1) ㋐は㋑の重さの何倍ですか。

(2) ㋑は㋒の重さの何倍ですか。

(3) ㋒は㋐の重さの何倍ですか。

たいせつ **5** ［分数や小数の大小］**次の数を小さい順にかきましょう。**（10点）1つ5

(1) $\left(0.65,\ 0.7,\ \frac{3}{4},\ \frac{3}{5}\right)$　　(2) $\left(1.1,\ 1.2,\ \frac{8}{7},\ \frac{11}{9}\right)$

復《ふく》習《しゅう》のポイント!

分数を約分するには，分母と分子を，それらの公約数でわります。いくつかの分数を通分するには，分母の公倍数を分母とする分数になおします。

たいせつ **6** [等しい分数] **次の□の中にあてはまる数をかきましょう。**(12点)1つ3

(1) $\frac{3}{5}=\frac{\square}{15}=\frac{18}{\square}$

(2) $\frac{2}{7}=\frac{\square}{35}=\frac{16}{\square}$

(3) $\frac{28}{36}=\frac{\square}{18}=\frac{7}{\square}$

(4) $\frac{30}{45}=\frac{\square}{15}=\frac{2}{\square}$

7 [約分] **次の分数を約分しましょう。**(12点)1つ2

(1) $\frac{4}{6}$

(2) $\frac{2}{8}$

(3) $\frac{3}{9}$

(4) $\frac{10}{25}$

(5) $\frac{32}{48}$

(6) $\frac{28}{84}$

8 [通分] **次の分数を通分しましょう。**(12点)1つ2

(1) $\frac{1}{2}, \frac{2}{3}$

(2) $\frac{5}{7}, \frac{3}{8}$

(3) $\frac{3}{4}, \frac{5}{6}$

(4) $\frac{7}{8}, \frac{5}{12}$

(5) $\frac{3}{20}, \frac{2}{35}$

(6) $\frac{7}{18}, \frac{11}{48}$

たいせつ **9** [分数の大小] **次の分数を大きい順にかきましょう。**(12点)1つ4

(1) $\frac{7}{12}, \frac{11}{18}$

(2) $\frac{7}{20}, \frac{11}{32}$

(3) $\frac{3}{4}, \frac{5}{6}, \frac{13}{16}$

9 分数のたし算・ひき算

月　日
〈時間〉25分
〈合格〉80点
〈得点〉　/100

答え→別さつ7ページ

たいせつ **1** [分数のたし算] **次のたし算をしましょう。**(27点)1つ3

(1) $\frac{3}{4}+\frac{1}{8}$　(2) $\frac{1}{3}+\frac{2}{5}$　(3) $\frac{1}{6}+1\frac{5}{9}$

(4) $\frac{2}{5}+\frac{9}{20}$　(5) $\frac{5}{12}+\frac{11}{30}$　(6) $2\frac{5}{18}+\frac{7}{24}$

(7) $\frac{3}{14}+\frac{5}{18}$　(8) $\frac{4}{15}+\frac{9}{35}$　(9) $1\frac{5}{28}+1\frac{6}{35}$

たいせつ **2** [分数のひき算] **次のひき算をしましょう。**(27点)1つ3

(1) $\frac{5}{6}-\frac{2}{3}$　(2) $\frac{7}{8}-\frac{1}{2}$　(3) $1\frac{5}{12}-\frac{2}{9}$

(4) $\frac{7}{10}-\frac{4}{25}$　(5) $\frac{11}{14}-\frac{10}{21}$　(6) $1\frac{5}{18}-\frac{19}{27}$

(7) $\frac{5}{12}-\frac{4}{15}$　(8) $\frac{13}{18}-\frac{5}{14}$　(9) $2\frac{5}{12}-1\frac{11}{21}$

復《ふく》習《しゅう》のポイント！

分母のちがう分数のたし算・ひき算は，通分して計算します。答えが約分できるときは必ず約分し，できるだけかん単な分数にします。

たいせつ **3** ［3つの分数のたし算・ひき算］**次の計算をしましょう。**（12点）1つ4

(1) $\frac{3}{4}-\frac{1}{2}+\frac{1}{12}$　　(2) $\frac{7}{9}+\frac{1}{3}-\frac{5}{18}$　　(3) $\frac{7}{8}-\frac{3}{5}-\frac{3}{20}$

たいせつ **4** ［分数を使った問題］**さとるさんはサッカーの練習の休けい中に$\frac{3}{10}$Lの水を飲み，練習が終わったときに$\frac{1}{4}$Lの水を飲みました。さとるさんが飲んだ水の量はあわせて何Lですか。**（10点）

5 ［分数を使った問題］**みどりさんの家から$1\frac{2}{15}$kmはなれたところに公園があります。みどりさんは家から公園に向かって$\frac{4}{9}$km歩きました。公園まで，あと何kmありますか。**（10点）

6 ［分数を使った問題］**長さが$3\frac{1}{4}$mのリボンがあります。このリボンを，$\frac{2}{3}$mを使い，さらに$1\frac{5}{6}$mを使いました。リボンは何m残っていますか。**（14点）

10 体　積

月　日

〈時間〉25分
〈合格〉80点
〈得点〉　/100

答え→別さつ8ページ

1 [体積・容積《ようせき》の単位] **次の□にあてはまる数をかきましょう。**(18点)1つ3

(1) 40mL＝□cm^3　(2) 1500cm^3＝□L

(3) 3.2L＝□mL　(4) 2m^3＝□L

(5) 400L＝□m^3　(6) 1.2m^3＝□mL

たいせつ

2 [直方体・立方体の体積] **次の体積を求めましょう。**(10点)1つ5

(1) たて8cm, 横7cm, 高さ12cmの直方体の体積

(2) 1辺12cmの立方体の体積

3 [直方体・立方体の体積] **次の直方体や立方体の体積を求めましょう。**(20点)1つ5

(1)

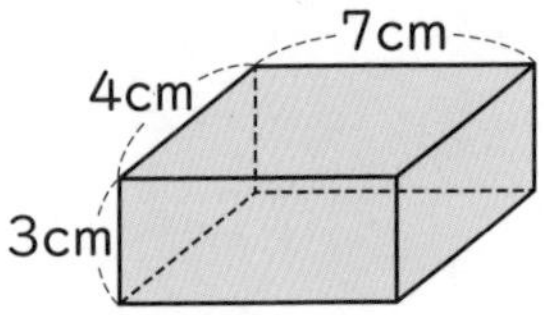

(2)

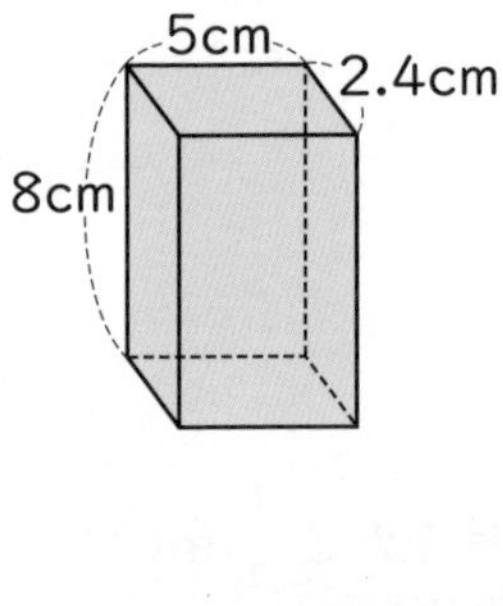

(3)

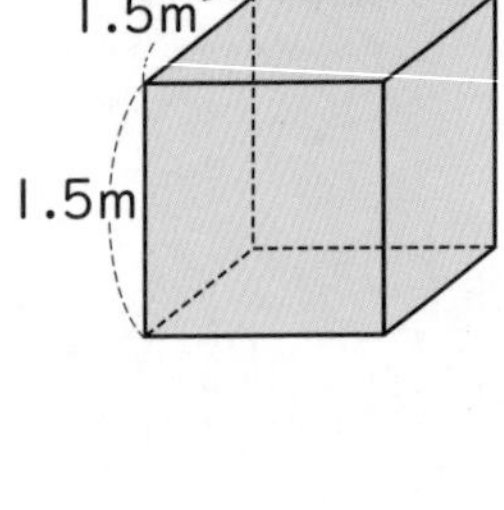

(4)

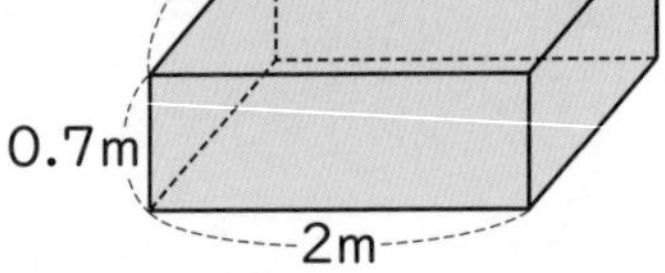

復習《ふくしゅう》のポイント！

直方体の体積は，たて×横×高さ，立方体の体積は，1 辺×1 辺×1 辺で求めます。また，$1m^3$＝1000L，1L＝1000mL，$1cm^3$＝1mLです。

4 ［容積《ようせき》］ **右の図のように，内のりが，たて3m，横6m，深さ2mの直方体の形をした水そうに入る水の体積は何m^3ですか。**（12点）

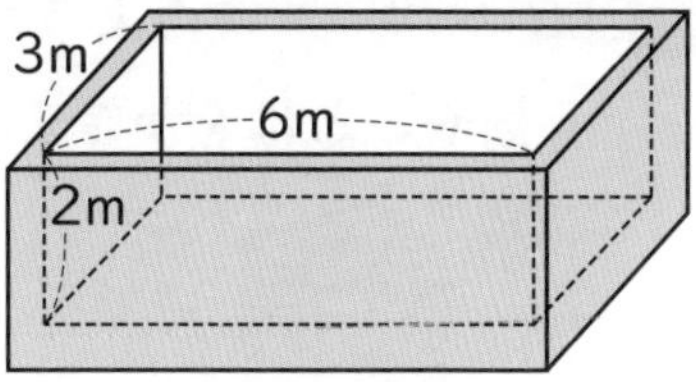

たいせつ

5 ［体積の求め方のくふう］ **次のような形の体積を求めましょう。**（16点）1つ8

(1)

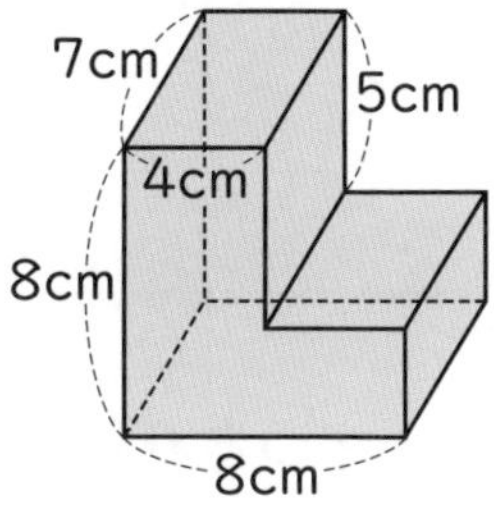

(2)

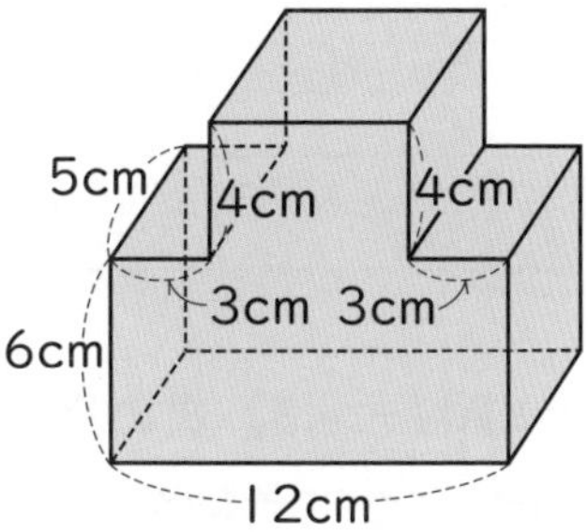

6 ［高さと体積の関係］ **右のような直方体があります。高さを1cm，2cm，3cm，…と変えていきます。**（24点）1つ8

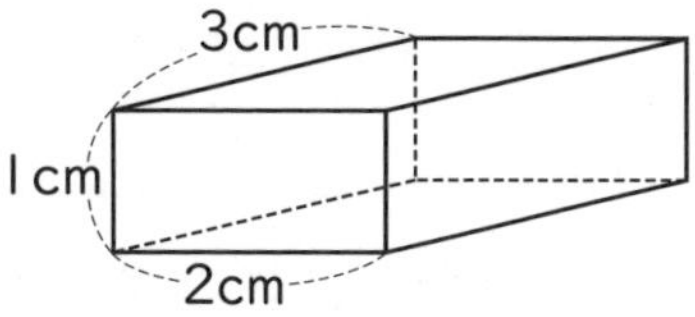

(1) 右の表のあいているところにあてはまる数をかきましょう。

高さ(cm)	1	2	3	4	
体積(cm^3)	6				

(2) 体積が$42cm^3$のとき，高さは何cmですか。

(3) この直方体の高さと体積は比例《ひれい》しますか。

11 角柱と円柱

月　日

〈時間〉25分　〈合格〉80点　〈得点〉　/100

答え→別さつ9ページ

たいせつ

1 [立体の構成《こうせい》] **次のような立体について，下の表のあいているところにあてはまる数やことばをかきましょう。**(42点)1つ3

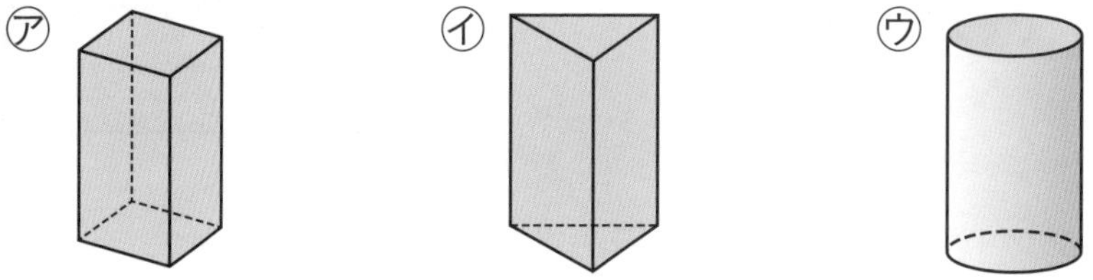

	立体の名前	頂点《ちょうてん》の数	辺の数	面の数	底面の形	側面の形
ア	①	②	③	④	⑤	⑥
イ	⑦	⑧	⑨	⑩	⑪	⑫
ウ	⑬				⑭	

2 [面を組み合わせて三角柱をつくる] **次の図のような厚紙《あつがみ》が何まいかずつあります。この厚紙を組み合わせて三角柱をつくります。**

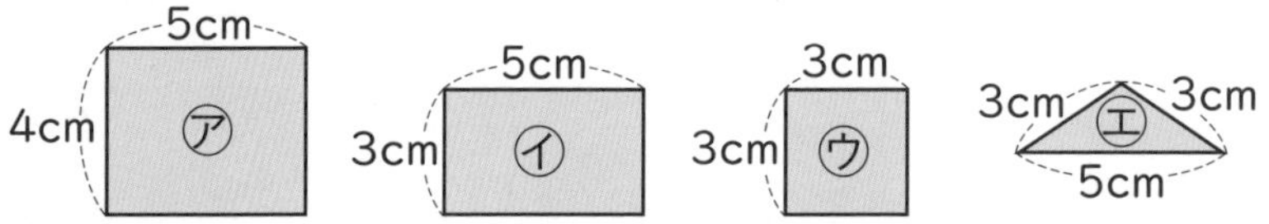

(1) 下の表のあいているところに，どの厚紙を何まい使うかかきなさい。(8点)1つ2

ア	イ	ウ	エ
①　まい	②　まい	③　まい	④　まい

(2) できた三角柱の高さは何cmですか。(7点)

3 [四角柱の面や辺の平行・垂直《すいちょく》] **右の図のような四角柱があります。**(10点)1つ5

(1) 面アイウエに垂直な面をすべてかきましょう。

(2) 面オカキクに平行な辺をすべてかきましょう。

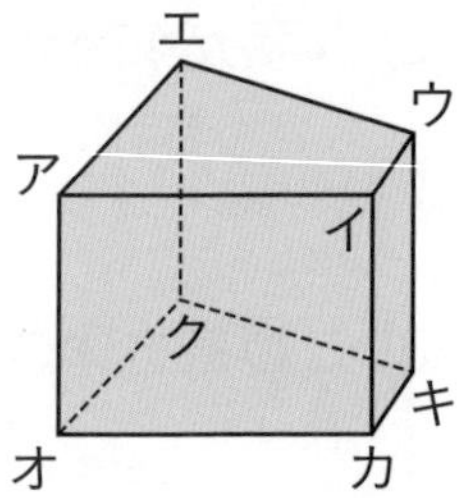

復習《ふくしゅう》のポイント！

角柱は，平面だけで囲まれた立体です。底面が三角形，四角形，五角形の角柱を，それぞれ三角柱，四角柱，五角柱といいます。円柱の側面は曲面になっています。

4 ［円柱のてん開図］ **右の図のような円柱のてん開図があります。底面の円の半径が5cmのとき，辺アエの長さは何cmですか。円周率《えんしゅうりつ》は3.14とします。** （8点）

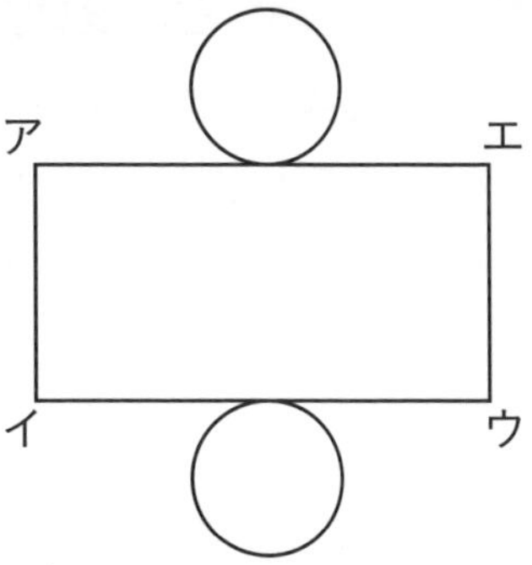

たいせつ

5 ［三角柱のてん開図］ **右の図のような三角柱のてん開図を組み立てます。** （15点）1つ5

⑴ 頂点《ちょうてん》アと重なる頂点をすべてかきましょう。

⑵ 頂点ウと重なる頂点をかきましょう。

⑶ 辺イウと重なる辺をかきましょう。

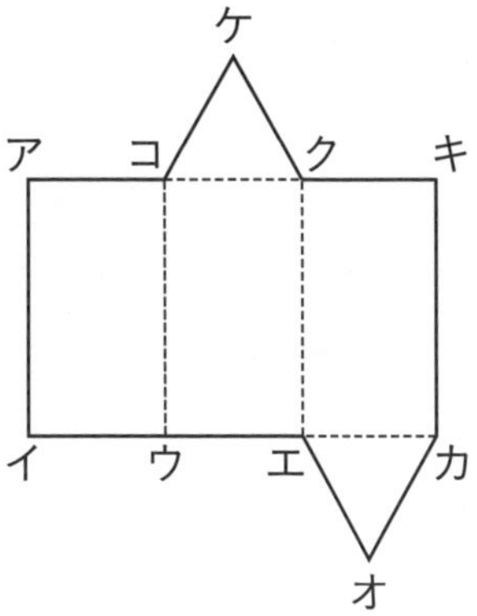

6 ［立体の見取図《みとりず》］ **右の図は，ある立体の見取図です。** （10点）1つ5

⑴ この立体の名まえをかきましょう。

⑵ この立体の高さは何cmですか。

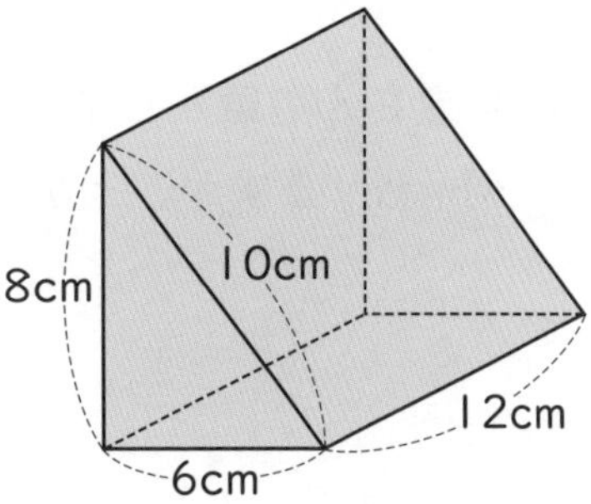

12 平均《へいきん》とその利用

月　日

〈時間〉25分

〈合格〉80点

〈得点〉　/100

答え→別さつ9ページ

1 [表と平均《へいきん》] **右の表は，みどりさんのテストの結果です。みどりさんの4科目のテストの平均点は何点ですか。**(10点)

科　目	算数	国語	理科	社会
点数(点)	84	92	78	76

2 [表と平均] **右の表は，ある週の5年2組の欠席者の人数をまとめたものです。月曜から金曜の欠席者は1日平均何人ですか。**(10点)

曜　日	月	火	水	木	金
欠席者(人)	3	2	0	4	1

3 [平均から全体の合計を求める] **あきおさんは図書館で本を借りました。この本を1日平均24.8ページ読むと，15日で読み終わります。あきおさんが借りた本は何ページありますか。**(10点)

4 [歩はばを使ったがい測《そく》] **ゆきさんが15歩歩いた長さを調べると，9m21cmありました。**(20点)1つ10

(1) ゆきさんの歩はばは約何mといえますか。上から2けたのがい数で答えましょう。

(2) ゆきさんの家から学校まで2400歩ありました。ゆきさんの家から学校まで約何mありますか。上から2けたのがい数で求めましょう。

復習《ふくしゅう》のポイント！

いくつかの数量を，同じ大きさになるようにならしたものを，それらの数量の平均《へいきん》といいます。

平均は，合計÷個《こ》数　で求めます。

5 ［平均《へいきん》と全体の大きさ］ **たまごの6個《こ》入りパックを1パック買いました。たまごの重さを1個ずつ調べると，54g，59g，62g，56g，60g，57gでした。** (20点)1つ10

(1) たまご1個の平均の重さは何gですか。

(2) たまご20個の重さは，約何kgと考えられますか。上から2けたのがい数で答えましょう。

たいせつ

6 ［平均の利用］ **右の表は，算数の5回のテストのうち4回までの結果を表したものです。** (20点)1つ10

テスト	1回	2回	3回	4回	5回
点数(点)	78	84	68	92	

(1) 4回までのテストの平均点は何点ですか。

(2) 5回のテストの平均点が83点になりました。5回目のテストは何点ですか。

たいせつ

7 ［部分の平均と全体の平均］ **5年3組の生徒が先月に読んだ本のさっ数を調べました。男子18人の平均は3さつ，女子22人の平均は5さつでした。5年3組の生徒が先月読んだ本は1人平均何さつですか。** (10点)

13

単位量あたりの大きさ

月　日

〈時間〉25分

〈合格〉80点

〈得点〉　/100

答え→別さつ9ページ

1 [1個《こ》あたりのねだん] **ある店で，りんご4個を1パックにして，380円で売っています。りんご1個のねだんは何円ですか。**(10点)

2 [1mあたりの重さ] **長さが3.8mのはり金の重さが57gでした。このはり金1mの重さは何gですか。**(10点)

たいせつ **3** [単位量] **ある店で，A，B2種類のお茶を売っています。Aのお茶は150g入りのふくろで720円，Bのお茶は50g入りのふくろで260円です。100gあたりのねだんは，A，Bのどちらが高いですか。**(10点)

たいせつ **4** [単位量] **右の表は，ある工場で使っているA，B，C3台の印刷機が一定の時間に何まい印刷できるかを表したものです。**

(20点)1つ10

	時間(分)	印刷まい数(まい)
A	40	3520
B	30	2850
C	50	3850

(1) Aは1分間あたり何まい印刷できますか。

(2) 1分間あたりの印刷まい数がいちばん多いのは，どの印刷機ですか。

復習《ふくしゅう》のポイント!

単位量あたりの大きさで，こみぐあいなどを比《くら》べることができます。また，1km^2あたりの人口を人口密度《みつど》といい，人口÷面積で求めます。

5 ［単位面積あたりの人数］ **右の表は，ある町にあるA，B2つの公園の広さと，ある日の午後にそれぞれの公園にいた人数を表しています。** (20点)1つ10

	広さ(m^2)	人数(人)
A 公園	1200	480
B 公園	800	80

(1) A公園には1m^2あたり何人の人がいますか。

(2) B公園の1m^2あたりの人数は，A公園の1m^2あたりの人数の何倍ですか。

たいせつ **6** ［人口密度《みつど》］ **右の表は，A県，B県，C県の面積と人口を表したものです。** (30点)1つ10

	面積(km^2)	人口(万人)
A 県	7779	375
B 県	6707	77
C 県	4968	494

(1) A県の人口密度を，四捨五入《ししゃごにゅう》して，上から2けたのがい数で求めましょう。

(2) 面積のわりにいちばん人口が多いのは，3つの県のうちどの県ですか。

(3) C県の人口密度は，B県の人口密度のおよそ何倍ですか。

月　日

〈時間〉25分

〈合格〉80点

〈得点〉　/100

14 速さ

答え→別さつ10ページ

たいせつ

1 [速さの表し方] **次の(　)にあてはまる数を書きましょう。**(18点)1つ3

(1) 時速30km=分速(　　　)m　　(2) 分速240m=秒速(　　　)m

(3) 分速70m=時速(　　　)km　　(4) 秒速13m=分速(　　　)m

(5) 時速54km=秒速(　　　)m　　(6) 秒速25m=時速(　　　)km

2 [速さを求める] **さとるさんは1500mを6分で走りました。さとるさんの走った速さは時速何kmですか。**(8点)

たいせつ

3 [速さを比《くら》べる] **Aの自動車は4時間で152km走り，Bの自動車は2時間30分で100km走りました。**(16点)1つ8

(1) Aの自動車の時速は何kmですか。

(2) Aの自動車とBの自動車では，どちらが速く走りましたか。

4 [進む道のり] **分速750mで走る自動車は，2時間で何km走りますか。**(8点)

復習《ふくしゅう》のポイント!

速さは，速さ=道のり÷時間　で求めます。単位時間が1時間のときを時速，1分間のときを分速，1秒間のときを秒速といいます。道のりは，道のり=速さ×時間で求めます。

5 ［進む道のり］ **たけしさんは自転車で，3kmの道のりを8分で走ります。たけしさんがこの自転車で1時間30分走ると，何km進みますか。**（10点）

6 ［かかる時間］ **時速72kmで走る列車は，108kmの道のりを進むのに何時間かかりますか。**（10点）

たいせつ **7** ［かかる時間］ **秒速15mで走る自動車は，12kmの道のりを進むのに何分何秒かかりますか。**（10点）

8 ［道のりからかかる時間を考える］ **みどりさんは家から学校まで，分速60mで歩くと18分かかりました。帰りは分速72mで歩きました。帰りにかかった時間は何分ですか。**（10点）

たいせつ **9** ［道のりからかかる時間を考える］ **A駅からB駅まで，時速60kmで走る普通《ふつう》列車で14分かかります。時速84kmで走る急行列車は，A駅からB駅まで何分かかりますか。**（10点）

15 割《わり》 合《あい》

月　　日

〈時間〉25 分

〈合格〉80 点

〈得点〉　　/100

答え → 別さつ10ページ

1 [割合《わりあい》を求める] **4Lをもとにしたとき，次の量の割合を求めましょう。** (15点)1つ5

(1) 5L　　(2) 3L　　(3) 1L

2 [百分率《ひゃくぶんりつ》と歩合《ぶあい》] **次の小数を，百分率と歩合で表しましょう。** (12点)1つ4

(1) 0.4　　(2) 0.07　　(3) 2.63

たいせつ

3 [百分率や歩合を使った問題] **次の□にあてはまる数をかきましょう。** (36点)1つ6

(1) 160円は640円の □ %です。

(2) 25kgの68%は □ kgです。

(3) 850人は □ 人の3割《わり》4分《ぶ》です。

(4) 300mは240mの □ %です。

(5) 48Lの2割5分は □ Lです。

(6) 210gは □ gの75%です。

復習《ふくしゅう》のポイント！

ある量をもとにして，比《くら》べる量がもとにする量の何倍かを表した数を，割合《わりあい》といいます。円グラフは割合の大きい順に，真上から右まわりにかき，「その他」はいちばんあとにかきます。

たいせつ **4** ［百分率《ひゃくぶんりつ》を使った問題］ **150Lの水があります。1日目に最初にあったかさの48%を使い，2日目に54L使いました。また，3日目には，すべての水を使いきりました。** (10点)1つ5

(1) 1日目に使った水のかさは何Lですか。

(2) 3日目に使った水のかさは，最初にあった水のかさの何%ですか。

5 ［割合《わりあい》の積を考えて解く］ **次の問いに答えましょう。** (12点)1つ6

(1) 5年生全体は250人で，60%が女の子です。また，女の子のうち30%がめがねをかけています。めがねをかけている女の子は何人ですか。

(2) 5年生の70%の人が家でペットを飼《か》っています。また，そのうち50%にあたる98人が犬を飼っています。5年生は全部で何人ですか。

6 ［円グラフの見方］ **右の円グラフは，ある町の家ちくの頭数の割合を表したものです。** (15点)1つ5

家ちくの頭数の割合

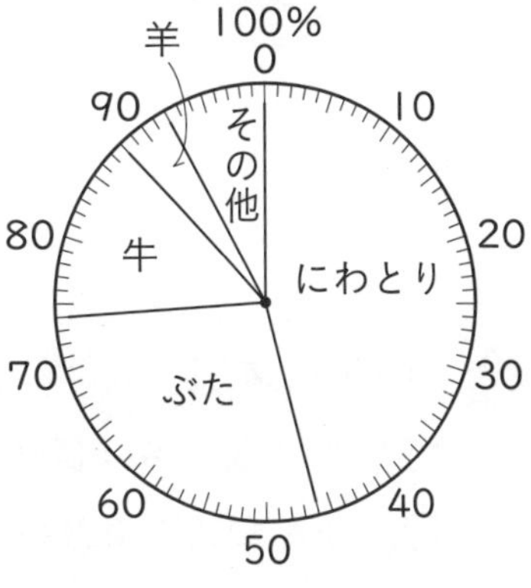

(1) 牛の割合は全体の何%ですか。

(2) 牛はぶたの何倍いますか。

(3) 羊を38頭とすると，家ちくは全部で何頭いますか。

16 問題の考え方

月　日

〈時間〉25分
〈合格〉80点
〈得点〉　/100

答え → 別さつ11ページ

1 ［おきかえて考える(個数《こすう》)］ **りんごとみかんが，あわせて245個あります。みかんはりんごの4倍あります。りんごとみかんはそれぞれ何個ですか。**（12点）

2 ［おきかえて考える(体重)］ **ゆきおさんが，荷物を持って体重計にのると，56 kgでした。ゆきおさんの体重が荷物の重さの3倍だとすると，荷物の重さとゆきおさんの体重はそれぞれ何kgですか。**（12点）

たいせつ **3** ［おきかえて考える(道のり)］ **家から学校を通って，駅までの道のりは4.2kmです。家から駅までの道のりは，家から学校までの道のりの6倍あります。**（14点）1つ7

(1) 家から学校までの道のりは何kmですか。

(2) 学校から駅までの道のりは何kmですか。

たいせつ **4** ［おきかえて考える(代金)］ **ケーキ2個と，かんづめ5個を買うと，あわせて1710円でした。ケーキ1個のねだんは，かんづめ1個のねだんの2倍です。ケーキ1個，かんづめ1個のねだんは，それぞれいくらですか。**（12点）

復《ふく》習《しゅう》のポイント!

大小2つの数量を求めるときは，全体が，小の数量の何倍かを考えます。また，大小2つの数量の差について考えるときもあります。

たいせつ **5** [おきかえて考える(かさ)] **しょうゆのはいったびん4本とペットボトル3本を買ったところ，しょうゆの量は，あわせて10.4Lでした。ペットボトル1本には，びん1本の3倍の量のしょうゆがはいっています。びん1本とペットボトル1本にはいっているしょうゆの量は，それぞれ何Lですか。**（14点）

6 [おきかえの考えを利用する] **池に，フナとメダカがあわせて217ひきいます。メダカの数は，フナの数の2倍より16ひき多いそうです。メダカとフナの数はそれぞれ何びきですか。**（12点）

7 [2つの数量の差を考える] **タワーとビルがならんでいて，タワーの高さはビルの高さの4.6倍です。また，高さの差は90mです。タワーとビルの高さはそれぞれ何mですか。**（12点）

たいせつ **8** [共通部分をさしひいて考える] **クッキー18個《こ》を箱につめてもらうと，箱代こみで2690円です。また，クッキー26個を同じ箱につめてもらうと，箱代こみで3810円です。**（12点）1つ6

(1) 箱代とクッキー1個のねだんは，それぞれいくらですか。

(2) クッキー23個を箱につめてもらうと，箱代こみでいくらですか。

17 仕上げテスト

月　日

〈時間〉35分

〈合格〉80点

〈得点〉　/100

答え→別さつ12ページ

1 〔小数・分数の計算〕 **次の計算をしましょう。わり算は，わり切れるまでしましょう。**（12点）1つ2

(1) 7.8×6.4　　(2) 4.8÷6.4　　(3) $\frac{1}{3}+\frac{2}{7}$

(4) $\frac{7}{9}-\frac{3}{4}$　　(5) $\frac{1}{2}-\frac{2}{5}+\frac{1}{10}$　　(6) $\frac{5}{6}-\frac{1}{5}-\frac{2}{15}$

2 〔図形と角〕 **右の図で，三角形ABFと三角形EDFは，1辺が6.7cmの正三角形です。また，四角形BCDFはひし形です。**

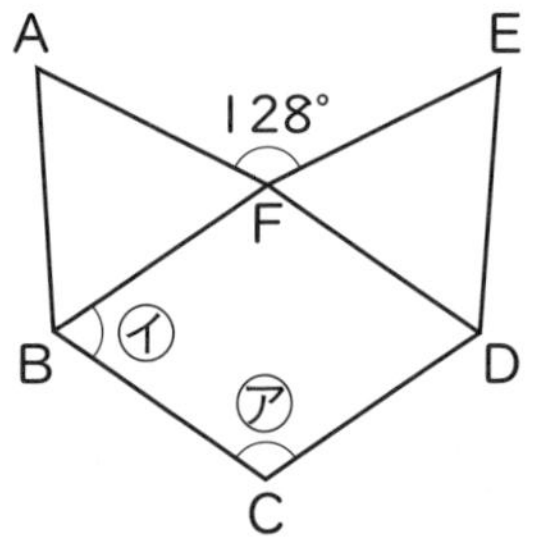

(1) ㋐，㋑の角度はそれぞれ何度ですか。（6点）1つ3

(2) ひし形BCDFのまわりの長さは何cmですか。（3点）

3 〔公約数を使った問題〕 **たての長さが20cm，横の長さが32cmの長方形の紙を，同じ大きさの正方形の紙に切り分けます。また，正方形の紙はできるだけ大きくします。**（10点）1つ5

(1) 正方形の紙の1辺の長さは何cmですか。

(2) 正方形の紙は何まいできますか。

4 ［平均《へいきん》］ **算数のテストで，A，B，C，D4人の平均点は78.5点でしたが，A，B，C，D，E5人の平均点は78点でした。Eの点数は何点ですか。**（6点）

5 ［円周と面積］ **次の図の色をつけた部分で，⑴はまわりの長さ，⑵～⑷は面積をそれぞれ求めましょう。ただし，円周率《えんしゅうりつ》は3.14とします。**（16点）1つ4

⑴
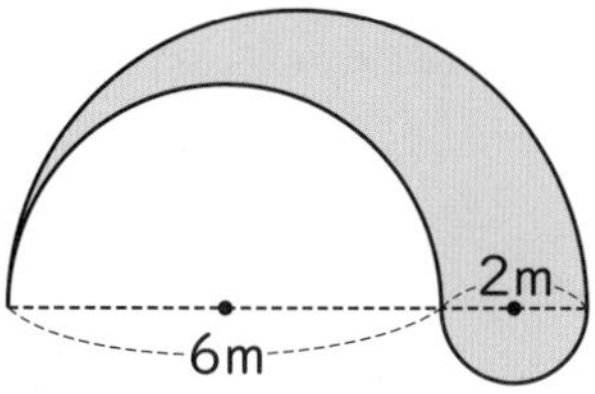

⑵
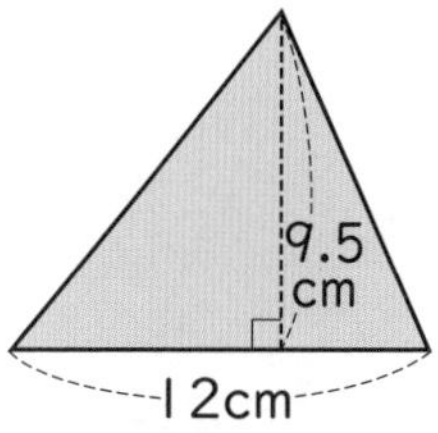

⑶ 平行四辺形
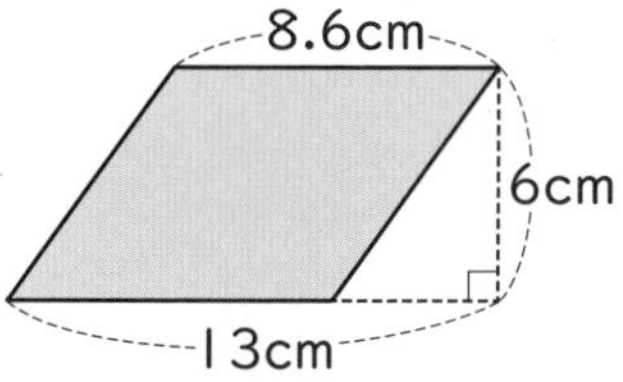

⑷ 台形
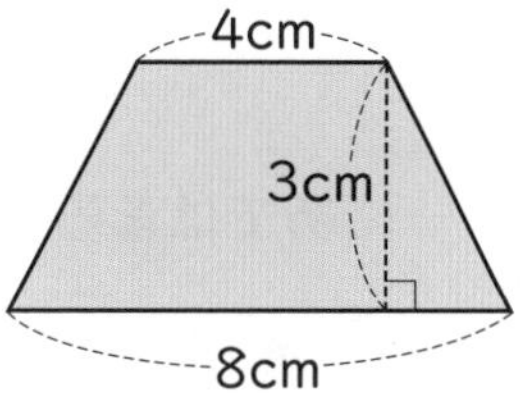

6 ［分数や小数の大小］ **次の数を小さい順にかきましょう。**（6点）

0.85，$\frac{5}{6}$，0.84，$\frac{6}{7}$

7 ［割合《わりあい》］ **次の□にあてはまる数をかきましょう。**（9点）1つ3

⑴ 84mは□mの35％です。

⑵ □Lは25Lの6割《わり》4分《ぶ》です。

⑶ 48kgの□％は12kgです。

8 [てん開図と体積] **右の図のような直方体のてん開図を組み立てます。**(12点)1つ6

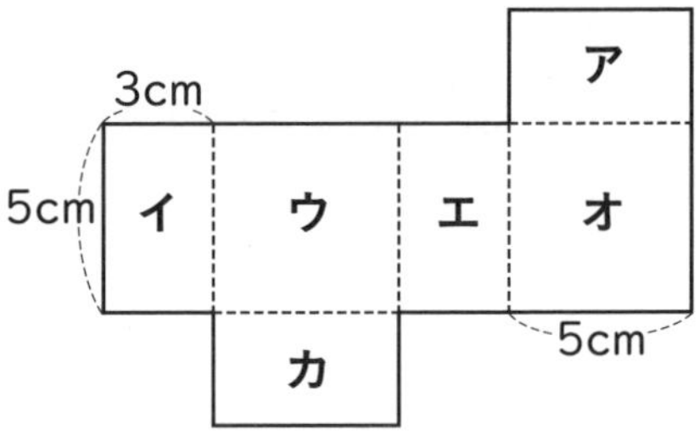

(1) **ウ**の面と合同な面はどれですか。

(2) 直方体の体積は何cm^3ですか。

9 [単位量あたりの大きさ] **60m^2の公園で，18人の子どもがいます。1m^2あたり何人の子どもがいますか。**(6点)

10 [速さの表し方] **次の(　)にあてはまる数を書きましょう。**(9点)1つ3

(1) 秒速7m＝分速(　　　)m

(2) 時速30km＝分速(　　　)m

(3) 秒速10m＝時速(　　　)km

11 [おきかえて考える(本数)] **バラとカーネーションがあわせて372本あります。バラはカーネーションの5倍あります。バラとカーネーションはそれぞれ何本ですか。**

(5点)

5年 社会

はじめに

5年生の社会では，わたしたちが住んでいる日本の国土のようすや，そこでくらしている人々の生活のようすを学びます。また，日本の農水産業や工業の特ちょうや，食料や製品《せいひん》がどのようにしてわたしたちのもとにとどくのかを考え，流通のしくみを学びます。そして，放送や新聞，インターネットがわたしたちの生活にどのようなえいきょうをあたえるのかについて考えたり，環境《かんきょう》保全《ほぜん》への取り組みや自然災害《さいがい》が生活にあたえるえいきょうについても考えたりして，理解《りかい》を深めていきます。

1 世界の大陸と海洋

月　日

〈時間〉20分　〈合格〉80点　〈得点〉 /100

答え→別さつ13ページ

たいせつ **1** ［大陸と海洋］ **次の図1・図2を見て，あとの問いに答えましょう。**

図1

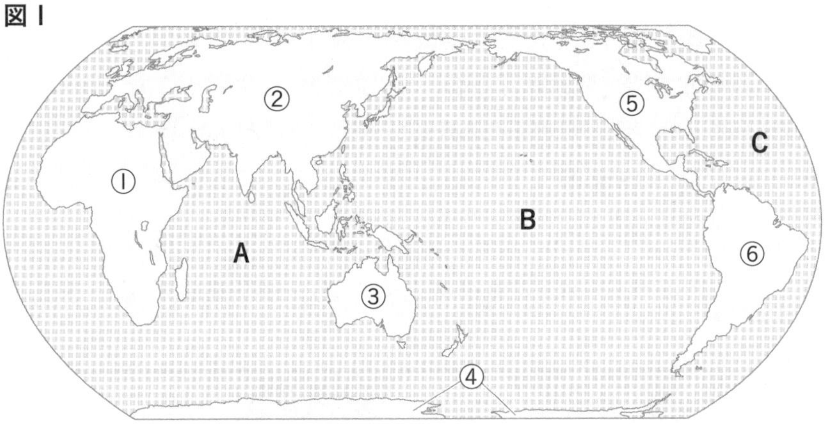

図2

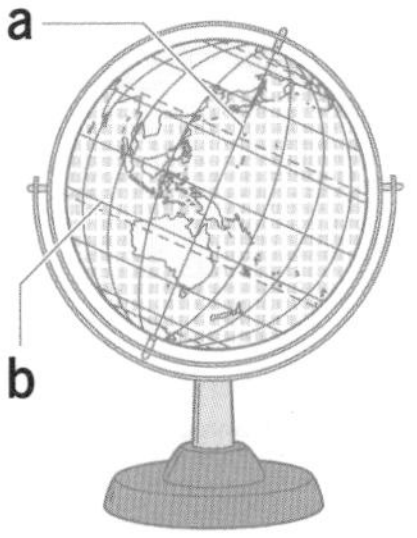

⑴ **図1**の①〜⑥にあてはまる大陸の名まえを次から選び，記号で答えましょう。

(18点)1つ3

①(　　) ②(　　) ③(　　)
④(　　) ⑤(　　) ⑥(　　)

ア ユーラシア大陸　**イ** 南極大陸　**ウ** アフリカ大陸
エ 北アメリカ大陸　**オ** 南アメリカ大陸　**カ** オーストラリア大陸

⑵ **図1**の**A**〜**C**にあてはまる大洋の名まえを答えましょう。(18点)1つ6

A(　　) **B**(　　) **C**(　　)

⑶ **図2**のようなもけいを何といいますか。(7点)

(　　)

⑷ **図1**・**図2**についてのべた次の文中の(　)にあてはまることばを，あとの**ア**〜**カ**から選び，記号で答えましょう。(9点)1つ3

図1は，地球上の国の位置などについて(①)して(②)に表したものである。また，**図2**は地球を一定の割合《わりあい》で(①)したもけいであり，**図2**上に引かれている**a**の線は(③)，**b**の線は緯線《いせん》という。

①(　　) ②(　　) ③(　　)

ア 球体　**イ** 平面　**ウ** 縮小《しゅくしょう》　**エ** 拡大《かくだい》　**オ** 経線《けいせん》　**カ** 経度

復習《ふくしゅう》のポイント!

世界には６つの大陸と３つの大洋があります。それぞれの名まえや位置，大きさを，地球ぎや地図を使ってしっかりと理解《りかい》しておきましょう。

2 ［世界の国々の位置］ **次の地図を見て，あとの問いに答えましょう。**

(1) 地図中の①～④の国名を答えましょう。 (12点)1つ3

①(　　　　　　)
②(　　　　　　)
③(　　　　　　)
④(　　　　　　)

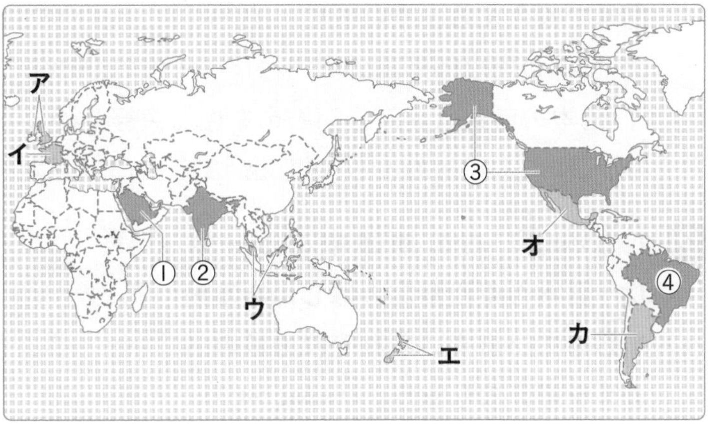

(2) 次の①～④の国の位置を地図中の**ア～カ**から選び，記号で答えましょう。(12点)1つ3

① メキシコ (　　　)　② マレーシア (　　　)
③ ニュージーランド (　　　)　④ イギリス (　　　)

たいせつ

3 ［日本のまわりの国］ **次の地図は，日本のまわりの国や海を示《しめ》したものです。これを見て，あとの問いに答えましょう。**

(1) **A～D**は日本のまわりにある国です。それぞれの国名を次から選び，記号で答えましょう。(16点)1つ4

A(　　　)　**B**(　　　)
C(　　　)　**D**(　　　)

ア 大韓民国《だいかんみんこく》(韓国《かんこく》)
イ 朝鮮民主主義人民共和国《ちょうせんみんしゅしゅぎじんみんきょうわこく》(北朝鮮《きたちょうせん》)
ウ ロシア連邦《れんぽう》
エ 中華人民共和国《ちゅうかじんみんきょうわこく》(中国《ちゅうごく》)

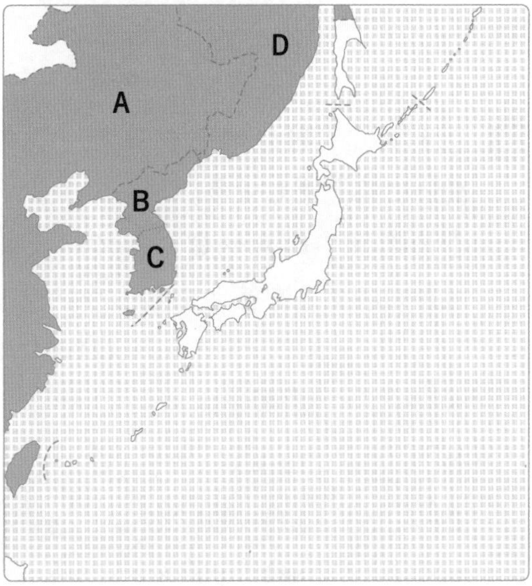

(2) 次の説明にあてはまる国を地図中の**A～D**から選び，それぞれ記号で答えましょう。(8点)1つ4

① 世界で最も面積が広い国である。 (　　　)
② 世界で最も人口が多い国である。 (　　　)

2 日本の国土と気候

月　日

〈時間〉20分　〈合格〉80点　〈得点〉　/100

答え ➔ 別さつ13ページ

1 [国土のようす] **日本の国土のようすについて正しく説明したものを次から選び，記号で答えましょう。**(5点)　(　　)

ア 日本の河川《かせん》は外国の河川に比《くら》べて流れがゆるやかである。

イ 日本の時刻《じこく》は兵庫《ひょうご》県明石《あかし》市を通る東経《とうけい》140度の経線で決められている。

ウ 日本の面積はおよそ38万km^{2}で，人口はおよそ1億3000万人である。

たいせつ **2** [日本の位置] **右の地図中のa～dは，日本の東西南北のはしにある島を示《しめ》しています。それぞれの島の名まえを答えましょう。**(16点)1つ4

a(　　　　)

b(　　　　)

c(　　　　)

d(　　　　)

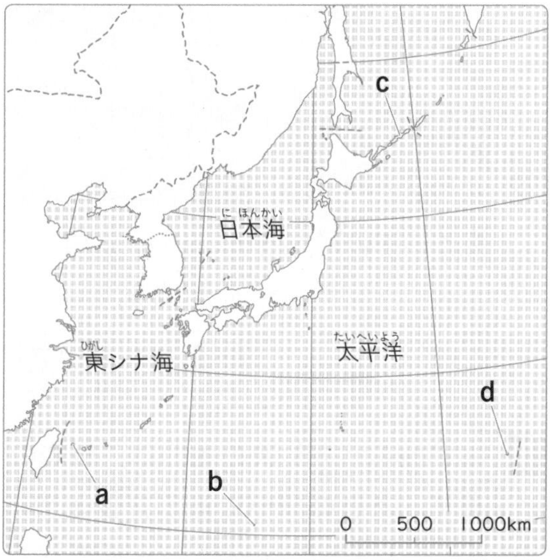

たいせつ **3** [日本の自然] **右の地図を見て，次の問いに答えましょう。**

(1) 右の地図中のA～Gにあてはまる地形の名まえを答えましょう。

(21点)1つ3

A(　　　　平野)

B(　　　　山脈)

C(　　　　川)　D(　　　　平野)

E(　　　　湖)　F(　　　　山地)

G(　　　　山地)

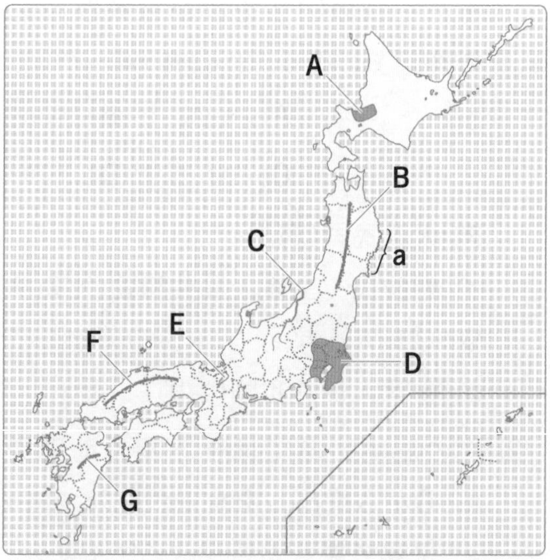

(2) 地図中のaに見られる入り組んだ海岸を何といいますか。(3点)

(　　　　)

復習《ふくしゅう》のポイント!

日本の国土はまわりを海で囲《かこ》まれ，山地・山脈が多いのが特ちょうです。日本は暖流《だんりゅう》・寒流，季節風などのえいきょうでさまざまな気候が見られます。

4 [日本の気候区] **次のA～Fは日本の気候区について説明したものです。これらの文を読んで，あとの問いに答えましょう。**

A　一年中雨が多く，気温が高い。

B　降水量《こうすいりょう》はあまり多くないが，冬の寒さがきびしい。

C　一年中雨が少なく，夏と冬の気温の差が大きい。

D　冬は雨が少なくかんそうするが，夏はたくさんの雨がふる。

E　冬の降水量が特に多く，世界でも有数の豪雪《ごうせつ》地帯がある。

F　一年中雨が少なく，温暖である。

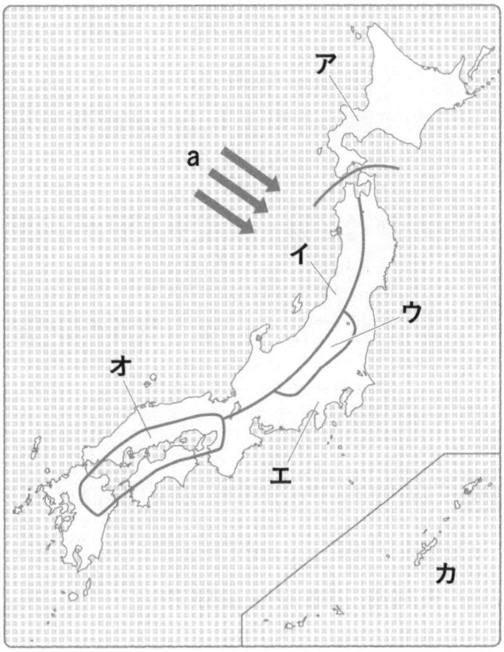

(1)　A～Fの説明にあたる気候区を地図中の**ア**～**カ**から選び，それぞれ記号で答えましょう。(30点)1つ5

A(　　　)　B(　　　)　C(　　　)　D(　　　)　E(　　　)　F(　　　)

(2)　地図中の**a**は，日本の気候に大きなえいきょうをあたえる風の向きを示《しめ》しています。この風を何といいますか。また，この**a**は春夏秋冬のいつごろの風向きを示していますか。(10点)1つ5

風(　　　)　季節(　　　)

(3)　次の①～③の気候グラフは，地図中の**ア**～**カ**のどの気候区のものですか。あてはまる気候区を**ア**～**カ**から選び，それぞれ記号で答えましょう。(15点)1つ5

①(　　　)
②(　　　)
③(　　　)

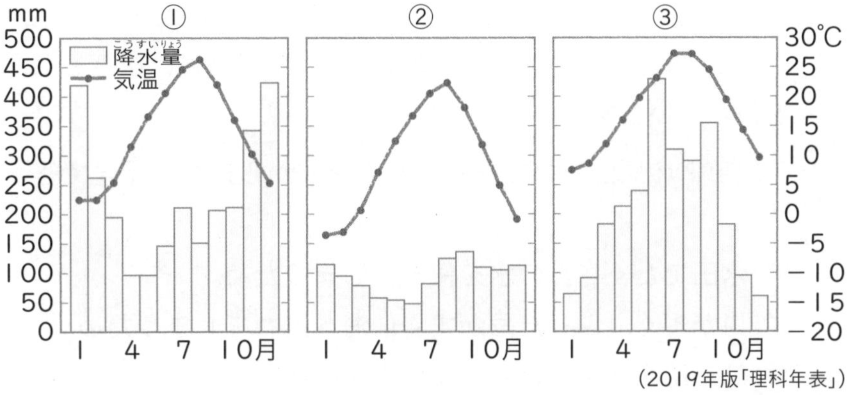

(2019年版「理科年表」)

3 自然とくらし

月　日

〈時間〉20分　〈合格〉80点　〈得点〉　/100

答え→別さつ13ページ

たいせつ **1** ［あたたかい地域《ちいき》と寒い地域の気候］ **次の気候グラフから読み取れることとして正しいものを，あとから選び，記号で答えましょう。**（10点）　（　　）

ア 札幌《さっぽろ》の夏の気温は，那覇《なは》の夏の気温より高い。

イ 札幌は7月よりも1月の降水量《こうすいりょう》のほうが多い。

ウ 那覇では，一年中気温が20度以下になることはない。

エ 札幌では，一年中気温が20度以上になることはない。

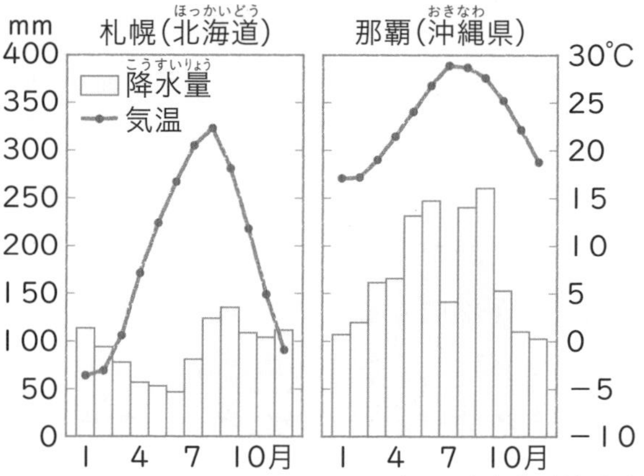

（2019年版「理科年表」）

2 ［寒さや雪を防《ふせ》ぐくふう］ **次の問いに答えましょう。**（20点）1つ10

(1) 寒い地域で，室内のあたたかい空気をのがさないようにかべに入れられているものを何といいますか。　（　　）

(2) 道路の雪を取りのぞくために使われる車を何といいますか。　（　　）

3 ［沖縄県のくらし］ **次の文を読んで，あとの問いに答えましょう。**（20点）1つ10

> 沖縄県は，一年中温暖《おんだん》で①雨の多い南西諸島《なんせいしょとう》の気候区に属《ぞく》しています。しかし，②水不足になることが多く，屋根に給水タンクをおいている家が見られます。また，温暖な気候を利用して，ほかの地域とはことなった農業が行われていますが，アメリカ軍の軍用地が多く，農地が多くとれないことがなやみです。

(1) 下線部①について，7月〜10月ごろに沖縄県にひ害をもたらす熱帯性《ねったいせい》の低気圧《ていきあつ》を何といいますか。　（　　）

(2) 下線部②の原因《げんいん》として正しいものを次から選び，記号で答えましょう。　（　　）

ア 水田でたくさんの水を使ってしまうため。

イ 川が短く，ふった雨がすぐに海へ流れてしまうため。

ウ 工業用水としてたくさんの水が必要となるため。

復習《ふくしゅう》のポイント！

あたたかい地域《ちいき》・寒い地域，土地の高い地域・低い地域などで，くらしや産業《さんぎょう》の発達がことなっています。それぞれどのように自然を生かしているか，どんなくふうが見られるかを理解《りかい》しましょう。

たいせつ **4** ［低い土地のくらし］ **岐阜《ぎふ》県の海津《かいづ》市周辺を示《しめ》した次の地図を見て，あとの問いに答えましょう。** (30点)1つ10

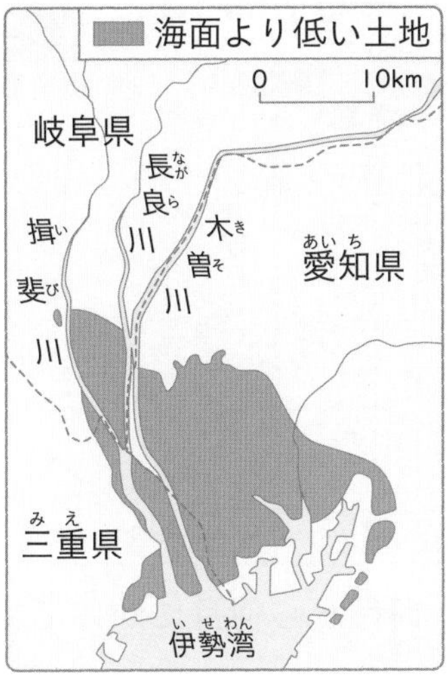

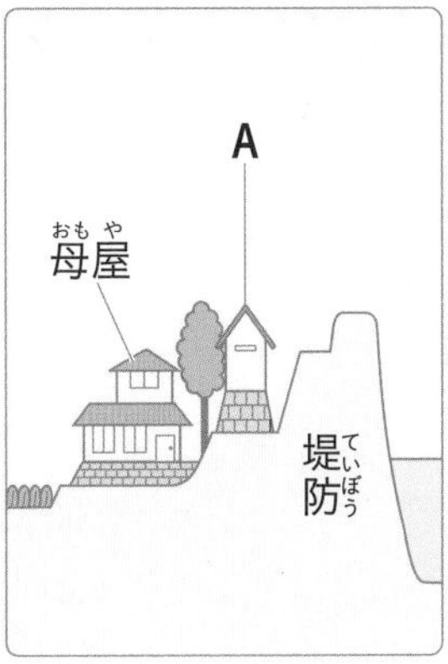

(1) 海津市には，周りを堤防《ていぼう》で囲《かこ》んだ土地が見られます。このような土地を何といいますか。
（　　　）

(2) 川に囲まれている海津市で，人々がたびたびなやまされていた災害《さいがい》は何ですか。次から選び，記号で答えましょう。
（　　　）

ア こう水《ずい》　**イ** なだれ　**ウ** 冷害　**エ** 日照り

(3) (2)の災害がおこったとき，ひなんするために建てられた上の図の**A**のような建物を何といいますか。
（　　　）

たいせつ **5** ［高い土地のくらし］ **野辺山原《のべやまはら》は，八ケ岳《やつがたけ》の東に広がる高原です。この高原について，次の問いに答えましょう。** (20点)1つ10

(1) 右の2つの気候グラフは，東《とう》京《きょう》と野辺山原のものです。野辺山原のグラフは**ア**・**イ**のどちらですか。
（　　　）

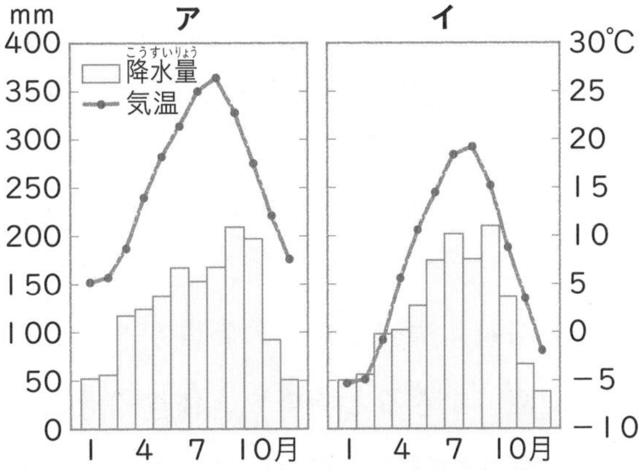

(2019年版「理科年表」など)

(2) 野辺山原では夏のすずしい気候を生かして，はくさいやキャベツなどの野菜がさいばいされています。このようにさいばいされている野菜を何といいますか。
（　　　）

4 日本の農業 ①

月　日

〈時間〉20分　〈合格〉80点　〈得点〉 /100

答え→別さつ14ページ

たいせつ

1 [米づくりのようす] **次の米づくりのこよみを見て，あとの問いに答えましょう。**

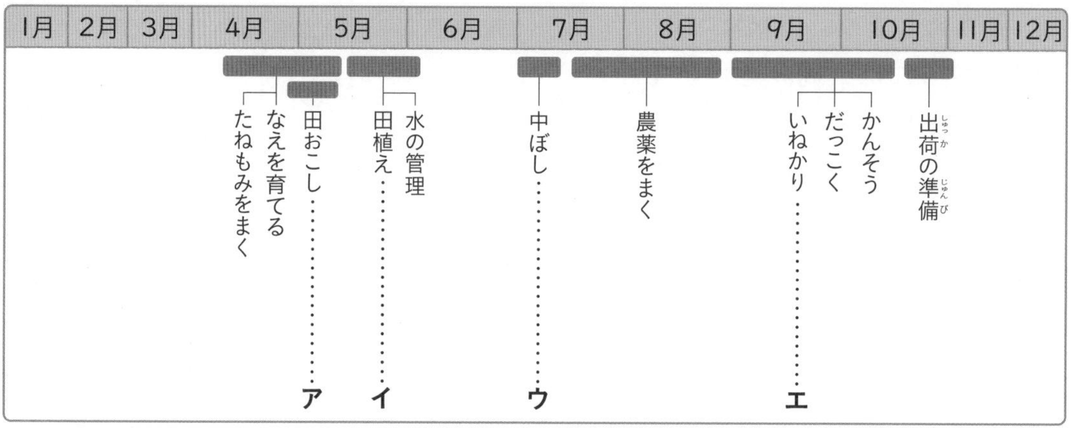

⑴ 農薬をまくのは，何月から何月にかけてですか。(6点)

（　　月から　　月）

⑵ 次の作業をする場合に使われる機械を，あとの**ア**〜**エ**から選び，記号で答えましょう。(14点)1つ7

① 田おこし（　　）② いねかり（　　）

ア トラクター　**イ** コンバイン　**ウ** 田植え機　**エ** ふんむ器

⑶ 代《しろ》かきは，こよみの中の**ア**〜**エ**の作業のうち，どの作業のあとに行われますか。記号で答えましょう。(8点)（　　）

⑷ いねの生長には，夏に気温が高くなることが大切です。東北《とうほく》地方の太平洋《たいへいよう》側において，夏に気温が十分上がらず，いねの生長が悪くなる災害《さいがい》を何といいますか。(8点)（　　）

⑸ 次の文と関係の深いことばを，あとの**ア**〜**エ**から選び，記号で答えましょう。(24点)1つ6

① 田植えやいねかりの時間が大はばに減《へ》った。（　　）

② 使いすぎると環境《かんきょう》や人体に害をあたえることがある。（　　）

③ 寒さや病気に強いいねがつくられるようになった。（　　）

④ 家畜《かちく》のふんにょうやもみがらなどを混《ま》ぜてつくった，たい肥《ひ》を使っている。（　　）

ア 品種改良　**イ** 農薬　**ウ** 有機農法　**エ** 機械化

復習《ふくしゅう》のポイント！

日本では，全国各地で米づくりがさかんに行われています。効《こう》率《りつ》よく米づくりを行うために，さまざまなくふうを行っています。また，米づくりのかかえる問題を解決《かいけつ》する方法も考えています。

2 ［米が消費者《しょうひしゃ》にとどくまで］次の問いに答えましょう。（16点）1つ8

⑴ 右の図は，農家が最初に米を運ぶ施設《しせつ》のしくみを示《しめ》したものです。この施設を何といいますか。

（　　　　　）

①荷受け　農家から運びこまれた，もみを受け取る。
↓
②計量　重さをはかる。
↓
③かんそう　もみをかんそうさせる。
↓
④保管　もみをためておくサイロで保管《ほかん》する。
↓
⑤もみすり　出荷《しゅっか》前にもみがらを取りのぞき，玄米《げんまい》にする。
↓
⑥出荷　トラックなどで全国各地へ出荷する。

⑵ 右のグラフは，米屋さんやスーパーマーケットなどで売り出される米の価格《かかく》の内わけを示しています。次の文中の（　）にあてはまることばを，グラフ中から選び，答えましょう。　（　　　　　）

米の価格のなかで，最も費用がかかっているのは，（　）である。

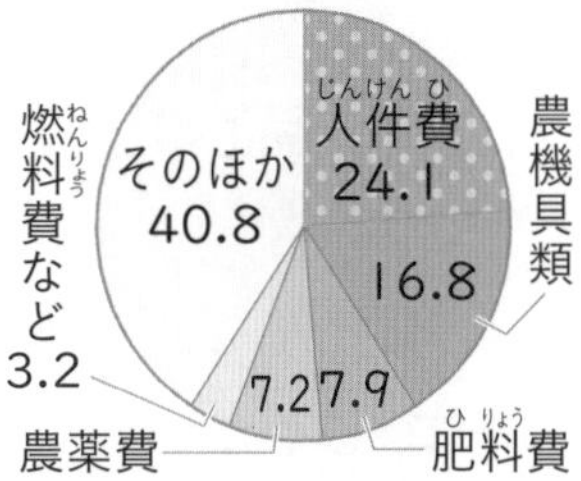

10aあたり費用合計：10万520円
（2017年「農業経営統計調査」）

3 ［米づくりのかかえる問題］次の問いに答えましょう。

たいせつ

⑴ 右のグラフは，年齢《ねんれい》別の農業人口の移《うつ》り変わりを示しています。このグラフからわかる農業の問題を次から2つ選び，記号で答えましょう。（16点）1つ8　（　　　）（　　　）

ア 専業《せんぎょう》農家の減少《げんしょう》

イ わかい人の割合《わりあい》の減少

ウ 野菜を生産する農業人口の減少

エ 農業総《そう》人口の減少

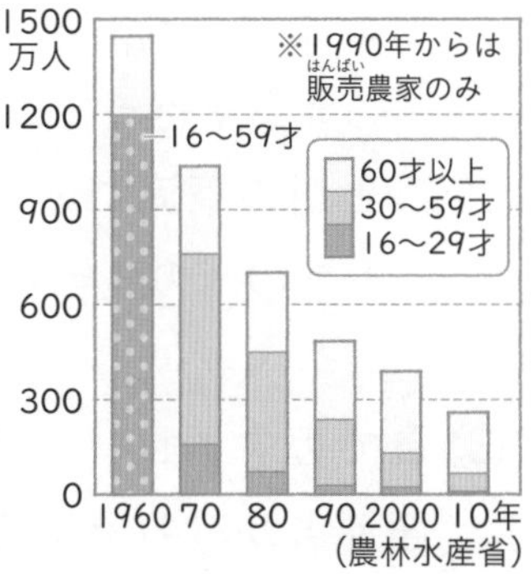

⑵ 米の生産量を増《ふ》やすために行われているくふうとしてまちがっているものを次から選び，記号で答えましょう。（8点）　（　　　）

ア 外国産の米よりも質のよい米づくりを行う。

イ 米の粉でつくったパンを売る。

ウ 在庫《ざいこ》として余《あま》っている米はすべてすてる。

エ 米をとがずにたける無洗米《むせんまい》を売る。

5 日本の農業 ②

月　日

〈時間〉20分　〈合格〉80点　〈得点〉　/100

答え→別さつ14ページ

たいせつ **1** [農作物の県別生産割合《わりあい》] **次のA～Cのグラフは，ある農作物の県別生産割合を示したものです。それぞれあてはまる農作物を，あとのア～クから選び，記号で答えましょう。**(24点)1つ8

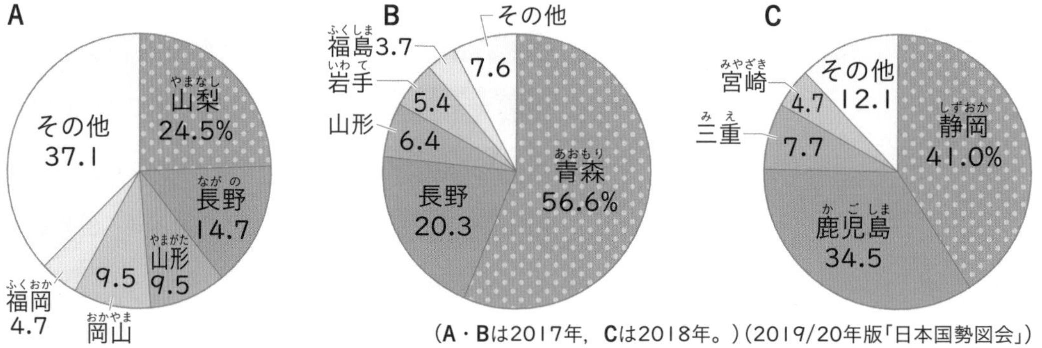

（A・Bは2017年，Cは2018年。）（2019/20年版「日本国勢図会」）

A（　　）　B（　　）　C（　　）

ア りんご　**イ** ぶどう　**ウ** さくらんぼ(おうとう)

エ じゃがいも　**オ** 米　**カ** 茶　**キ** キャベツ　**ク** ピーマン

2 [各地の農業のようす] **次の文にあてはまる地域《ちいき》を地図中のア～エから選び，記号で答えましょう。**(20点)1つ5

(1) 冬でもあたたかい気候を利用して，ほかの産地よりも早い時期に野菜を出荷《しゅっか》する農業を行っている。（　　）

(2) 最上《もがみ》川の下流に広がるこの平野は，日本有数の米の産地となっている。（　　）

(3) 夏でもすずしいこの地域では，ほかの産地よりもおそい時期に野菜をさいばいして出荷する農業を行っている。（　　）

(4) 火山灰《かざんばい》がふりつもってできた台地が広がっている。水もちが悪いため，かんそうに強いさつまいもや茶のさいばい，畜産《ちくさん》などがさかんである。（　　）

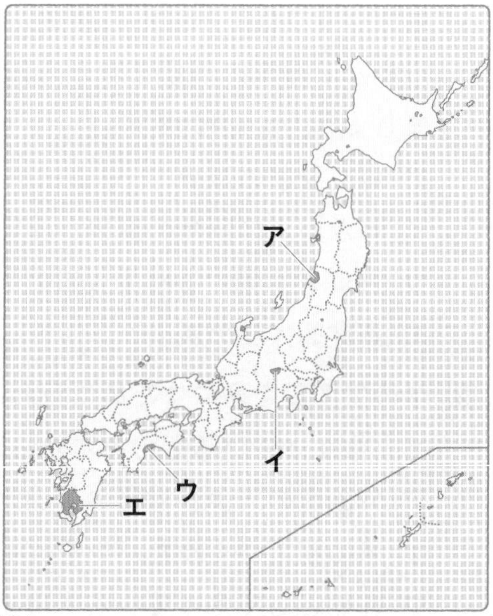

復習《ふくしゅう》のポイント!

日本では，地域《ちいき》の特ちょうにあった農業が行われています。農業をしている人々は，新せんで品質《ひんしつ》のよい農作物を生産して出荷《しゅっか》するために，さまざまなくふうや努力をしています。

3 [日本の畜産《ちくさん》のようす] **次のA～Cの地図は，肉用わかどり，乳牛《にゅうぎゅう》，肉牛のいずれかの飼育《しいく》頭数の上位3県を示《しめ》したものです。それぞれあてはまるものを，あとのア～ウから選び，記号で答えましょう。**(24点)1つ8

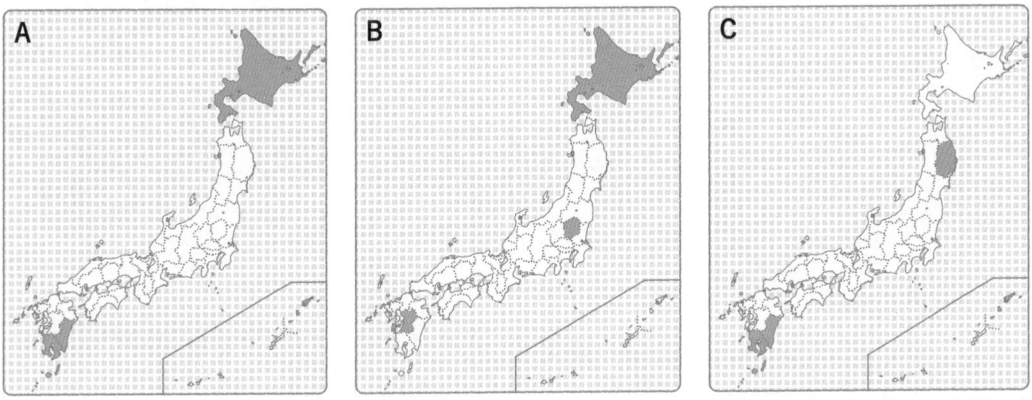

(2019/20年版「日本国勢図会」)

A(　　　) B(　　　) C(　　　)

ア 肉用わかどり　**イ** 乳牛　**ウ** 肉牛

4 [農産物の生産額《せいさんがく》の変化] **次のグラフ中のA～Dは，ある農産物の生産額の変化を示したものです。A～Dにあてはまる農産物を，あとのア～エから選び，記号で答えましょう。**(32点)1つ8

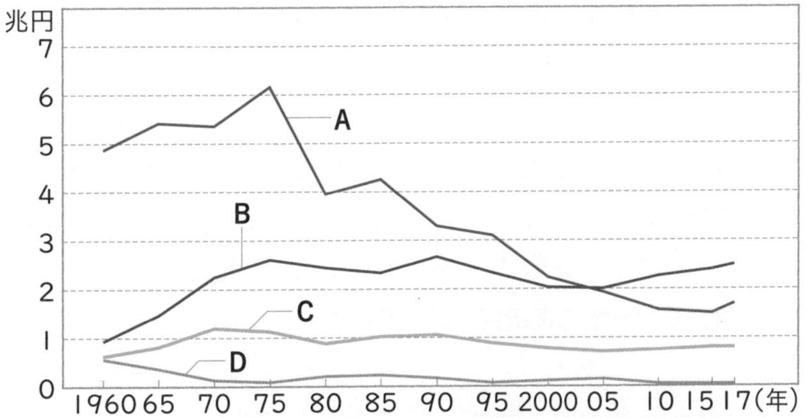

(2019/20年版「日本国勢図会」など)

A(　　　) B(　　　) C(　　　) D(　　　)

ア くだもの　**イ** 米　**ウ** 野菜　**エ** 麦類

月　日

〈時間〉20分

〈合格〉80点

〈得点〉　/100

6 日本の水産業

答え→別さつ14ページ

たいせつ **1** ［水産業のさかんな地域《ちいき》］**次の地図を見て，あとの問いに答えましょう。**

(1) 右の地図中の**A**～**D**の海流について，次の問いに答えましょう。

① **A**～**C**の海流の名まえを答えましょう。(18点)1つ6

A（　　　　）

B（　　　　）

C（　　　　）

② **A**～**D**のうち，暖流《だんりゅう》はどれですか。次から選び，記号で答えましょう。(6点)（　　）

ア AとB　　**イ** AとD

ウ BとC　　**エ** CとD

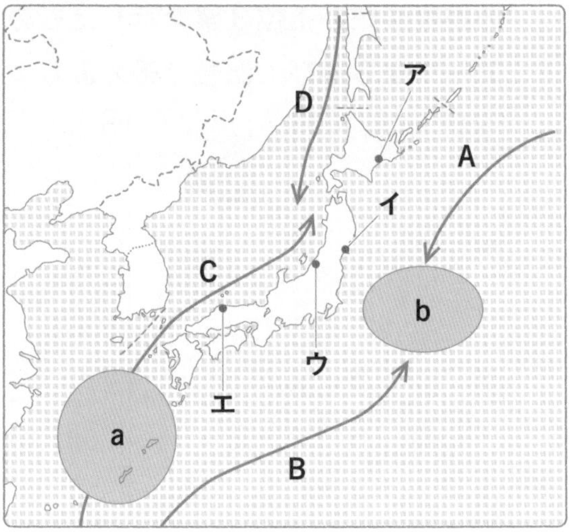

(2) 地図中の**a**には，水深200mくらいまでの浅い海が広がっています。このような場所を何といいますか。(6点)（　　　）

(3) 地図中の**b**は，潮目《しおめ》とよばれ，よい漁場になっています。潮目がよい漁場になっている理由として正しいものを次から選び，記号で答えましょう。(6点)

（　　）

ア まわりの海域よりも，おせんが進んでいないため。

イ 海底が急に深くなっているため。

ウ 暖流と寒流がぶつかり，魚のえさとなるプランクトンが多いため。

エ 海底が平らで，海流の流れがゆるやかになっているため。

(4) 次の漁港の位置を地図中の**ア**～**エ**から選び，記号で答えましょう。(12点)1つ6

① 釧路港《くしろこう》は，全国でも有数の水あげ量をほこる漁港で，オホーツク海や北太《きたたい》平洋《へいよう》で行われる漁業の基地《きち》となっていた。

（　　）

② 境《さかい》港は，日本海《にほんかい》側で最も水あげ量の多い漁港で，いかやかになどが多く水あげされる。

（　　）

復習《ふくしゅう》のポイント！

日本は，まわりを海で囲《かこ》まれているため，水産業がたいへんさかんです。大陸だなや潮目《しおめ》などは位置をおさえておきましょう。また，遠洋漁業などの漁かく量の変化も重要です。

たいせつ

2 ［いろいろな水産業］**次のグラフは，日本の遠洋漁業，沖合《おきあい》漁業，沿岸《えんがん》漁業の漁かく量の変化を示《しめ》したものです。このグラフを見て，あとの問いに答えましょう。**

(1) ①～③のグラフは，遠洋漁業，沖合漁業，沿岸漁業のどれを示していますか。正しい組み合わせを次から選び，記号で答えましょう。(6点)　（　　）

ア ①沖合　②遠洋　③沿岸
イ ①沿岸　②沖合　③遠洋
ウ ①遠洋　②沿岸　③沖合
エ ①沖合　②沿岸　③遠洋

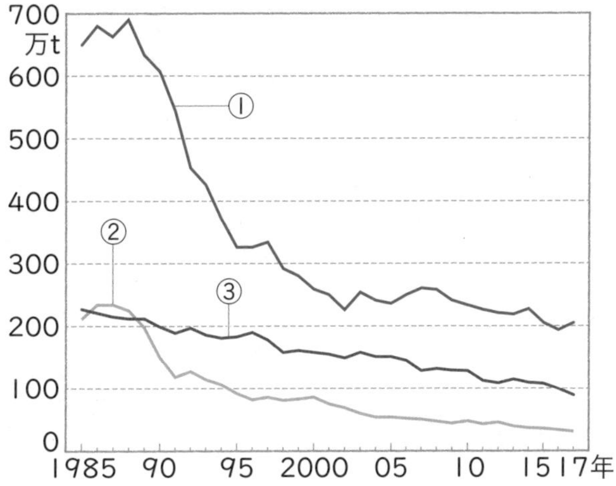

(2019/20年版「日本国勢図会」)

(2) ②の漁かく量が急げきに減少《げんしょう》する原因《げんいん》となった漁業水域《すいいき》の設定《せってい》は，沿岸から何海里までですか。(6点)　（　　海里）

(3) 次の**A**～**C**の文は，それぞれグラフ中の①～③のどの漁業について説明したものですか。あてはまるものを①～③の番号で答えましょう。(18点)1つ6

A 10t以上の船を使って数日がかりで行われる漁業。いわし，さけ，ます，かつおなどをとっている。　（　　）

B 大型の船を使って世界中の海で数か月以上かけて行われる漁業。まぐろなどをとっている。　（　　）

C 小型の船を使って日帰りで行われる漁業。いわし，たいなどをとっている。　（　　）

3 ［育てる漁業］**近年，魚の減少のため，育てる漁業が注目されるようになりました。育てる漁業について，次の問いに答えましょう。**(22点)1つ11

(1) たまごからかえしてある程度《ていど》まで育てたあと，海や川に放して，自然に成長してからとる漁業を何といいますか。　（　　）

(2) 志摩《しま》半島で最もさかんに養しょくされているものは何ですか。　（　　）

7 これからの食料生産

月　日

〈時間〉20分　〈合格〉80点　〈得点〉　/100

答え→別さつ15ページ

たいせつ **1** ［主な食料の自給率《じきゅうりつ》］**次のグラフを見て，あとの問いに答えましょう。**（45点）1つ15

⑴ **グラフ1**は，日本の食料自給率を示《しめ》したものです。**グラフ1**の**A**・**B**にあてはまる農作物の組み合わせとして正しいものを次から選び，記号で答えましょう。（　　）

ア A－小麦　B－野菜

イ A－小麦　B－大豆

ウ A－野菜　B－くだもの

エ A－くだもの　B－大豆

グラフ1

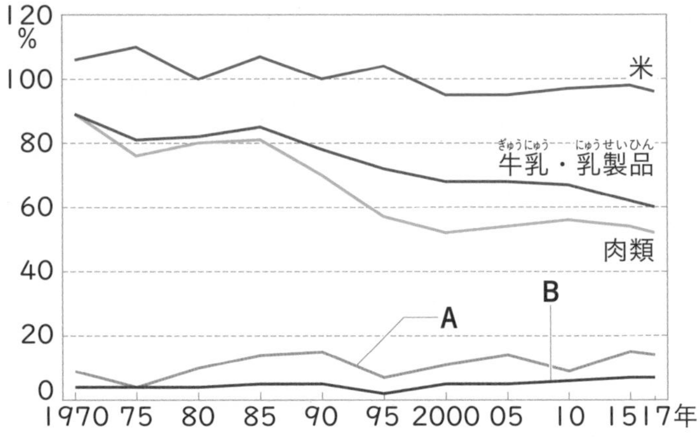

（2019/20年版「日本国勢図会」など）

⑵ **グラフ2**は，**グラフ1**における**A**・**B**の日本の輸入先《ゆにゅうさき》の割合《わりあい》を示したものです。この**グラフ2**の①にあてはまる国名を次から選び，記号で答えましょう。（　　）

グラフ2

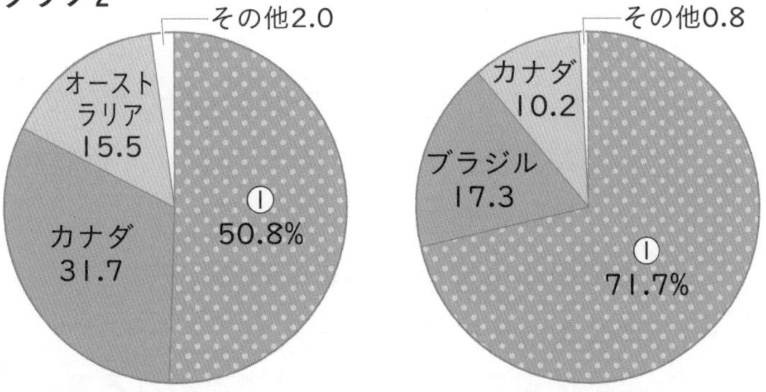

Aの輸入先　Bの輸入先

（2018年）　（2019/20年版「日本国勢図会」）

ア アメリカ合衆国《がっしゅうこく》　**イ** ロシア連邦《れんぽう》　**ウ** フランス　**エ** ドイツ

⑶ 食料自給率について正しく説明したものを次から選び，記号で答えましょう。（　　）

ア 国内で生産される食料のうち，外国に輸出されるものの割合。

イ 国内で生産される食料のうち，消費《しょうひ》されずに余《あま》るものの割合。

ウ 外国で生産されて輸入した食料のうち，国内で消費されるものの割合。

エ 国内で消費される食料のうち，国内で生産されるものの割合。

復習《ふくしゅう》のポイント!

日本は，多くの食料を外国から輸入《ゆにゅう》しています。特に大豆や小麦は，日本の食生活には欠かせないにもかかわらず，自給率《じきゅうりつ》が低くなっていることを理解《りかい》しておきましょう。

2 [水産業における変化] **水産業における漁業生産量や輸送について，次の問いに答えましょう。**(45点)1つ15

(1) 日本では近年，漁業生産量が減少《げんしょう》しています。その理由としてまちがっているものを次から選び，記号で答えましょう。 (　　)

ア 漁業で働く人の数が年々増《ふ》えているから。

イ 魚介《ぎょかい》類を外国から輸入することが増えたから。

ウ 世界の多くの国が200海里水域《すいいき》を定めたから。

エ 日本の近海で魚をとりすぎたから。

(2) 魚介類の輸送に航空機が使われる理由として正しいものを次から選び，記号で答えましょう。 (　　)

ア 船で運ぶよりも，航空機で運んだほうが，輸送費《ひ》が安いため。

イ 船では，たくさんの魚介類を運ぶことができないため。

ウ 日本全国に，大きな船が入港できる港がないため。

エ 航空機を使うと，新せんなうちに短時間で運ぶことができるため。

(3) 魚介類が，消費地までとどけられる順に**ア〜エ**をならべかえましょう。

(　　→　　→　　→　　)

ア 市場で仲買人《なかがいにん》のせりが行われる。

イ トラックなどで運び，店頭にならべられる。

ウ 漁師《りょうし》さんが魚介類を水あげする。

エ スーパーなどのお店に消費者が買いにくる。

3 [食料輸入の問題点] **近年，日本の食料の輸入量が増えています。食料の輸入が増えることの問題点としてまちがっているものを次から選び，記号で答えましょう。**(10点) (　　)

ア 外国から食料が輸入できなくなると，国内が食料不足になる可能性《かのうせい》がある。

イ 外国から輸入される食料の安全性に問題がある。

ウ 外国から輸入される食料が増えることによって，日本国内で生産される食料の量が減《へ》ってしまう。

エ 外国産の高い食料を買わなくてはならなくなってしまう。

8 日本の工業 ①

月　日

〈時間〉20分　〈合格〉80点　〈得点〉　/100

答え → 別さつ15ページ

たいせつ **1** ［自動車の生産量］**次のグラフは，主な国の自動車の生産台数の変化を示したものです。このグラフを見て，あとの問いに答えましょう。**（36点）1つ12

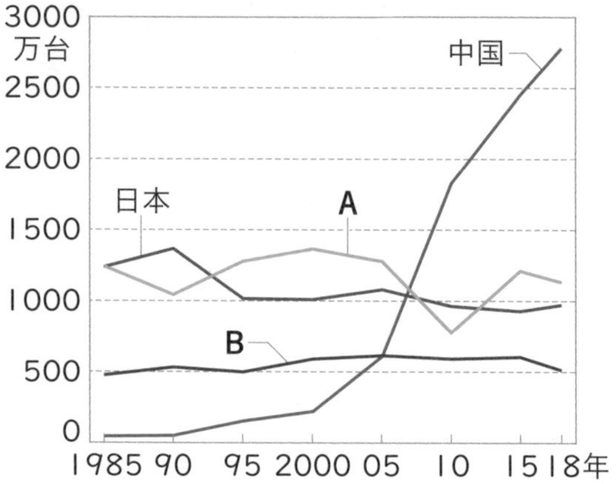

（2019/20年版「日本国勢図会」）

⑴ グラフ中のA・Bにあてはまる国の組み合わせとして正しいものを次から選び，記号で答えましょう。（　　）

ア A－ドイツ
　B－韓国《かんこく》

イ A－韓国
　B－アメリカ合衆国《がっしゅうこく》

ウ A－アメリカ合衆国
　B－ドイツ

エ A－イギリス
　B－アメリカ合衆国

⑵ グラフから読み取れることとして正しいものを次から選び，記号で答えましょう。（　　）

ア どの国も1990年から2018年の間には，自動車の生産台数はつねに増《ふ》え続けている。

イ 2018年の日本の自動車の生産台数は世界第2位である。

ウ 2018年の日本の自動車生産台数は，B国の生産台数のおよそ2倍になっている。

エ A国の自動車の生産台数は，1985年から2018年までの約30年間で，およそ2倍に増えている。

⑶ 日本の自動車の生産台数は1990年代に減りました。その理由としてまちがっているものを次から選び，記号で答えましょう。（　　）

ア 自動車をつくるための原料が，輸入《ゆにゅう》しにくくなったため。

イ 貿易《ぼうえき》まさつをやわらげるために，輸出量を減らしたため。

ウ 日本の景気が悪くなり，国内で自動車があまり売れなかったため。

エ 貿易まさつをやわらげるために，海外で生産するようになったため。

復習《ふくしゅう》のポイント！

日本は，機械工業がさかんです。その中でも，自動車は最もさかんに生産されている工業製品《せいひん》の１つです。特に，中京《ちゅうきょう》工業地帯にある愛知《あいち》県の豊田《とよた》市は，自動車生産がさかんです。

たいせつ

2 [自動車の生産] **次のA～Eの文は，自動車がつくられるようすを説明したものです。これを読んで，あとの問いに答えましょう。**

A 車体にガラス，エンジン，シートなどの部品をとりつける。

B 1まいの鉄板を，曲げたり，打ちぬいたりして車体の部品をつくる。

C 組み立てられた車体に色をぬる。

D 完成した部品を組み立てて，車体の形に仕上げる。

E 完成した自動車のブレーキやエンジンなどを1台1台きびしくチェックする。

(1) 上の**A**～**E**の文を，実際《じっさい》に自動車がつくられる順番にならべかえましょう。

（　　→　　→　　→　　→　　）(10点)

(2) **A**の文について，次の問いに答えましょう。(30点)1つ10

① **A**の作業などで使われ，車体をのせてゆっくり動かす装置《そうち》のことを何といいますか。（　　　）

② **A**の作業をしている人たちは，①の上を流れてくる自動車に対して，自分の持ち場で1つの同じ作業だけをしています。このような作業の進め方を何といいますか。（　　　）

③ **A**の文の下線部について，部品がつくられる工場のことを何といいますか。（　　　）

3 [これからの自動車] **次の(1)～(4)は，人や環境《かんきょう》にやさしい車や車社会について説明したものです。それぞれの説明にあてはまるものを，あとのア～エから選び，記号で答えましょう。**(24点)1つ6

(1) 電気で動くモーターとガソリンで動くエンジンを組み合わせた自動車。（　　）

(2) 電気を使って走り，排気《はいき》ガスを出さない自動車。（　　）

(3) 高速道路の料金をあとばらいにすることで，料金所でとまらずに通過《つうか》できるシステム。（　　）

(4) 自動車がしょうとつしたとき，乗っている人をしょうげきから守るもの。（　　）

ア ハイブリッドカー　**イ** ETC　**ウ** エアバッグ　**エ** 電気自動車

9 日本の工業 ②

月　日

〈時間〉20分　〈合格〉80点　〈得点〉　/100

答え→別さつ15ページ

たいせつ **1** ［日本の工業地帯・地域《ちいき》］**次の地図は，日本で工業のさかんな地域を示したものです。あとの問いに答えましょう。**

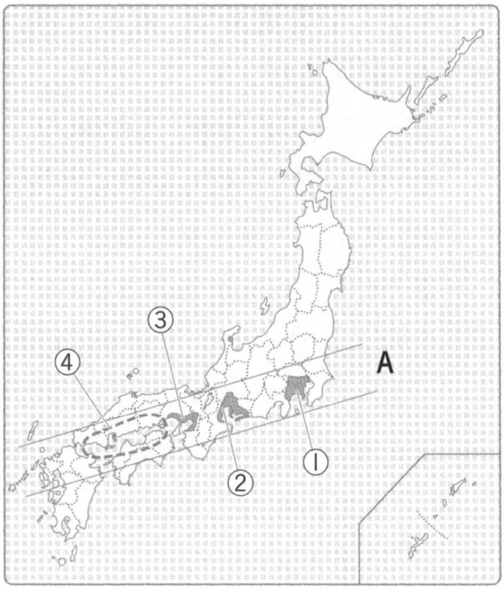

⑴ 地図中①～④の工業地帯・地域の名まえを答えましょう。(24点)1つ6

①（　　　　工業地帯）
②（　　　　工業地帯）
③（　　　　工業地帯）
④（　　　　工業地域）

⑵ 地図中の①～④の工業地帯・地域のうち，最も工業生産額《せいさんがく》が多く，自動車の生産がさかんなところを選び，番号で答えましょう。(6点)（　　）

⑶ 工業のさかんなAの地域を何といいますか。(6点)（　　　　）

⑷ ⑶の地域で工業がさかんになった理由としてまちがっているものを次から選び，記号で答えましょう。(6点)（　　）

ア 近くに製品《せいひん》を利用する人がたくさん住んでいるから。

イ 交通が便利で，労働力を得やすいから。

ウ 原材料の輸入《ゆにゅう》や，つくった製品の輸出《ゆしゅつ》に便利だから。

エ そう音やしん動などの公害がおこりにくいから。

2 ［大工場と中小工場］**次のグラフから読み取れることとして正しいものを次から選び，記号で答えましょう。**(7点)（　　）

ア 中小工場の従業者《じゅうぎょうしゃ》数の割合《わりあい》は，大工場の約3倍である。

イ 大工場は，中小工場に比《くら》べて工業生産額《がく》の割合が大きい。

ウ 中小工場は，従業者1人あたりの工業生産額が大工場より多い。

大工場・中小工場の工場数・従業者数・工業生産額の割合

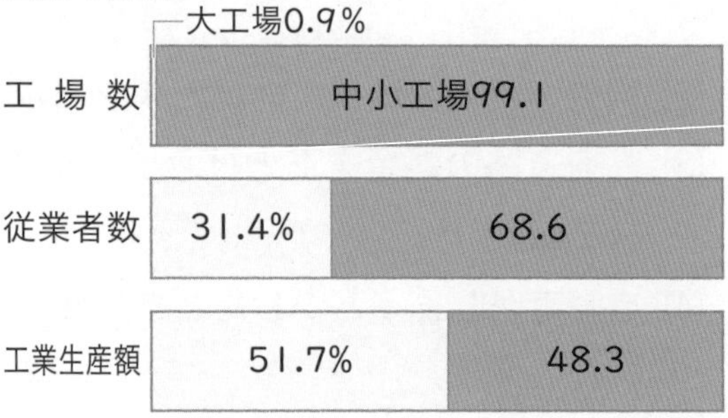

(2016年)　(2019/20年版「日本国勢図会」)

復習《ふくしゅう》のポイント！

日本の工業がさかんな地域《ちいき》は，主に太平洋側《たいへいようがわ》に集中しています。また，大工場と中小工場の特ちょうを理解《りかい》しておきましょう。

たいせつ

3 ［工業の種類］**工業の種類について，次の問いに答えましょう。**

(1) 次の説明にあてはまる工業の種類を，あとの**ア**～**オ**から選び，記号で答えましょう。(25点)1つ5

① 金属《きんぞく》を加工して，金属の板やぼうなどをつくる工業。 (　　)

② 部品を組み立てて，自動車や電気製品《せいひん》などをつくる工業。 (　　)

③ 石油や天然ガスなどの原料を化学変化させて，プラスチックや洗《せん》ざいなどの製品をつくる工業。 (　　)

④ 農産物や水産物を加工して，食べ物や飲み物などをつくる工業。 (　　)

⑤ 綿花《めんか》や羊毛，ナイロンなどを原料に，糸や織物《おりもの》をつくる工業。 (　　)

ア 機械工業　**イ** 化学工業　**ウ** 金属工業

エ 食品工業　**オ** せんい工業

(2) (1)の①～③の工業をまとめて何といいますか。(5点)

(　　　　)

(3) (1)の④・⑤の工業をまとめて何といいますか。(5点) (　　　　)

4 ［日本の工業の課題］**日本の工業の課題について，次の問いに答えましょう。**

(1) 日本の工業の課題について説明しているものを次から２つ選び，記号で答えましょう。(8点)1つ4 (　　)(　　)

ア 製造業《せいぞうぎょう》で働く人の数が30年前より増《ふ》え，働く場を確保《かくほ》することが課題である。

イ 最近は海外に進出する企業《きぎょう》の数が増え，工場の海外移転《いてん》が増えている。

ウ 日本は工業製品の原料である資源《しげん》が少なく，資源の確保が課題である。

エ 以前に比《くら》べて日本製品はよく売れており，ほかの国の製品が売れないことが問題となっている。

(2) 次の文中の(　)にあてはまることばを答えましょう。(8点)1つ4

日本の工業は，環境《かんきょう》を大切にし，資源を大事にする(①　　　　)な社会をめざして，多くの取り組みを行っている。その1つとして，自動車部品や廃棄物《はいきぶつ》をリサイクルする工場が集まる(②　　　　)が各地でつくられている。

10 日本の貿易《ぼうえき》と運輸《うんゆ》

月　日

〈時間〉20分　〈合格〉80点　〈得点〉　/100

答え→別さつ15ページ

たいせつ **1** ［工業製品《せいひん》の原料］ **次のグラフを見て，あとの問いに答えましょう。**

⑴ 右のグラフ中から，製鉄の際《さい》に必要となるものを2つ選び，答えましょう。（14点）

（　　・　　）

⑵ すべてを輸入《ゆにゅう》にたよっているものを右のグラフ中から1つ選び，答えましょう。（7点）（　　）

⑶ グラフ中の石油について，石油を世界で最も多く輸出している国を次から選び，記号で答えましょう。（7点）（　　）

ア アメリカ合衆国《がっしゅうこく》　**イ** 中国《ちゅうごく》

ウ サウジアラビア　**エ** イギリス

グラフ

主な工業製品の原料とエネルギー資源《しげん》の国内生産量と輸入量の割合《わりあい》

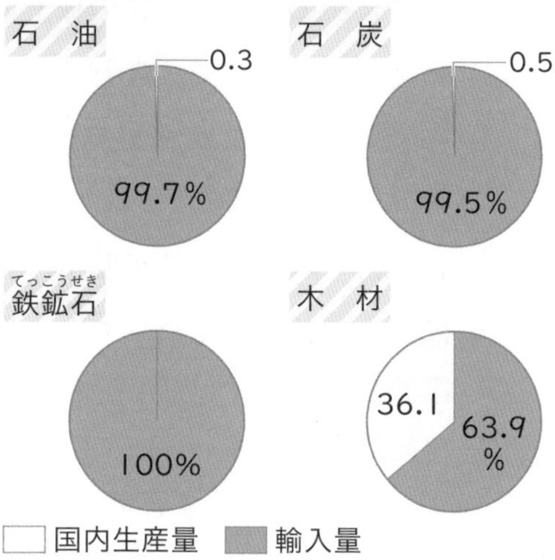

（2018年。木材のみ2017年）

（2019/20年版「日本国勢図会」など）

2 ［工業を支《ささ》える運輸］ **次のグラフは，1965年度と2016年度の日本の国内における貨物輸送の割合を表しています。これを見て，あとの問いに答えましょう。**

⑴ 次の文中の（　）にあてはまることばを，グラフを見て答えましょう。（14点）1つ7

かつて貨物輸送では，（①　　）が中心であったが，現在《げんざい》最も利用されているのは，（②　　）である。

⑵ 次のような場合，グラフ中のどの輸送機関を使うとよいですか。（14点）1つ7

① 石油や鉄鉱石《てっこうせき》などの工業原料を一度に大量に運びたい場合。（　　）

② 電子部品や時計など，軽くて小さく，ねだんの高いものを輸出したい場合。（　　）

1965年度（1863億トンキロ）

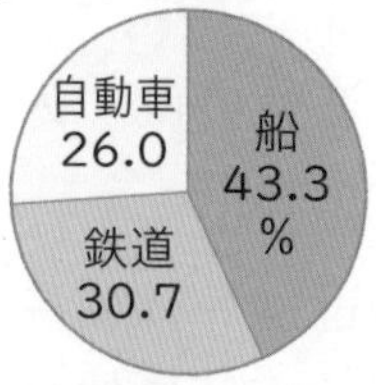

2016年度（4148億トンキロ）

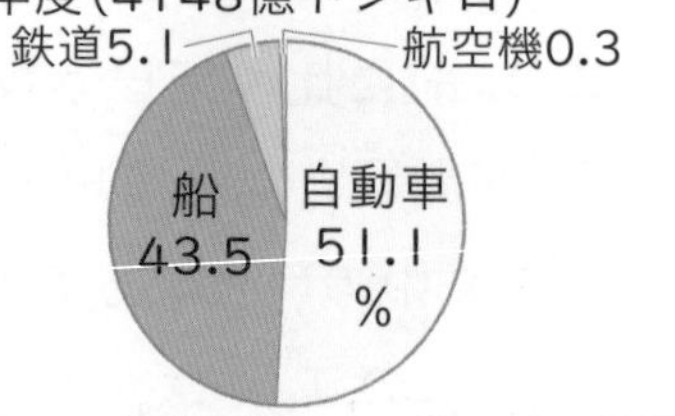

※トンキロ…輸送貨物のトン数にその輸送距離《きょり》をかけたもの。

※四捨五入《ししゃごにゅう》の関係で合計が100%にならない場合がある。

（2019/20年版「日本国勢図会」など）

復習《ふくしゅう》のポイント！

日本は，工業原料がとぼしいため，その多くを輸入《ゆにゅう》にたよっています。また，生産された機械をはじめとする工業製品《せいひん》は，アメリカ合衆国《がっしゅうこく》をはじめ，多くの国に向けて輸出されています。

たいせつ

3 ［日本と外国の結びつき］ **次の地図は，日本の主な貿易《ぼうえき》相手国を示《しめ》したものです。この地図を見て，あとの問いに答えましょう。**（24点）1つ8

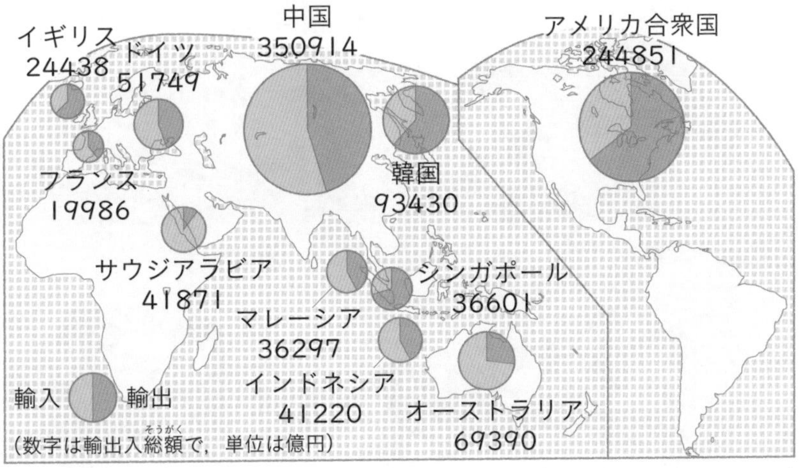

（2018年）　（2019/20年版「日本国勢図会」）

⑴ 日本との貿易額《がく》が最も多い国を答えましょう。（　　）

⑵ 日本と外国との間でおこっている貿易額の不均《ふきん》こうが原因《げんいん》となっている問題を何といいますか。（　　）

⑶ 日本が輸出した額よりも日本が輸入した額のほうが多い国としてまちがっているものを次から選び，記号で答えましょう。（　　）

ア 中国《ちゅうごく》　**イ** オーストラリア　**ウ** サウジアラビア　**エ** イギリス

4 ［原料の輸入先］ **次のグラフは，ある工業原料と鉄鉱石《てっこうせき》の輸入先の割合《わりあい》を示したものです。このグラフを見て，あとの問いに答えましょう。**（20点）1つ10

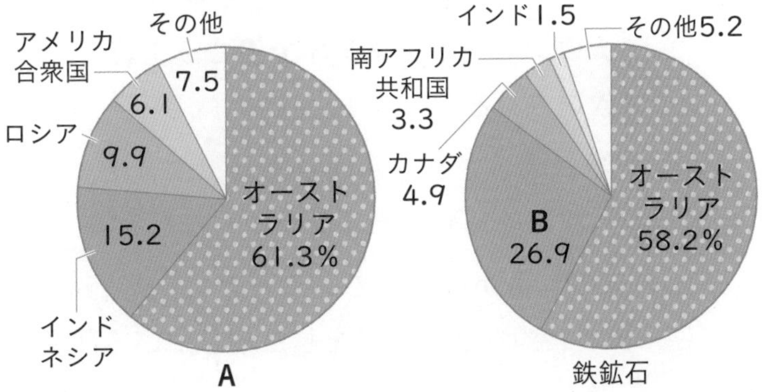

（2018年）　（2019/20年版「日本国勢図会」）

⑴ 右のグラフ中のAにあてはまる工業原料として正しいものを次から選び，記号で答えましょう。（　　）

ア 石油
イ 石炭
ウ 銅《どう》
エ 天然ガス

⑵ グラフ中のBにあてはまる国名を次から選び，記号で答えましょう。（　　）

ア ブラジル　**イ** 中国　**ウ** ドイツ　**エ** インド

11 くらしと情報《じょうほう》

月　日

〈時間〉20分

〈合格〉80点

〈得点〉　／100

答え→別さつ16ページ

たいせつ

1 ［ニュースができるまで］ **次の絵は，放送局でニュースが放送されるまでのようすを示《しめ》したものです。これらの絵を見て，あとの問いに答えましょう。**

ア 編集《へんしゅう》

イ 編集会議

ウ 打ち合わせ

エ 本番

オ 取材

(1) 上の**ア**～**オ**を，実際《じっさい》にニュースがつくられる順番にならべかえ，記号で答えましょう。(10点)
(　　→ **イ** →　　→　　→　　)

(2) 次の文は，上の**ア**～**オ**のどれについて説明したものですか。あてはまるものを選び，記号で答えましょう。(24点)1つ8

① 打ち合わせで決まった内容《ないよう》について，記者とカメラマンが取材を行う。記者は記事をまとめ，カメラマンは取材現場《げんば》をカメラで記録する。(　　)

② アナウンサーがスタジオで原こうを読み，カメラマンのさつえいした映像《えいぞう》が放送される。(　　)

③ 実際に放送される時間にあわせて，さつえいされたビデオテープを編集し，放送のための原こうがつくられる。(　　)

(3) 上の**エ**の本番が行われているときに，進行の指示《しじ》を出したり，画面に出す文字，流す音声などの調整をしたりしている部屋を何といいますか。(10点)
(　　　　)

(4) 次の文は，上の**ア**～**オ**のいずれかの仕事をしている人の話です。この話をしている人の仕事を上の**ア**～**オ**から選び，記号で答えましょう。(8点)(　　)
「まちがえないように，聞き取りやすいように原こうを読んでいます。」

復習《ふくしゅう》のポイント!

テレビや新聞，インターネットなどいろいろな方法で情報《じょうほう》を得ることができます。それぞれの方法のよい点を理解《りかい》し，知りたい情報によってうまく使い分けられるようにしましょう。

たいせつ **2** ［情報を得る手段《しゅだん》］ **情報を得る手段について，次の問いに答えましょう。**

(1) 次の文は，情報を得る方法について説明したものです。それぞれ何について説明したものですか。あとの**ア**～**エ**から選び，記号で答えましょう。(20点)1つ5

① 災害《さいがい》などの非常《ひじょう》時でも情報やニュースを得ることができる。また，ほかの作業をしながら内容《ないよう》を聞くことができる。（　　）

② 映像《えいぞう》と音声によっていろいろな解説《かいせつ》を加えながら情報が送られるため，たいへんわかりやすく，また，すばやく情報を得ることができる。（　　）

③ 世界中の知りたい情報を，時間を気にせず，すばやくかんたんに得ることができる。（　　）

④ 印刷された文字や写真から情報を得るものである。必要なら読み返すこともでき，また，そのまま保存《ほぞん》しておくこともできる。（　　）

ア インターネット　**イ** 新聞　**ウ** テレビ　**エ** ラジオ

(2) (1)のような，情報を伝えるための手段や方法のことを何といいますか。(5点)

（　　　　）

(3) インターネット上で，個人《こじん》や会社などが情報を公開するページを何ページといいますか。(5点)

（　　　　）

3 ［情報を生かした社会］ **次の文中の（　）にあてはまることばを，あとのア～エから選び，記号で答えましょう。**(18点)1つ6

病院から遠い地域《ちいき》の人でも，（ ① ）を使って，医師《いし》とかん者が（ ② ）を取り，しん察《さつ》を行うことができます。

（ ① ）には多くの（ ③ ）が管理されています。この（ ③ ）がもれると，犯罪《はんざい》のひ害にあうことがあるので，管理には十分気をつけなければなりません。

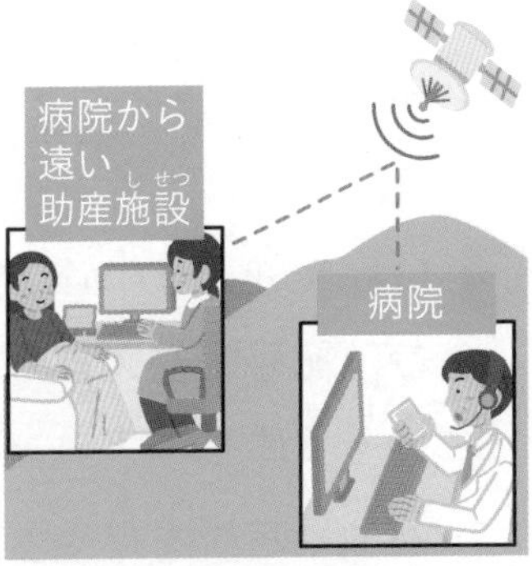

①（　　）②（　　）③（　　）

ア 連らく　**イ** 個人情報　**ウ** 情報ネットワーク　**エ** 報道《ほうどう》

12 住みよい国土

月　日

〈時間〉20分

〈合格〉80点

〈得点〉　/100

答え→別さつ16ページ

たいせつ

1 ［四大公害病］**次のA～Dの文は四大公害病について説明したものです。それぞれの文を読んで，あとの問いに答えましょう。**

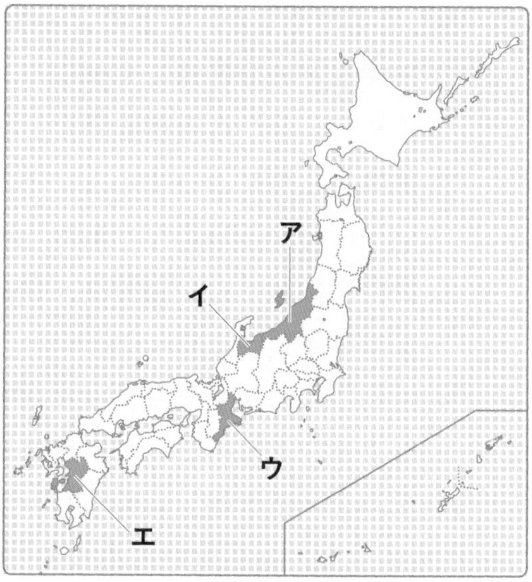

A　工場からのけむりにふくまれるありゅう酸《さん》ガスによって，ぜんそくになる人々が発生した。

B　水俣湾《みなまたわん》の沿岸域《えんがんいき》で，手足のしびれに苦しんだり，原因《げんいん》不明の病気でなくなったりする人が多くなった。

C　阿賀野《あがの》川の流域で，手足のしびれに苦しんだり，原因不明の病気でなくなったりする人が目立つようになった。

D　神通《じんづう》川の流域で，鉱山《こうざん》の排水《はいすい》にふくまれていた有害物質《ゆうがいぶっしつ》によって，骨《ほね》が折れやすくなる病気が発生した。

⑴ A～Dの公害病の名まえを答えましょう。(16点)1つ4　A(　　)

B(　　)　C(　　)　D(　　)

⑵ A～Dの公害病がおこった都道府県を上の地図中の**ア**～**エ**から選び，記号で答えましょう。(16点)1つ4　A(　　)　B(　　)　C(　　)　D(　　)

⑶ A～Dに関係のあることばを次から選び，それぞれ記号で答えましょう。同じ記号を2回使ってもかまいません。(16点)1つ4

A(　　)　B(　　)　C(　　)　D(　　)

ア 有機水銀《ゆうきすいぎん》　**イ** カドミウム　**ウ** 石油化学コンビナート　**エ** 農薬

2 ［地球の環境《かんきょう》はかい］**次の説明にあてはまる環境はかいを，あとのア～エから選び，記号で答えましょう。**(12点)1つ4

⑴ 冷ぞう庫やエアコンから出るフロンガスが原因でおこる。(　　)

⑵ 石油や石炭を燃《も》やすことで発生する二酸化炭素《にさんかたんそ》が原因でおこる。(　　)

⑶ 森林のばっ採《さい》や家畜《かちく》の増加《ぞうか》によっておこる。(　　)

ア 酸性雨《さんせいう》　**イ** 温暖化《おんだんか》　**ウ** オゾン層《そう》のはかい　**エ** さばく化

復習《ふくしゅう》のポイント!

現在《げんざい》の日本では，さまざまな産業が発達していますが，その一方で公害や環境《かんきょう》の問題が発生しています。その原因《げんいん》やえいきょうをしっかりと理解《りかい》しましょう。

3 [自然災害《さいがい》とくらし] 自然災害について，次の問いに答えましょう。

(1) 沖縄《おきなわ》県の伝統《でんとう》的な住まいには，台風にそなえたくふうが見られます。そのくふうとして正しいものを次から2つ選び，記号で答えましょう。(8点)1つ4

(　　)(　　)

ア 家の屋根のかたむきを急にしている。
イ 家のドアやまどを二重にしている。
ウ 家のまわりを石がきや防風林《ぼうふうりん》で囲《かこ》んでいる。
エ 水道管をこおらないところに通している。
オ かわらが風で飛ばされないようにしっくいでとめている。

(2) 次の①～③の文で説明されている災害を，あとの**ア～エ**から選び，記号で答えましょう。(12点)1つ4

① 雨の少ない地域《ちいき》で，農作物がかれてしまう害。(　　)
② 大量の雪がふり，家が雪の重みでつぶれたり，交通機関が止まったりする害。(　　)
③ 地しんによって発生した波が，海岸をおそう害。(　　)

ア つ波　**イ** 日照り　**ウ** 雪害　**エ** ふん火

4 [生活と森林] 森林のはたらきについて，次の問いに答えましょう。

(1) 次の文中の(　)にあてはまることばを，あとの**ア～カ**から選び，記号で答えましょう。(15点)1つ5

森林は，家や家具をつくるときの材料となる(①)を生産する場となっている。また，森林は，「緑のダム」ともよばれ，(②)をいったんたくわえ，(③)として少しずつ流すはたらきもある。

①(　　) ②(　　) ③(　　)

ア 栄養分　**イ** 雨水　**ウ** 木材
エ 地下水　**オ** 海水　**カ** 鉄

(2) 森林では，木の根が土を支《ささ》えています。このことによっておこりにくくなっている災害を次から選び，記号で答えましょう。(5点)　(　　)

ア 地しん　**イ** 冷害　**ウ** 土しゃくずれ　**エ** ふん火

13 仕上げテスト

月　日

〈時間〉30分　〈合格〉80点　〈得点〉　/100

答え→別さつ16ページ

たいせつ

1 ［世界における日本の国土の位置とそのまわりのようす］**次の問いに答えましょう。**

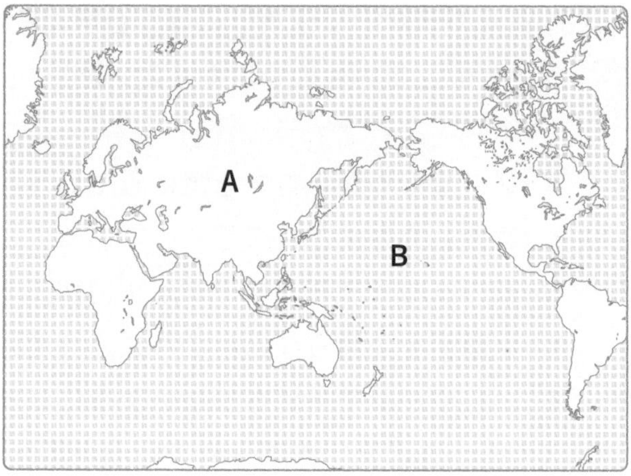

⑴ 地図中のAの大陸を何といいますか。(5点)

（　　　　　）

⑵ Aの大陸にある国を次から選び，記号で答えましょう。(5点)

（　　　）

ア エジプト

イ ブラジル

ウ ロシア連邦《れんぽう》

エ アメリカ合衆国《がっしゅうこく》

⑶ 地図中のBの大洋を何といいますか。(5点)　（　　　　　）

⑷ 次の文が正しければ○を，まちがっていれば×を書きましょう。　(18点)1つ3

① 日本の南のはしにある島は，南鳥《みなみとり》島である。（　　）

② 北方領土《りょうど》は，国後《くなしり》島・歯舞群島《はぼまいぐんとう》・択捉《えとろふ》島・奥尻《おくしり》島をさす。（　　）

③ 北方領土は，現在《げんざい》ロシア連邦が占領《せんりょう》している。（　　）

④ 朝鮮《ちょうせん》半島の南側にある国は，大韓民国《だいかんみんこく》(韓国《かんこく》)である。（　　）

⑤ 日本海《にほんかい》側を流れる暖流《だんりゅう》は，黒潮《くろしお》である。（　　）

⑥ 中華人民共和国《ちゅうかじんみんきょうわこく》(中国《ちゅうごく》)は，世界で最も面積の大きい国である。（　　）

2 ［あたたかい地域《ちいき》と寒い地域］**次の文は，あたたかい地域の沖縄《おきなわ》県と寒い地域の北《ほっ》海道《かいどう》のくらしのくふうについて述《の》べたものです。沖縄県についてのものならAを，北海道についてのものならBをそれぞれ書きましょう。**(15点)1つ3

⑴ 台風にそなえて，家のまわりを石垣《いしがき》で囲《かこ》っている。（　　）

⑵ 家の屋根に給水タンクをおいている。（　　）

⑶ 家のまどが二重になっている。（　　）

⑷ 家の屋根の角度が急になっている。（　　）

⑸ 家の屋根のかわらを，しっくいで固めている。（　　）

たいせつ **3** [各地でさかんな産業や食料自給率《じきゅうりつ》] **次の地図を見て，あとの問いに答えましょう。**

(1) 次の説明にあてはまる地《ち》域《いき》を右の地図中の**ア〜カ**から選び，記号で答えましょう。(12点)1つ3

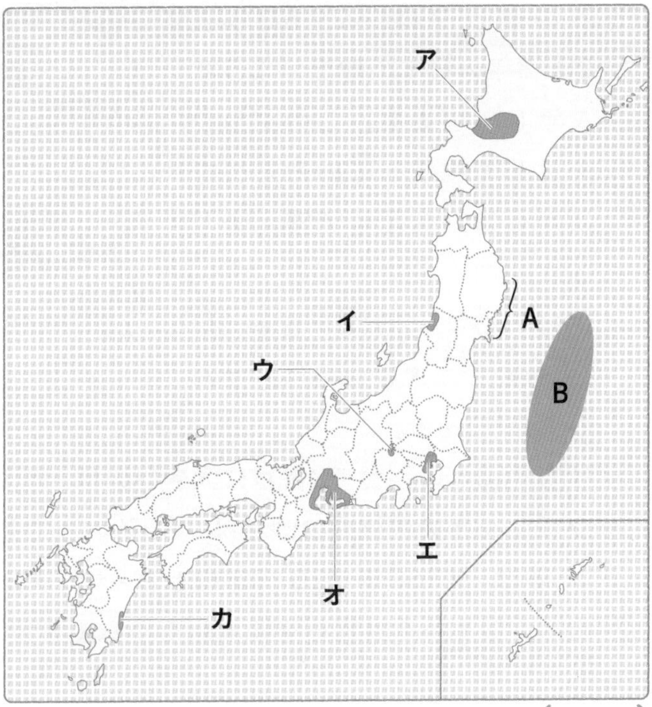

① 冬でもあたたかい気候を利用して，ほかの産地よりも早い時期に野菜をつくって出荷《しゅっか》している。（　　）

② 自動車の生産がさかんな都市がふくまれる工業地帯で，工業生産額《がく》は全国一である。（　　）

③ 夏でもすずしい気候を利用して，ほかの産地よりもおそい時期に野菜を出荷している。（　　）

④ 最上《もがみ》川の下流に広がるこの平野では米づくりがさかんで，特に「はえぬき」とよばれる品種がさかんにさいばいされている。（　　）

(2) 東北《とうほく》地方の太平洋《たいへいよう》側では，漁業がさかんです。このことに関して，次の問いに答えましょう。(8点)1つ4

① 地図中の**A**は入り組んだ海岸地形が見られ，天然の良港となっています。このような海岸を何といいますか。（　　）

② 地図中の**B**は，暖流《だんりゅう》と寒流がぶつかり，よい漁場となっています。このような場所を何といいますか。（　　）

(3) 次のグラフは，米，くだもの，大豆の国内生産量と輸入《ゆにゅう》量の割合《わりあい》を示《しめ》したものです。①〜③にあてはまる農産物を答えましょう。(12点)1つ4

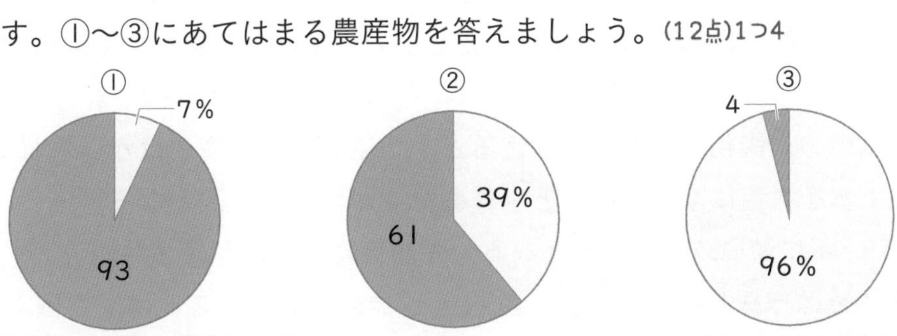

□ 国内生産量　■ 輸入量

(2017年度)(2019/20年版「日本国勢図会」)

①（　　）②（　　）③（　　）

4 [日本の貿易《ぼうえき》の移《うつ》り変わり] **次の問いに答えましょう。**(8点)1つ4

(1) 次のグラフは，1960年と2018年の日本の輸出《ゆしゅつ》のようすを示《しめ》しています。このグラフを正しく説明しているものを次から選び，記号で答えましょう。（　　）

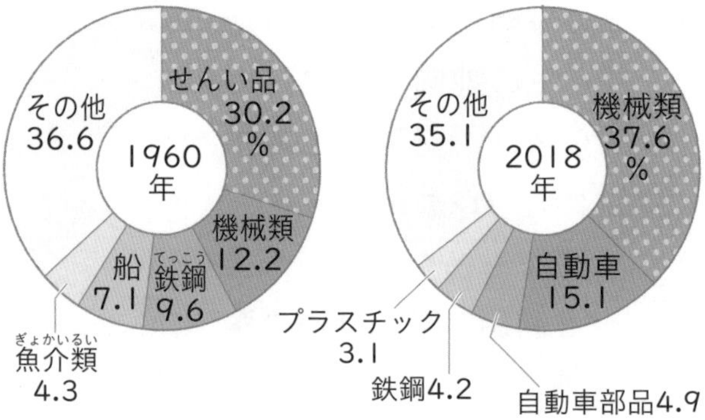

(2019/20年版「日本国勢図会」)

ア 1960年，2018年ともに最も割合《わりあい》が大きいのは，せんい品である。

イ 1960年の割合で3番目に大きいのは，機械類である。

ウ 2018年の機械類の割合は，30%以上である。

エ 船は，1960年と2018年のどちらでも輸出上位品に入っている。

(2) 日本が最も多く鉄鉱石《てっこうせき》を輸入している国を次から選び，記号で答えましょう。

（　　）

ア 中国　　**イ** オーストラリア　　**ウ** ブラジル　　**エ** アメリカ合衆国《がっしゅうこく》

5 [情報《じょうほう》と社会] **わたしたちのまわりにある多くの情報を活用する場合の注意点として正しいものを次から選び，記号で答えましょう。**(6点)（　　）

ア 自分にとって都合のよい情報だけを選ぶようにする。

イ できるだけ少ない情報から判断《はんだん》するようにする。

ウ 手に入れた情報が正しいかどうかよく確《たし》かめる。

エ 手に入れた情報をすべて信じて行動するようにする。

6 [環境《かんきょう》問題と公害] **次のア～オの文から正しいものを選び，記号で答えましょう。**

（　　）(6点)

ア 大気中の二酸化炭素《にさんかたんそ》の量が増《ふ》えると，上空のオゾン層《そう》がはかいされる。

イ 地下水を大量にくみ上げると水質《すいしつ》おだくがおこる原因《げんいん》となる。

ウ 1993年に環境政策《せいさく》の基本《きほん》となる公害対策《たいさく》基本法が制定《せいてい》された。

エ 森林をばっ採《さい》したり，家畜《かちく》の放牧をしすぎたりすることは，さばく化の原因となる。

オ 酸性雨《さんせいう》がふると，皮ふがんが増えるといわれている。

理科

はじめに

5年生の理科では，植物の発芽《はつが》や成長，魚や人のたんじょう，もののとけ方，流れる水のはたらきについて学習します。また，ふりこや電じしゃくについても学びます。植物の発芽と成長では，実験の条件《じょうけん》と結果を整理し，結果を比《くら》べることで，発芽に必要な条件を見つけ出したり，条件によってどのような結果になるのかを理《り》解《かい》しましょう。

1 植物の発芽と成長

月　日

〈時間〉20分　〈合格〉80点　〈得点〉　/100

答え → 別さつ17ページ

たいせつ **1** ［種子の発芽《はつが》の条件《じょうけん》］**次の表のA～Eのようにして，インゲンマメが発芽するかどうかを調べました。これについて，あとの問いに答えましょう。**

	A	B	C	D	E
だっし綿《めん》のようす	 **かわいている**	 **しめっている**	 **水にしずんでいる**	 **しめっている**	 **しめっている**
置く場所	明るい部屋	明るい部屋	明るい部屋	暗い部屋	暗い部屋
温度	25℃	25℃	25℃	25℃	5℃
発芽のようす	(　　)	(　　)	(　　)	(　　)	(　　)

(1) 表の発芽のようすの(　)に，発芽したものには○，発芽しなかったものには×をそれぞれ書き入れましょう。(20点)1つ4

(2) 種子の発芽に適当《てきとう》な温度が必要かどうかは，**A～E**のどれとどれを比《くら》べるとわかりますか。記号で答えましょう。(4点)　(　　と　　)

(3) **A～E**の結果から，種子の発芽には適当な温度以外に何が必要であることがわかりますか。2つ書きましょう。(8点)1つ4　(　　)(　　)

たいせつ **2** ［種子のつくりと発芽］**右の図は，インゲンマメの種子のつくりを表したものです。これについて，次の問いに答えましょう。**(20点)1つ5

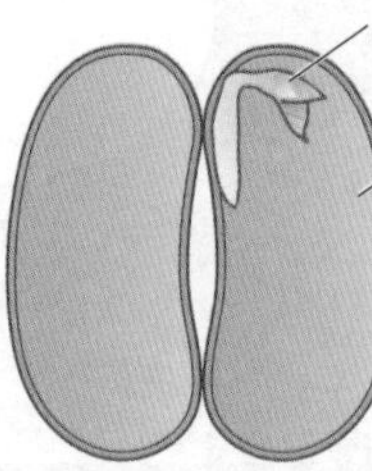

(1) 養分がふくまれている部分は図の**A～C**のどこですか。　(　　)

(2) 次の文の(　)にあてはまることばを書きましょう。
養分がふくまれている部分に(　　　)をつけると，青むらさき色に変わる。　(　　)

(3) 種子に多くふくまれている養分は何ですか。　(　　)

(4) 発芽してしばらくすると，(1)の部分にふくまれている養分が少なくなっていました。その理由をかんたんに答えましょう。
(　　　　)

復習《ふくしゅう》のポイント!

- 植物の発芽《はつが》に必要な3つの条件《じょうけん》と，植物がよく成長する条件について学習しましょう。
- 植物の種子のつくりとふくまれている養分を調べましょう。

たいせつ **3** [植物の成長の条件《じょうけん》] **同じくらいに育ったインゲンマメのなえを用意し，次の図のA～Cのようにして，2週間後の育ち方を比《くら》べました。これについて，あとの問いに答えましょう。ただし，土はバーミキュライトを使っています。**

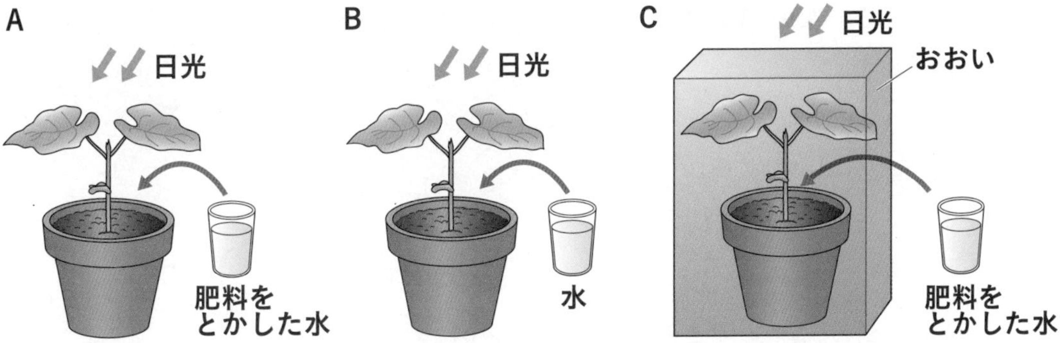

(1) この実験で，畑の土ではなく，バーミキュライトを使ったのはなぜですか。その理由について説明した次の文の(　)にあてはまることばを書きましょう。(6点)

バーミキュライトには(　　　　)がふくまれていないから。

(2) 2週間後には，次の**ア**～**ウ**のように育っていました。図の**A**～**C**のようすはどれですか。次から選び，それぞれ記号で答えましょう。(21点)1つ7

ア くきが細く，葉の色が黄色っぽく，葉が小さくて数が少ない。
イ くきが細く，葉の色は緑色で，葉が小さくて数が少ない。
ウ くきが太く，葉の色が緑色で，葉が大きくて数が多い。

A(　　) B(　　) C(　　)

(3) 植物の成長と日光の関係を調べるには，**A**～**C**のどれとどれを比べるとよいですか。(7点)　(　　と　　)

(4) 植物の成長と肥料《ひりょう》の関係を調べるには，**A**～**C**のどれとどれを比べるとよいですか。(7点)　(　　と　　)

(5) この実験からどのようなことがわかりますか。次から選び，記号で答えましょう。(7点)　(　　)

ア 植物は，日光をあてなくても，肥料があればよく育つ。
イ 植物は，日光をあてなくても，水があればよく育つ。
ウ 植物は，日光があたり，肥料があればよく育つ。
エ 植物は，日光があたり，水があればよく育つ。

2 花から実へ

月　日

〈時間〉20分　〈合格〉80点　〈得点〉　/100

答え → 別さつ18ページ

たいせつ **1** [花のつくり] **右の図は，カボチャのめばなとおばなのつくりを表したものです。これについて，次の問いに答えましょう。**

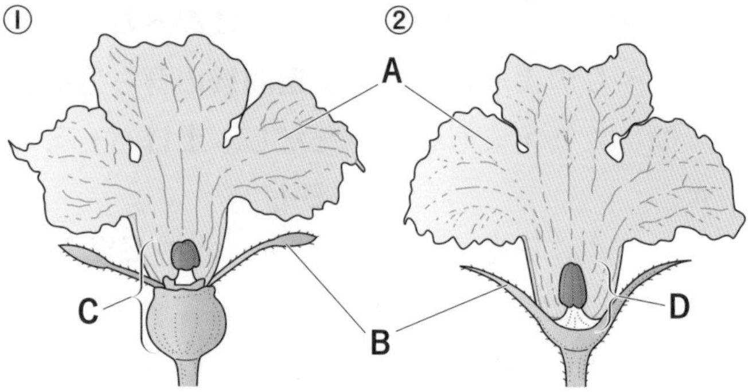

⑴ 図のA～Dの部分を，それぞれ何といいますか。(16点)1つ4

A(　　　)　B(　　　)　C(　　　)　D(　　　)

⑵ おばなは図の①，②のどちらですか。(4点)　(　　　)

⑶ 花粉《かふん》はどこから出ますか。次から選び，記号で答えましょう。(4点)　(　　　)

ア Cの先　**イ** Cのもとの部分　**ウ** Dの先　**エ** Dのもとの部分

⑷ やがて実になるのはどこですか。⑶の**ア**～**エ**から選び，記号で答えましょう。(4点)　(　　　)

⑸ カボチャの花の花粉は，おもに何によって運ばれますか。次から選び，記号で答えましょう。(4点)　(　　　)

ア 人　**イ** 風　**ウ** こん虫

たいせつ **2** [花のつくり] **右の図は，アサガオの花のつくりを表しています。これについて，次の問いに答えましょう。**(30点)1つ6

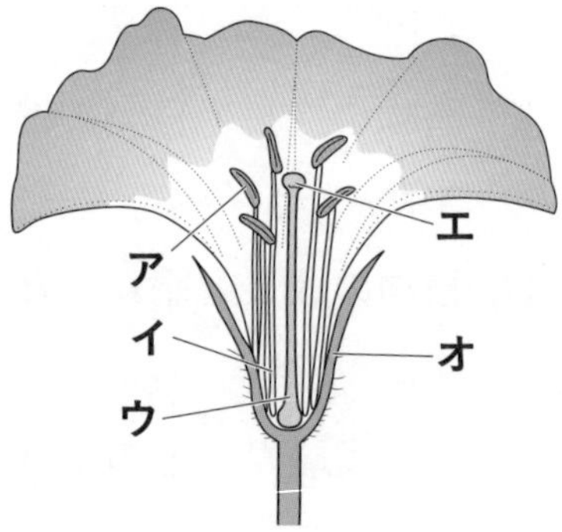

⑴ 花粉が出るのは，図の**ア**～**オ**のどこですか。記号で答えましょう。　(　　　)

⑵ 花のいちばん外側についている**オ**の部分を何といいますか。　(　　　)

⑶ 花粉がめしべの先につくことを何といいますか。　(　　　)

⑷ ⑶のあと，実ができるのは，図の**ア**～**オ**のどこですか。記号で答えましょう。　(　　　)

⑸ ⑶のあと，実の中には何ができますか。　(　　　)

復習《ふくしゅう》のポイント!

- 花のつくりを調べましょう。また，実ができるにはどのようなことが必要か学習しましょう。
- けんび鏡のそれぞれの部分の名前と使い方を覚えましょう。

たいせつ

3 ［けんび鏡の使い方］**右の図のけんび鏡について，次の問いに答えましょう。**

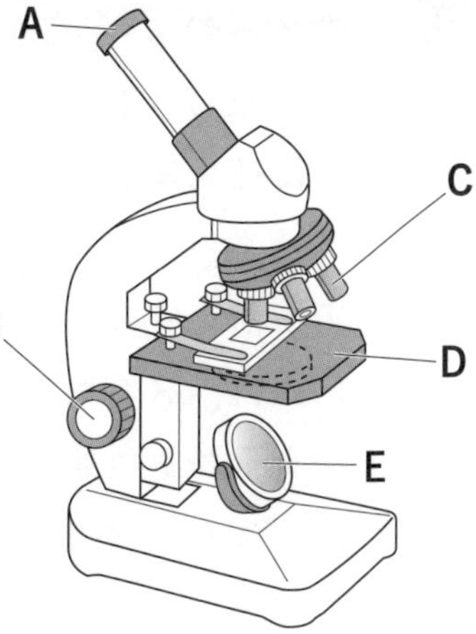

⑴ 次の①～④の部分は，図の**A**～**E**のどれですか。記号で答えましょう。(16点)1つ4

① 接眼《せつがん》レンズ　（　　）

② 対物レンズ　（　　）

③ ステージ(のせ台)　（　　）

④ 調節ねじ　（　　）

⑵ けんび鏡の使い方が正しい順になるように，次の**ア**～**エ**をならべましょう。(4点)　（　　→　　→　　→　　）

ア 対物レンズとプレパラートをはなしていき，ピントを合わせる。

イ 反しゃ鏡を動かして，明るく見えるようにする。

ウ プレパラートをステージにのせてクリップ(とめ金)でとめる。

エ 対物レンズとプレパラートをできるだけ近づける。

4 ［花粉のはたらき］**次の図のように，ヘチマのめばなを使って，実のでき方を調べました。これについて，あとの問いに答えましょう。**(18点)1つ6

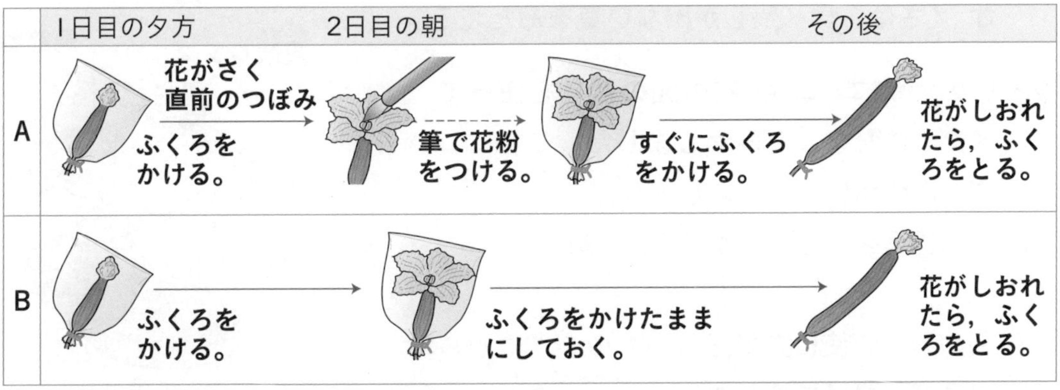

⑴ 1日目の夕方，つぼみにふくろをかけるのはなぜですか。理由を書きましょう。

（　　　　）

⑵ 2日目の朝，**A**のめばなのどの部分に花粉《かふん》をつけますか。　（　　）

⑶ 実ができるのは，**A**，**B**のどちらですか。　（　　）

魚のたんじょう

月　日

〈時間〉20分　〈合格〉80点　〈得点〉　/100

答え → 別さつ18ページ

たいせつ **1** ［メダカのおすとめす］**右の図は，メダカのおすとめすを表したものです。これについて，次の問いに答えましょう。**

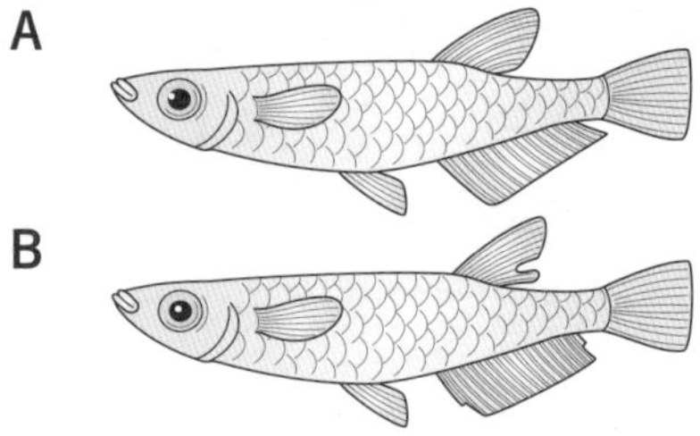

⑴ 図で，おすを表しているのは，**A**，**B**のどちらですか。(5点)　(　　)

⑵ 次の文は，メダカのめすの特ちょうを説明したものです。(　)の中から正しいものをそれぞれ選び，記号で答えましょう。(15点)1つ5

メダカのめすは，せびれに切れこみが①(**ア** ある　**イ** ない)。また，②(**ア** はらびれ　**イ** しりびれ)の形は③(**ア** 三角形　**イ** 平行四辺形)に近い。　①(　　)　②(　　)　③(　　)

⑶ はらがふくらんでいるのは，おす，めすのどちらですか。(5点)　(　　)

⑷ メダカの飼《か》い方で正しいものはどれですか。次からすべて選び，記号で答えましょう。(5点)　(　　)

ア 水そうは，日光が直接《ちょくせつ》あたる明るいところに置く。

イ 水そうの底には小石をしいて，水草を入れる。

ウ 水そうに入れる水は，新しい水道水を使う。

エ 水がよごれたら，くみ置きの水と全部とりかえる。

オ えさは，食べ残しが出ない量をあたえる。

2 ［メダカのたまごの観察］**右の図の器具を使って，メダカのたまごを観察しました。これについて，次の問いに答えましょう。**

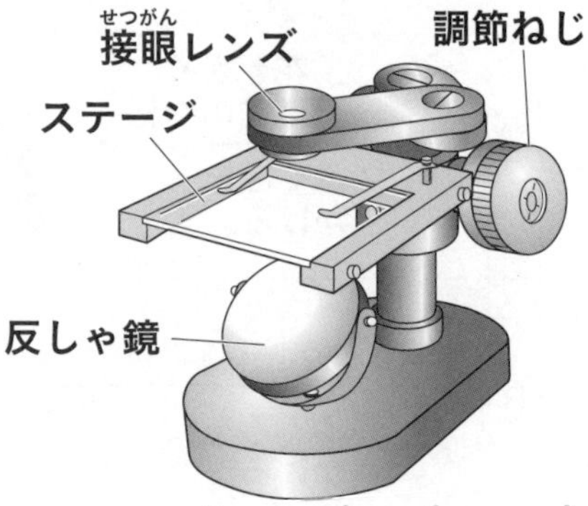

⑴ 図の器具を何といいますか。(7点)

(　　　　)

⑵ 図の器具の使い方で正しいものを，次から2つ選び，記号で答えましょう。(14点)1つ7　(　　)(　　)

ア 日光が直接あたらない，明るいところに置いて使う。

イ たまごは水からとり出し，直接ステージにのせて観察する。

ウ 全体が明るく見えるように，反しゃ鏡の向きを調節する。

エ 調節ねじを回し，ステージを動かしてピントを合わせる。

復習《ふくしゅう》のポイント！

- メダカのおすとめすの見分け方や，メダカの正しい飼《か》い方を覚えましょう。
- メダカのたまごが育つようすを学習しましょう。

たいせつ **3** ［メダカのたまごの変化］ **次の図は，メダカのたまごの成長を表したものです。これについて，あとの問いに答えましょう。** (49点)1つ7

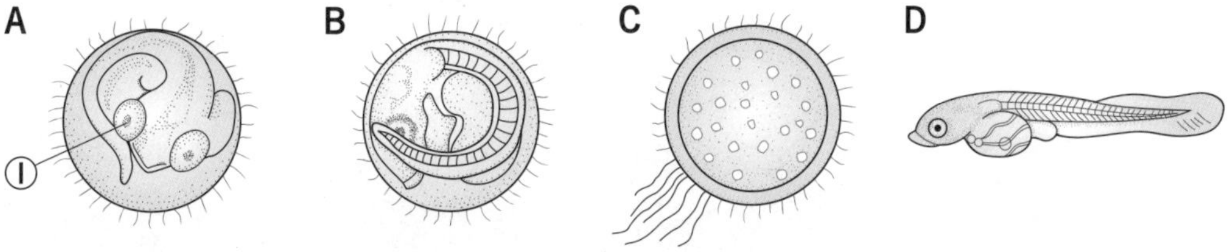

(1) 産みつけられたばかりのたまごはどれくらいの大きさですか。次から選び，記号で答えましょう。　(　　)

ア 約 10 mm　**イ** 約 1 mm　**ウ** 約 0.1 mm　**エ** 約 0.01 mm

(2) メダカのめすは，ふつう水そうのどこにたまごを産みつけますか。次から選び，記号で答えましょう。　(　　)

ア 小石の下　**イ** 水面　**ウ** 水草　**エ** 水そうのかべ

(3) たまごが成長するためには，どのようなことが必要ですか。次から選び，記号で答えましょう。　(　　)

ア めすが産んだたまごが，おすが出す精子《せいし》と結びつくこと。

イ めすが産んだたまごが，ほかのめすが出す精子と結びつくこと。

ウ おすが産んだたまごが，めすが出す精子と結びつくこと。

エ おすが産んだたまごが，ほかのおすが出す精子と結びつくこと。

(4) **A**～**D**を，たまごが育つ順にならべましょう。

(　　→　　→　　→　　)

(5) 図**A**の①の部分を何といいますか。　(　　)

(6) メダカは，適当《てきとう》な水温(約 25 ℃)のとき，何日くらいでたまごからかえりますか。次から選び，記号で答えましょう。　(　　)

ア 3～4 日　**イ** 10～12 日　**ウ** 20～22 日　**エ** 25～28 日

(7) 子メダカは，たまごからかえってから 2～3 日はどのようにして育ちますか。次から選び，記号で答えましょう。　(　　)

ア 自分でえさをとって育つ。　**イ** まわりの水の中の養分で育つ。

ウ 親メダカにえさをあたえられて育つ。

エ はらのふくろにたくわえられた養分で育つ。

4 人のたんじょう

月　日

〈時間〉20分　〈合格〉80点　〈得点〉　/100

答え→別さつ19ページ

たいせつ **1** ［人の成長のようす］**次の図は，人が生まれるまでに，母親のからだの中で成長するようすを表したものです。これについて，あとの問いに答えましょう。**

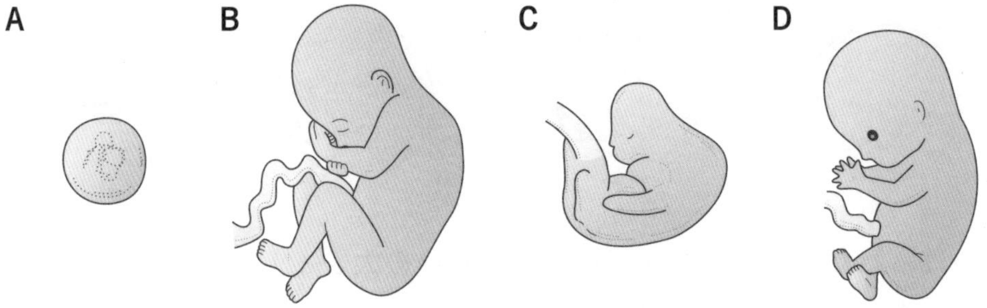

⑴ 図の**A**は，受精《じゅせい》によってできたものです。これを何といいますか。(5点)

(　　　　)

⑵ 受精とはどのようなことをいいますか。次から選び，記号で答えましょう。(5点)

ア 人の卵《らん》(卵子《らんし》)が母親のからだの中にできること。　(　　)

イ 人の卵(卵子)と精子《せいし》が結びつくこと。

ウ 人の卵(卵子)が子宮のかべにつくこと。

エ 人の卵(卵子)が成長して大きくなること。

⑶ 図の**A**～**D**を，成長する順にならべましょう。(5点)

(　　→　　→　　→　　)

⑷ 図の**A**～**D**のうち，大きさがいちばん小さいものはどれですか。記号で答えましょう。(5点)

(　　)

⑸ ⑷で選んだものは，どれくらいの大きさですか。次から選び，記号で答えましょう。(5点)

(　　)

ア 約10 mm　**イ** 約1 mm　**ウ** 約0.1 mm　**エ** 約0.01 mm

⑹ 次の①～③の文は，それぞれ図の**A**～**D**のうちのどのころのようすを説明したものですか。記号で答えましょう。(15点)1つ5

① 手や足など，からだの形がはっきりしてくる。

② 心ぞうができて，動き始める。

③ きん肉が発達し，からだがよく動く。

①(　　)　②(　　)　③(　　)

復習《ふくしゅう》のポイント!

- 人が受精卵《じゅせいらん》から育って生まれるまでの変化を，順を追って学習しましょう。
- たいばんやへそのおは大切なはたらきをもっています。

2 ［からだの中の子どものようす］ **右の図は，母親のからだの中にいる子どものようすを表したものです。これについて，次の問いに答えましょう。**

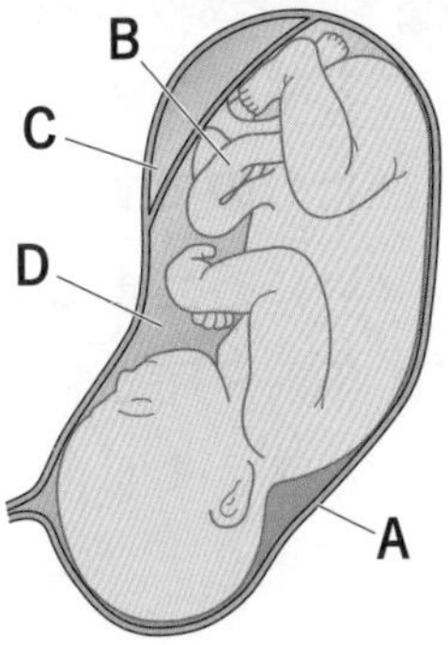

⑴ 子どもが入っている図の**A**のふくろのようなものを何といいますか。（7点）
（　　　）

⑵ 図の**B**は，子どものからだと**C**をつないでいます。**B**，**C**の部分をそれぞれ何といいますか。（14点）1つ7
B（　　　）　C（　　　）

⑶ 図の**B**のはたらきについて正しく説明しているものを，次から選び，記号で答えましょう。（7点）
（　　　）

ア 子どもの位置が変わらないように固定する。

イ 成長に必要な養分などを子どもに運ぶ。

ウ 音などの外のようすを子どもに伝える。

⑷ 図の**D**の部分には何が入っていますか。次から選び，記号で答えましょう。（7点）
（　　　）

ア 空気　**イ** 血液《けつえき》　**ウ** 羊水《ようすい》　**エ** 養分

⑸ 子どもが生まれたあと，いらなくなった**B**がとれて，からだに残ったあとを何といいますか。（7点）
（　　　）

たいせつ **3** ［人のたんじょう］ **人のたんじょうについて，次の問いに答えましょう。**

⑴ 人の子どもは，母親のからだの中でおよそ何日間(約何週)育てられますか。次から選び，記号で答えましょう。（6点）
（　　　）

ア 85日間(約12週)

イ 168日間(約24週)

ウ 266日間(約38週)

エ 365日間(約52週)

⑵ 人の子どもが生まれたときの大きさは，およそどれくらいですか。身長と体重について，それぞれ答えましょう。（12点）1つ6
身長（約　　　cm）　体重（約　　　kg）

5 天気の変化 ①

月　日	
〈時間〉20分	〈得点〉
〈合格〉80点	/100

答え → 別さつ19ページ

たいせつ **1** ［雲と天気のようす］**右の図は，午前９時と午後３時の空全体のようすを表したものです。これについて，次の問いに答えましょう。**

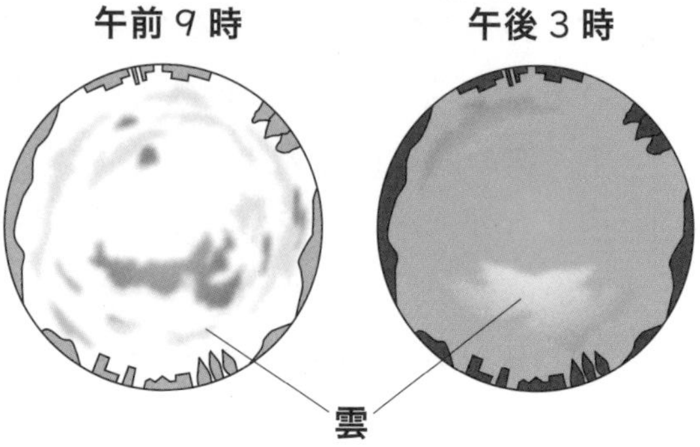

(1) 午前９時と午後３時の天気をそれぞれ答えましょう。(16点)1つ8

午前９時（　　　　）

午後３時（　　　　）

(2) 次の文の(　)にあてはまることばを答えましょう。(8点)　（　　　　）

天気は，(　)の量や形が変わったり，動いたりすることによって変わる。

たいせつ **2** ［雲の種類と天気］**ある日の午後，右の写真のように，空全体に黒っぽい雲が広がっていました。これについて，次の問いに答えましょう。**(28点)1つ7

(1) 写真のような雲を何といいますか。次から選び，記号で答えましょう。　（　　　　）

ア うろこ雲(いわし雲)　**イ** わた雲

ウ 雨雲(らんそう雲)　**エ** すじ雲

(2) 空全体の広さを10とすると，雲の量は10でした。このときの天気を答えましょう。　（　　　　）

(3) このあと，黒っぽい雲の量がさらにふえると，天気はどうなると考えられますか。次から選び，記号で答えましょう。　（　　　　）

ア 晴れる。

イ 雨がふる。

(4) 雲にはいろいろな種類があり，なかには雨をふらせる雲があります。雨をふらせる雲のうち，かみなりや大雨をもたらすこともある上の写真とはことなる雲を何といいますか。　（　　　　）

復習《ふくしゅう》のポイント！

- 雲のようすが変わると，天気も変化します。
- 日本付近の雲画像《がぞう》などの情報《じょうほう》から，雲の動きや天気の変化にどのようなきまりがあるか調べましょう。

3 ［天気の変わり方］**右の写真は，連続する３日間の正午の気象衛星《えいせい》による雲画像《がぞう》です。これについて，次の問いに答えましょう。**（32点）1つ8

(1) 日本付近の雲は，およそどの方位からどの方位に動いていますか。（　　　から　　　）

(2) ２日目の各地の天気の組み合わせとして正しいものを，次から選び，記号で答えましょう。（　　）

ア 福岡《ふくおか》…晴れ，大阪《おおさか》…晴れ，東京《とうきょう》…くもり
イ 福岡…晴れ，大阪…雨，東京…晴れ
ウ 福岡…くもり，大阪…晴れ，東京…晴れ
エ 福岡…くもり，大阪…雨，東京…雨

(3) この時期の日本付近の天気は，ふつう，どの方位からどの方位へ変わっていくことが多いですか。（　　　から　　　）

(4) ４日目の正午，福岡の天気はどのようになると予想できますか。次から選び，記号で答えましょう。（　　）

ア 晴れ　**イ** 雨　**ウ** 雪

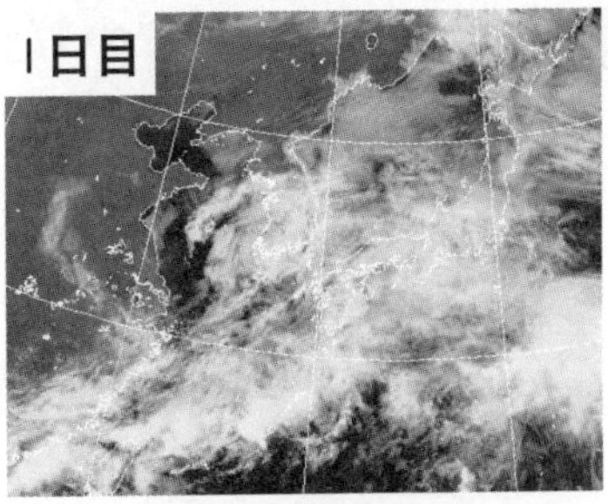

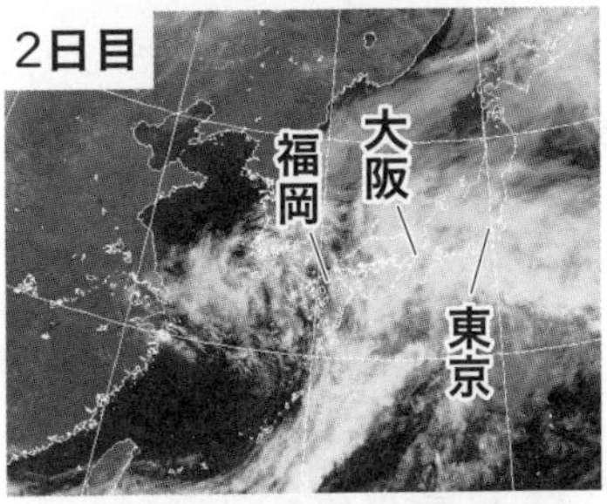

たいせつ **4** ［天気の予想］**右の図は，ある日の午後８時のテレビでのアメダスによる気象情報《じょうほう》です。次の問いに答えましょう。**（16点）1つ8

(1) 図のアメダスの情報から何がわかりますか。次からすべて選び，記号で答えましょう。（　　　　）

ア 気温　**イ** 雲の種類　**ウ** 雨の量
エ 雨がふっている地いき　**オ** 風の強さ

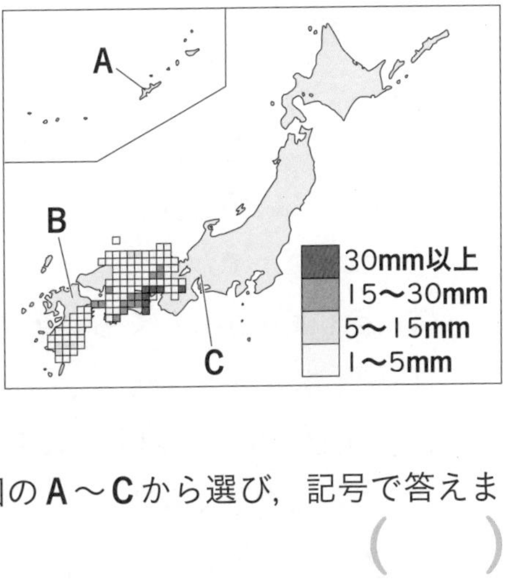

(2) 次の日の天気が雨と予想されるところを，図のA〜Cから選び，記号で答えましょう。（　　）

6 天気の変化 ②

月　日
〈時間〉20分
〈合格〉80点
〈得点〉　/100

答え→別さつ19ページ

たいせつ **1** ［台風と天気の変化］ **右の写真は，ある日の午後9時の日本付近のようすを表した気象衛星《えいせい》の雲画像《がぞう》です。これについて，次の問いに答えましょう。**

(36点)1つ6

(1) 写真にあるうずをまいた雲のかたまりを何といいますか。（　　）

(2) この画像は，いつごろのものだと考えられますか。次から選び，記号で答えましょう。（　　）

ア 春から夏ごろ　**イ** 夏から秋ごろ
ウ 秋から冬ごろ　**エ** 冬から春ごろ

(3) (1)の雲のかたまりは，日本から見てどの方位で発生しますか。東，西，南，北で答えましょう。（　　）

(4) 次の日にふった雨の量を示《しめ》しているグラフは，右の図の**ア**～**ウ**のどれであると考えられますか。記号で答えましょう。（　　）

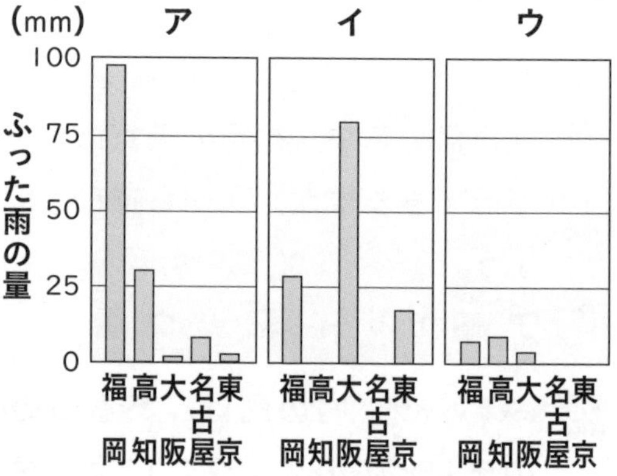

(5) この日から次の日にかけて，福岡《ふくおか》の天気はどのようになると予想されますか。次から選び，記号で答えましょう。（　　）

ア しとしとと雨がふり，弱い風がふき続ける。
イ はげしい雨と強い風が続く。
ウ おだやかでからっとしたよい天気になる。
エ どんよりとしたくもりの天気が続く。

(6) (1)の雲のかたまりは，この日から3日後にはどのようになると考えられますか。次から選び，記号で答えましょう。（　　）

ア さらに大きくなる。　**イ** 小さくなって，うずの形がなくなる。
ウ 大きさも形も変わらない。　**エ** 逆《ぎゃく》向《む》きのうずになる。

復習《ふくしゅう》のポイント！

- 台風の雲の形，進路，天気の変化などの特ちょうを学習しましょう。
- 台風の災害《さいがい》とめぐみについて知っておきましょう。

2 ［台風の動き］ **次の①～③は，9月23日から25日にかけて，24時間ごとにうつした雲画《が》像《ぞう》です。これについて，あとの問いに答えましょう。**

①
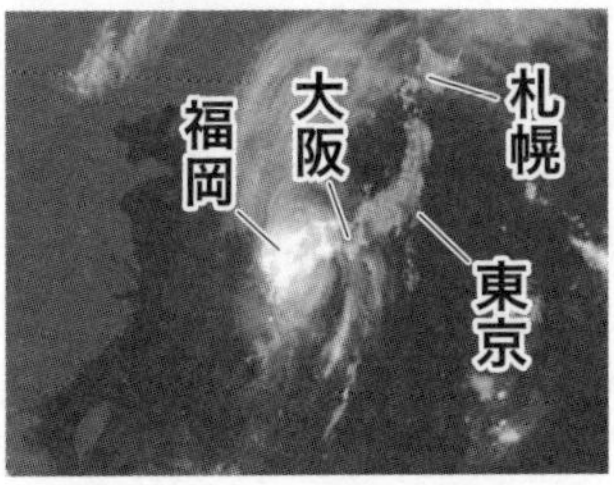

②

③

(1) ①～③を，うつした日にちのはやい順にならべましょう。(6点)

（　　→　　→　　）

(2) 次の表のア～ウは，各地の天気と雨量情報《じょうほう》を表したものです。上の図の①～③のときの各地の雨量を表したものはどれですか。それぞれ1つずつ選び，記号で答えましょう。(18点)1つ6

①（　　）②（　　）③（　　）

	ア		イ		ウ	
	天気	雨量	天気	雨量	天気	雨量
札《さっ》幌《ぼろ》	雨	10ミリ	雨	8ミリ	雨	28ミリ
東《とう》京《きょう》	晴れ	1ミリ	雨	7ミリ	晴れ	0
大《おお》阪《さか》	晴れ	0	雨	2ミリ	晴れ	0
福《ふく》岡《おか》	雨	12ミリ	雨	60ミリ	くもり	0

たいせつ

3 ［台風による災害《さいがい》とめぐみ］ **次の①～⑧で，台風の通《つう》過《か》の前後で起こることがあるものには○，そうでないものには×をつけましょう。**(40点)1つ5

① 空気がかんそうし，火災が発生しやすくなる。
② 雪がとけ始め，なだれが起こる。
③ 大雨のため，がけくずれが起きる。
④ こう水で，道路に水があふれたり，橋が流される。
⑤ 大きなゆれによって，建物がくずれる。
⑥ 強い風で，木や建物がたおされる。
⑦ 気温が高くなり，作物がよく育つ。
⑧ ダムに水がたまり，水不足が解消《かいしょう》される。

①（　　）②（　　）
③（　　）④（　　）
⑤（　　）⑥（　　）
⑦（　　）⑧（　　）

7 もののとけ方 ①

月　　日

〈時間〉20分　〈合格〉80点　〈得点〉　/100

答え→別さつ20ページ

たいせつ **1** ［もののとけ方］**水にさとうを入れ，室温が 25 ℃の部屋にそのまま置いておきました。これについて，次の問いに答えましょう。**（21点）1つ7

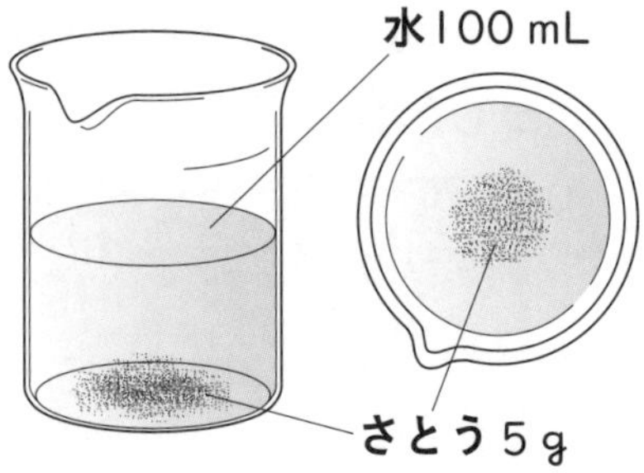

⑴ このまま，まぜないで置いておくと，さとうはどうなりますか。次から選び，記号で答えましょう。（　　）

ア いつまでもとけないで残っている。

イ 半分くらいはとけるが，あとはそのまま残っている。

ウ 少しずつとけて，やがて全部とけてしまう。

⑵ ガラスぼうでかきまぜて，さとうをすべて水にとかしました。さとうが水にとけているようすを表しているものを，次から選び，記号で答えましょう。（　　）

ア さとうの小さなつぶがすきとおって見える。

イ ふつうの水と同じように見える。

ウ 液《えき》が少し白くにごって見える。

⑶ さとうが水にとけた液を何といいますか。（　　　　）

たいせつ **2** ［ものがとけた水］**水にものをとかしたときのようすについて，次の問いに答えましょう。**（21点）1つ7

⑴ 食塩やコーヒーシュガーなどのものがとけている水を何といいますか。（　　　　）

⑵ ⑴の色は，どのようになっていますか。次から選び，記号で答えましょう。（　　）

ア すべて色がなく，とう明になっている。

イ すべて色がなく，とう明なものとそうでないものがある。

ウ 色のついたものと色のないものがあるが，すべてとう明である。

エ 色のついたものと色のないもの，とう明なものとそうでないものがある。

⑶ ものを全部水にとかしたとき，とかしたものはなくなりますか。（　　　　）

復習《ふくしゅう》のポイント！

- ものが水にとけてとう明になった液《えき》を水よう液といいます。
- 水にとけても，とけたものはなくならず，とける前ととけたあとで重さは変わらないことを学習しましょう。

たいせつ **3** ［ものの重さのはかり方］ **右のような器具を使って，食塩をはかりとりました。これについて，次の問いに答えましょう。** (40点)1つ10

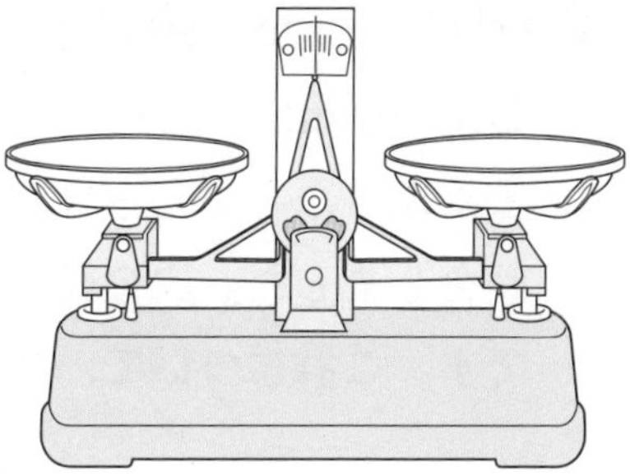

(1) 右のようなものの重さをはかる器具を何といいますか。（　　　　）

(2) 図の器具の使い方として正しくないものを次から選び，記号で答えましょう。（　　）

ア はかる前に，うでがつりあうように調節ねじで調節する。

イ 分銅《ふんどう》は，軽いものから順にのせる。

ウ はりが左右に同じはばでふれるとき，つりあっている。

エ しまうときは，皿をかたほうに重ねておく。

(3) ビーカーに 50 g の水をはかりとり，5 g の食塩をとかしました。このとき，ビーカーの中の水よう液《えき》の重さは何 g になりますか。（　　　　g）

(4) 食塩の水よう液の重さは，何と何の重さの和になりますか。

（　　　　と　　　　の重さの和）

たいせつ **4** ［水よう液の重さ］ **ミョウバンやさとうを水にとかして，できた水よう液の重さを調べました。これについて，次の問いに答えなさい。** (18点)1つ6

図1

ミョウバン 10 g

水 50 g

図2

さとう

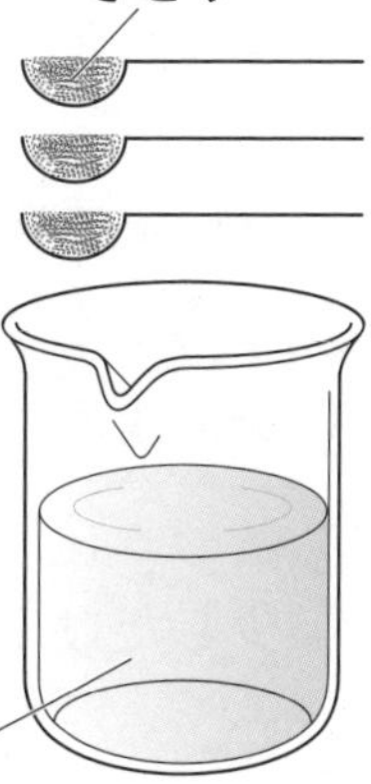

水 100 g

(1) **図1**のように，水 50 g にミョウバン 10 g を入れてとかし，水よう液の重さをはかると何 g になりますか。（　　　　g）

(2) **図2**のように，水 100 g にスプーンにすりきり 3 ばいのさとうを入れてとかし，水よう液の重さをはかると 112 g でした。このときとかしたさとうは何 g ですか。（　　　　g）

(3) (2)の水よう液に，さらにスプーンにすりきり 1 ぱいのさとうを入れてよくかきまぜると，すべてとけました。このときできた水よう液の重さは何 g ですか。（　　　　g）

月　日

〈時間〉20分　〈合格〉80点　〈得点〉　/100

答え→別さつ20ページ

たいせつ **1** [水の量とものののとける量] **右の図のように，容器《ようき》に20℃の水50 mLを入れ，食塩を5g加えてふたをしてよくふり，とけたらさらに5gずつ加えてとかす実験をしました。次の表は，その結果をまとめたものです。これについて，あとの問いに答えましょう。**

(24点)1つ8

食塩の重さの合計	5g	10g	15g	20g
結　果	○	○	○	×

○…とける　　×…とけ残る

(1) とけ残った食塩を全部とかすには，どうすればよいですか。次から選び，記号で答えましょう。　(　　)

ア 大きな容器に入れかえる。　**イ** そのまま1日置いておく。

ウ 食塩の量をふやす。　**エ** 水の量をふやす。

(2) 水の量が決まっているとき，とかすことのできる食塩の量は決まっていますか，決まっていませんか。　(　　　　)

(3) 20℃の水50 mLにホウ酸《さん》を5gずつ加えていき，同じように実験をしました。その結果を次から選び，記号で答えましょう。　(　　)

ア 食塩と同じ量だけとける。　**イ** 食塩ととける量がちがう。

2 [水の体積のはかり方] **50 mLの水をはかりとります。これについて，次の問いに答えましょう。** (28点)1つ7

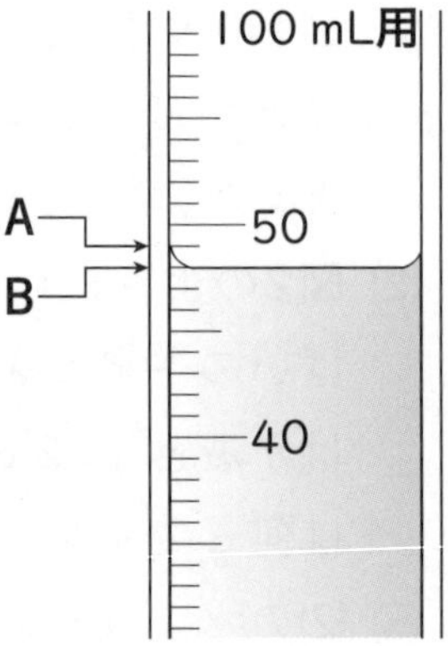

(1) 右の図は，水の体積をはかる器具の一部を表しています。この器具を何といいますか。

(　　　　　　　　)

(2) 水の体積をはかるには，図ではA，Bのどちらの目もりを読みとりますか。　(　　)

(3) 図の器具に入っている水の体積は何mLですか。

(　　　　mL)

(4) 少しだけ水を加えて，50 mLにするとき，何を使って水を入れるとよいですか。　(　　　　)

復習《ふくしゅう》のポイント！

決まった量の水にとけるものの量には限《かぎ》りがあり，その量はとかすものや水の温度によってちがいます。とかしたものは，温度を下げたり，水をじょう発させてとり出すことができます。

たいせつ

3 ［温度とものののとける量］**右の図は，50 mL の水にとける食塩とホウ酸《さん》の量を，いろいろな温度で調べてグラフに表したものです。これについて，次の問いに答えましょう。**（24点）1つ8

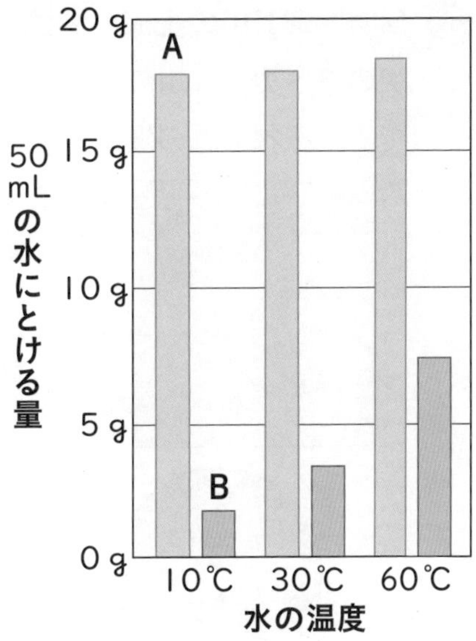

⑴ Aは，食塩とホウ酸のどちらですか。

（　　　）

⑵ 2つのビーカーに 60 ℃ の水を 50 mL ずつ入れ，1つにはAを 10 g，もう1つにはBを 10 g 加えてよくまぜました。このとき，AとBはどうなりましたか。次から選び，記号で答えましょう。（　　　）

ア AもBも全部とけた。　**イ** Aだけがとけ残った。

ウ Bだけがとけ残った。

エ AもBもとけ残ったが，Aのほうが多く残った。

オ AもBもとけ残ったが，Bのほうが多く残った。

⑶ 水の温度を上げてもとける量がほとんど変わらないのは，A，Bのどちらですか。

（　　　）

たいせつ

4 ［とけたもののとり出し方］**右の図のようにして，ホウ酸がとけ残っている液《えき》をろ過《か》しました。これについて，次の問いに答えましょう。**（24点）1つ6

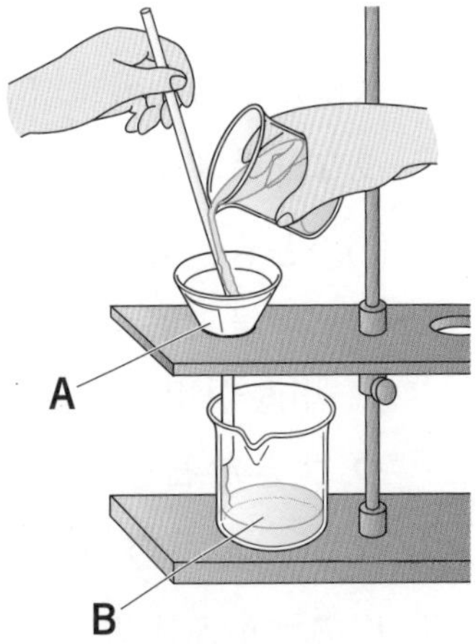

⑴ Aの紙を何といいますか。（　　　）

⑵ ろ過したあと，Aの紙の上には，ホウ酸がありますか。（　　　）

⑶ Bの液を入れたビーカーを氷水で冷やすと，ビーカーの底に白いつぶが出てきました。このつぶは何ですか。（　　　）

⑷ ⑶のように冷やす以外に，Bの液から白いつぶをとり出すにはどうすればよいですか。かんたんに答えましょう。

（　　　　　　　　　　　　　　　　）

月　日

〈時間〉20分　〈合格〉80点　〈得点〉　／100

9 流れる水のはたらき

答え→別さつ21ページ

1 [川のようす] **川の上流，中流，下流のようすについて，次の問いに答えましょう。**

⑴ 次の**ア**～**カ**は，川の上流，中流，下流の川原と川底にある石のようすを表したものです。それぞれの場所にあてはまるものを選び，記号で答えましょう。(30点)1つ5

ア
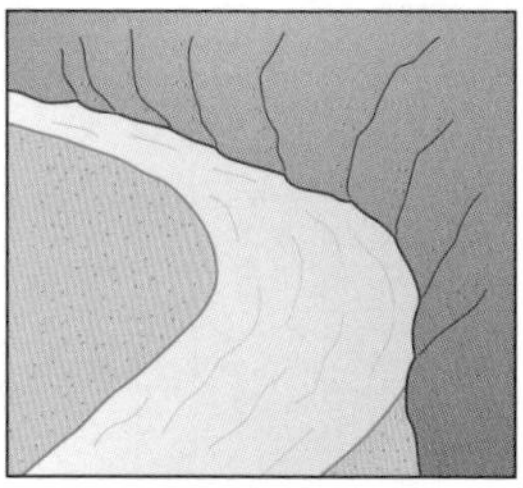
イ
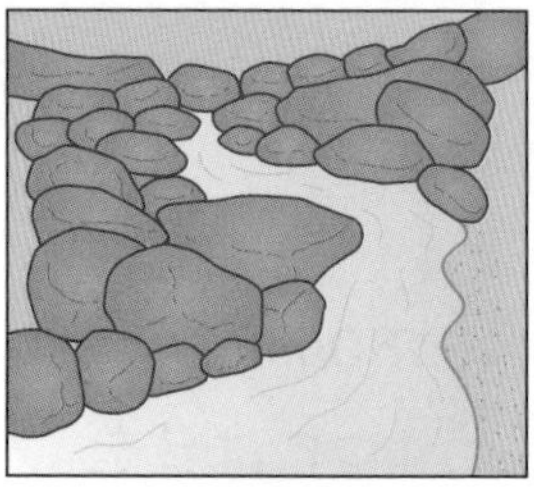
ウ
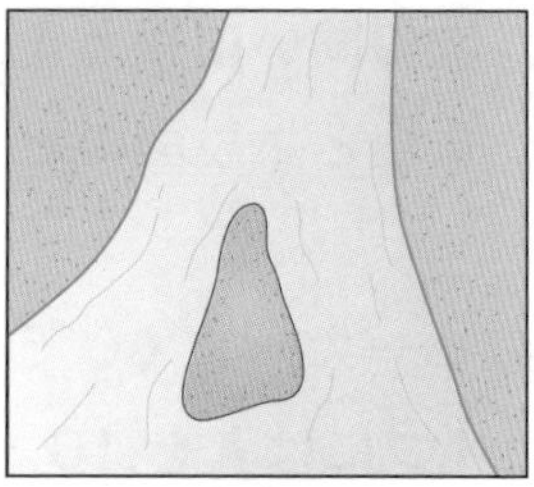
エ
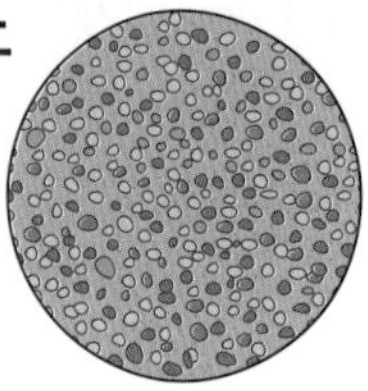
オ
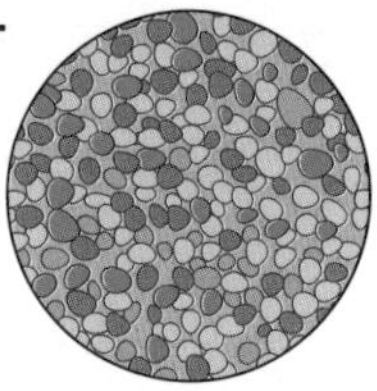
カ
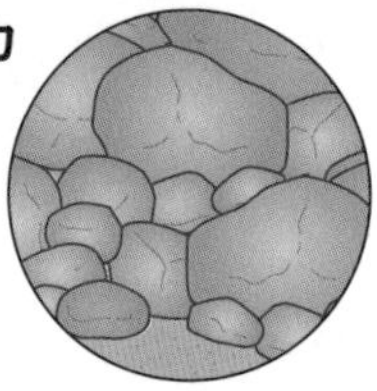

上流（　　）（　　）　中流（　　）（　　）　下流（　　）（　　）

⑵ 川の流れがいちばんゆるやかなのは，上流，中流，下流のどこですか。(5点)

（　　　）

たいせつ **2** [川の水量の変化] **川の水がふえたときのようすについて，次の問いに答えましょう。**(15点)1つ5

⑴ 大雨がふったりして川の水がふえると，流れの速さは水がふえる前に比《くら》べてどうなりますか。（　　　）

⑵ ⑴のとき，川の水はおもにどのようなはたらきをしますか。次からすべて選び，記号で答えましょう。（　　　）

ア 川底や川岸をけずりとる。　**イ** 川底にすなを積もらせる。

ウ 大きな石を川岸に積もらせる。　**エ** 大きな石や土をおし流す。

オ にごりをおし流し，水をとう明にする。

⑶ 川の水がふえると，川岸から水があふれ，こう水が起こることがあります。これを防《ふせ》ぐために，川に流れる水の量を調節するものを次から選び，記号で答えましょう。（　　）

ア ていぼう　**イ** ダム　**ウ** 砂防《さぼう》ダム

復習《ふくしゅう》のポイント！

- 川の上流・中流・下流で，岸のようすや石の形・大きさにどのようなちがいがあるか調べましょう。
- 流れる水にはどのようなはたらきがあるか調べましょう。

たいせつ **3** ［川の水のはたらき］ **右の図のように曲がって流れている川のようすを観察しました。次の問いに答えましょう。**

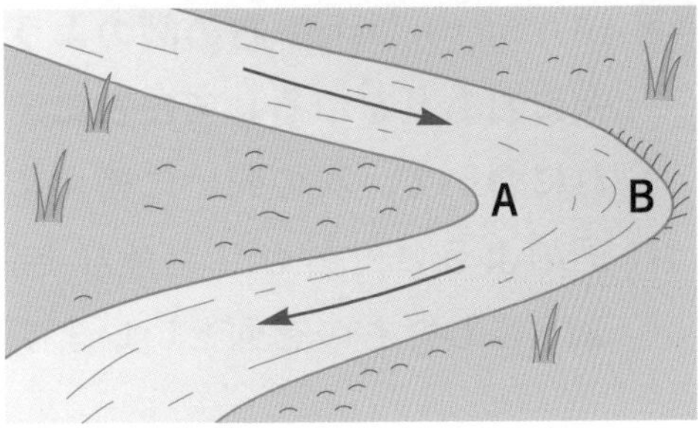

(1) 図の**A**と**B**の流れと岸のようすを次からそれぞれ選び，記号で答えましょう。(10点)1つ5　**A**（　　）　**B**（　　）

ア 流れがはやく，岸には小石やすながたまっている。

イ 流れがはやく，岸はがけのようになっている。

ウ 流れがおそく，岸には小石やすながたまっている。

エ 流れがおそく，岸はがけのようになっている。

(2) 図の**A**と**B**の川底の深さはどのようになっていると考えられますか。次から選び，記号で答えましょう。(5点)　（　　）

ア **A**と**B**の川底はどちらも浅い。　**イ** **A**と**B**の川底はどちらも深い。

ウ **A**の川底は浅いが**B**の川底は深い。　**エ** **A**の川底は深いが**B**の川底は浅い。

たいせつ **4** ［流れる水のはたらき］ **流れる水には，次の①～③のようなはたらきがあります。これについて，あとの問いに答えましょう。**

	はたらき	名　前
①	地面をけずる	（A　　　）
②	土などを運ぶ	（B　　　）
③	土などを積もらせる	（C　　　）

(1) 表の（　）にあてはまることばを書き入れましょう。(18点)1つ6

(2) ①，②のはたらきは，流れる水の量がふえるとどうなりますか。次からそれぞれ選び，記号で答えましょう。(12点)1つ6　①（　　）　②（　　）

ア 大きくなる。　**イ** 小さくなる。　**ウ** 変わらない。

(3) 右の図のように，水が曲がって流れている所の**X**，**Y**で，①のはたらきが大きいのはどちらですか。(5点)

（　　）

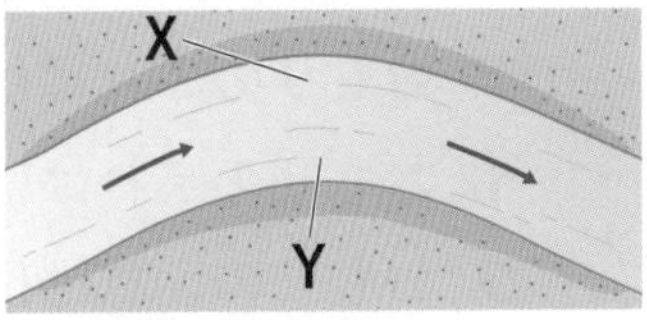

10 ふりこの動き

月　日

〈時間〉20分　〈合格〉80点　〈得点〉 /100

答え→別さつ21ページ

たいせつ **1** [ふりこのふれるはば] **右の図のように，同じ長さの糸におもりをつるして左右にふらせました。これについて，次の問いに答えましょう。**

A

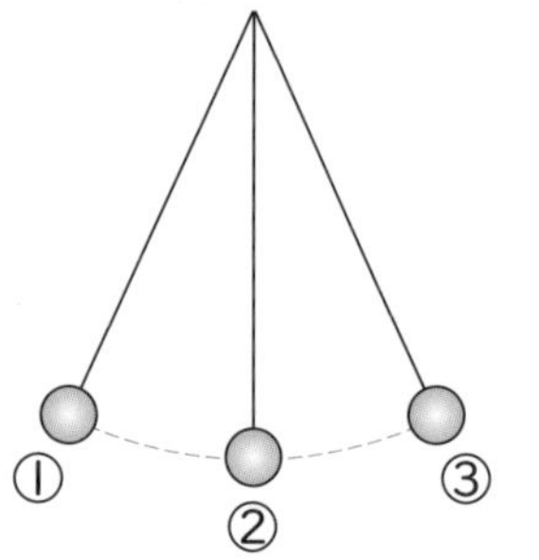

B

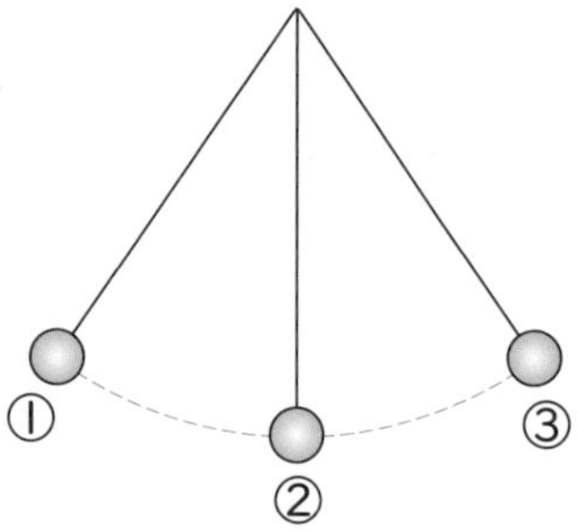

(1) 図のように，おもりを糸などにつるしてふれるようにしたものを何といいますか。(7点)

（　　　　）

(2) 図のおもりの１往復《おうふく》とは，おもりが①からどの位置まで動くことですか。次から選び，記号で答えましょう。(7点)　（　　）

ア ①→②　　**イ** ①→②→③

ウ ①→②→③→②→①

(3) おもりが１往復する時間をはかるはかり方としてよいものを，次から選び，記号で答えましょう。(7点)　（　　）

ア おもりが１往復する時間を１回はかる。

イ おもりが１往復する時間を10回はかり，その合計を10でわる。

ウ おもりが10往復する時間を３回はかり，その合計を３でわってから，10でわる。

(4) 図の**A**と**B**のように，おもりのふれはばを変えて，１往復する時間を調べました。このとき，**A**と**B**のおもりの重さと糸の長さは，それぞれどのようにしておきますか。(14点)1つ7

おもりの重さ（　　　　）

糸の長さ（　　　　）

(5) **A**と**B**で，おもりが１往復する時間はどちらが長いですか。次から選び，記号で答えましょう。(7点)　（　　）

ア **A**のほうが長い。　　**イ** **B**のほうが長い。

ウ **A**も**B**も同じ長さである。

(6) この実験からわかることを，次から選び，記号で答えましょう。(7点)　（　　）

ア おもりのふれはばが大きいほど，１往復する時間は長くなる。

イ おもりのふれはばが小さいほど，１往復する時間は長くなる。

ウ おもりのふれはばは，１往復する時間に関係ない。

復習《ふくしゅう》のポイント！

- ふりこが１往復《おうふく》する時間と糸の長さとの関係を学習しましょう。
- ふりこがふれるはばやおもりの重さは，ふりこが１往復する時間には関係がありません。

たいせつ

2 ［ふりこの長さと１往復《おうふく》する時間］ **右の図のように，長さのちがうふりこを使って１往復する時間のちがいを調べました。これについて，次の問いに答えましょう。**

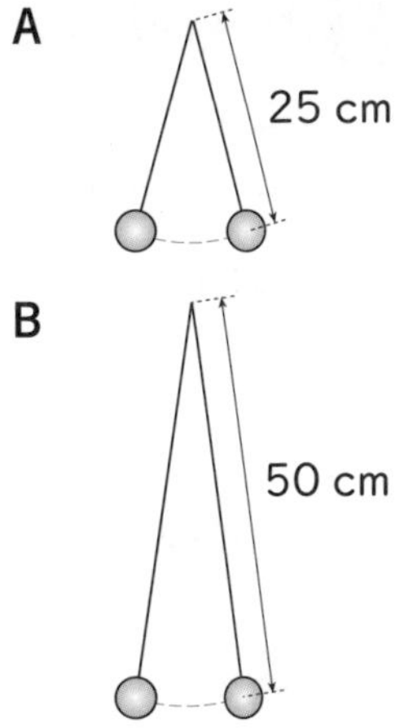

(1) この実験で，AとBで同じにしておかなければならないものは何ですか。2つ答えましょう。(14点)1つ7

(　　　　　　)(　　　　　　)

(2) Aのふりこが１往復する時間は，1.0秒でした。Bのふりこが１往復する時間はどうなりますか。次から選び，記号で答えましょう。(7点)　(　　)

ア 1.0秒よりも長い。　**イ** 1.0秒になる。　**ウ** 1.0秒よりも短い。

(3) Aのふりこのおもりの重さを２倍にすると，１往復する時間は(2)のときに比《くら》べてどうなりますか。次から選び，記号で答えましょう。(7点)　(　　)

ア 1.0秒よりも長くなる。　**イ** 1.0秒のまま変わらない。

ウ 1.0秒よりも短くなる。

(4) この実験から，ふりこが１往復する時間とふりこの長さとの関係についてどのようなことがいえますか。(7点)

ふりこが１往復する時間は，(　　　　　　　　　　　　)。

3 ［ふりこの１往復する時間］ **次の①〜④のふりこについて，あとの問いに答えましょう。**(16点)1つ8

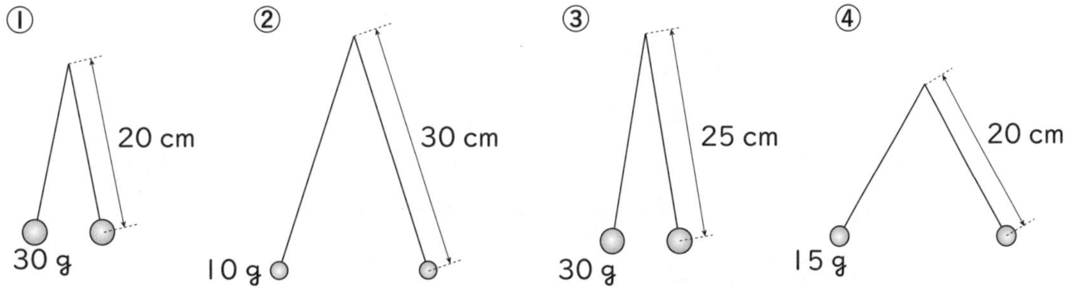

(1) ①〜④のうち，１往復する時間が同じものはどれとどれですか。

(　　と　　)

(2) ①〜④を，１往復する時間の短い順にならべなさい。ただし，(1)で答えたものはどちらか１つを書きましょう。　(　　→　　→　　)

11 電じしゃくの性質《せいしつ》

月　日

〈時間〉20分　〈合格〉80点　〈得点〉　/100

答え→別さつ21ページ

たいせつ **1** ［電流のはたらき］ **図1のように，ストローにエナメル線をまいたものをつくりました。次の問いに答えましょう。**（25点）1つ5

図1

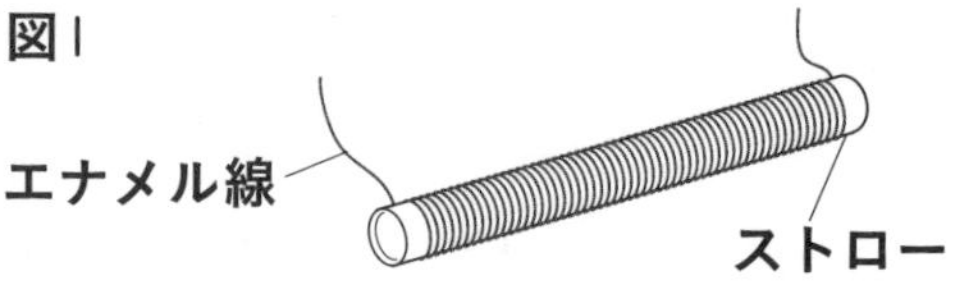

図2

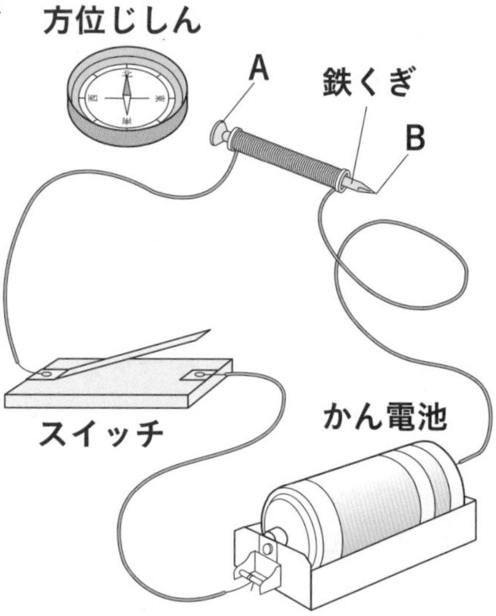

(1) **図1**のようなものを，何といいますか。（　　　）

(2) (1)をつくるとき，エナメル線をまく向きはどのようにしますか。
（　　　　　　　　　　）

(3) **図2**のように，(1)の中に鉄くぎを入れ，かん電池とスイッチをつなぎました。スイッチを入れると，**A**の側に置いた方位じしんのはりはふれますか，ふれませんか。（　　　）

(4) **図2**の方位じしんのかわりに，**A**と**B**の近くにゼムクリップを置きました。スイッチを入れると，ゼムクリップは**A**と**B**のどちらに引きつけられますか。次から選び，記号で答えましょう。

ア　**A**だけ　　**イ**　**B**だけ　　**ウ**　**A**と**B**の両方　（　　）

(5) **図2**のようなしくみで，電流を流したときにじしゃくのはたらきをするものを何といいますか。（　　　　）

2 ［電じしゃくの性質《せいしつ》］ **電じしゃくの性質について，次の①～⑥で正しいものには○を，まちがっているものには×をつけましょう。**（30点）1つ5

① 電流が流れなくなっても，しばらくはじしゃくのはたらきが残る。

② 鉄のほかに，アルミニウムも引きつけることができる。

③ N極とS極がある。

④ N極とS極を入れかえることはできない。

⑤ N極どうし，S極どうしはしりぞけ合い，N極とS極は引きつけ合う。

⑥ 引きつける力の強さを変えることができる。

①（　　）②（　　）③（　　）④（　　）⑤（　　）⑥（　　）

復習《ふくしゅう》のポイント！

- 電じしゃくのしくみを理解《りかい》し，電じしゃくとぼうじしゃくなどのじしゃくのちがいについて学習しましょう。
- 電じしゃくの極と電流の向きの関係について調べましょう。

たいせつ

3 ［電じしゃくの極］ **図1のような電じしゃくをつくり，電流を流して，電じしゃくの性質《せいしつ》を調べました。次の問いに答えましょう。**

図1

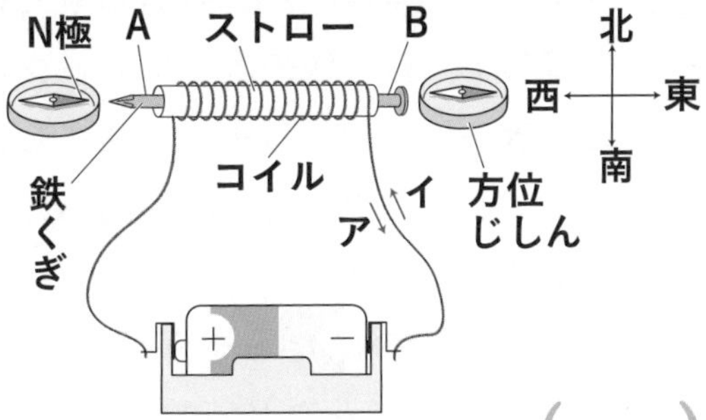

(1) 電流の流れる向きは，**図1**の**ア**，**イ**のどちらですか。記号で答えましょう。(5点)　（　　　）

(2) 電じしゃくの**A**側と**B**側に置いた方位じしんのN極は，どちらも**図1**のように，東をさしてとまりました。このとき，電じしゃくの**A**側と**B**側は，それぞれ何極になっていますか。(10点)1つ5　**A**側（　　　）　**B**側（　　　）

(3) **図1**で，かん電池をはずすと，**A**側と**B**側の方位じしんのN極は，それぞれどの向きをさしますか。東，西，南，北で答えましょう。(10点)1つ5
A側（　　　）　**B**側（　　　）

(4) 次に，かん電池の＋極と－極を**図1**とは逆《ぎゃく》にして電じしゃくにつなぎました。このとき，電じしゃくの**A**側と**B**側は，それぞれ何極になっていますか。(10点)1つ5
A側（　　　）　**B**側（　　　）

(5) **図2**は，**図1**と同じ電じしゃくを，2つならべて置いたようすを表しています。2つの電じしゃくの**P**と**Q**の部分はどうなりますか。(5点)
（　　　　　　　）

図2

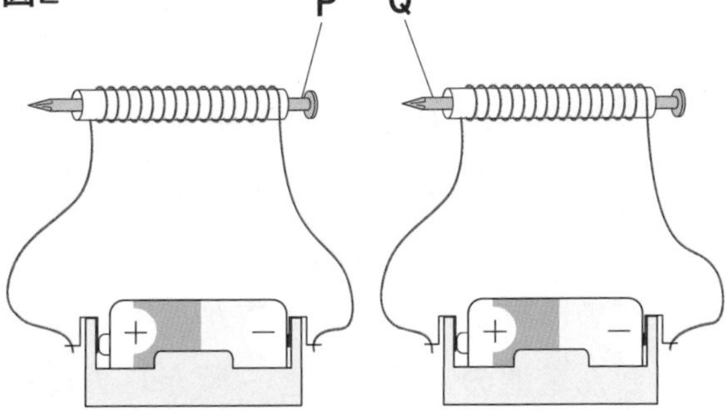

(6) この実験から，電じしゃくの性質についてどのようなことがいえますか。次からすべて選び，記号で答えましょう。(5点)　（　　　）

ア 電流の向きが反対になると，S極とN極が入れかわる。
イ 電流の向きが変わっても，極が入れかわることはない。
ウ 電流が流れなくなると，電じしゃくのはたらきはなくなる。
エ 電じしゃくどうしには，引きつけ合ったりする力ははたらかない。

12 電じしゃくの強さ

月	日
〈時間〉 20分	〈得点〉
〈合格〉 80点	/100

答え → 別さつ22ページ

1 [電じしゃくの強さの調べ方] **電じしゃくに電流を流して，右の図のようにゼムクリップを引きつけ，電じしゃくの強さを調べました。これについて，次の問いに答えましょう。**(20点)1つ5

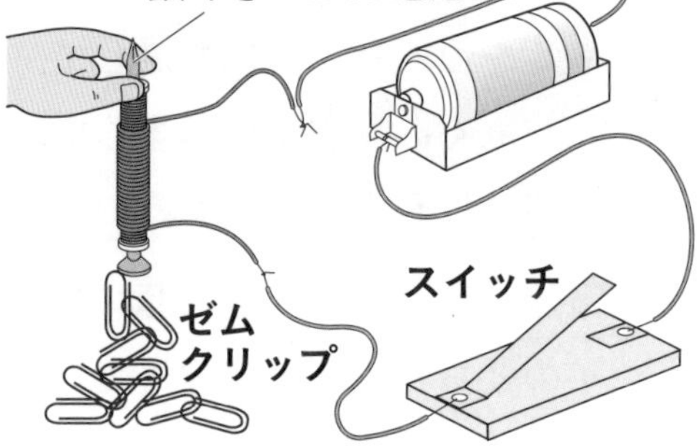

(1) 電じしゃくのはたらきが強いと，引きつけられるゼムクリップの数はどうなりますか。 (　　　)

(2) 電じしゃくにつなぐかん電池の数を変え，電流を大きくして電じしゃくの強さを比《くら》べるとき，かん電池は何つなぎにしますか。 (　　　)

(3) (2)のとき，同じにしておくことは何ですか。次から選び，記号で答えましょう。

ア ゼムクリップを置く数　　**イ** 電じしゃくを近づける向き

ウ コイルのまき数 (　　　)

(4) コイルのまき数を変えて，電じしゃくの強さを比べるとき，まき数が少ないコイルではエナメル線があまります。このあまったエナメル線をどうしておけばよいですか。次から選び，記号で答えましょう。 (　　　)

ア 切りとって，ちょうどよい長さにする。

イ 長さはそのままで，じゃまにならないようにたばねておく。

ウ 長さはそのままで，長い部分は別の鉄くぎにまきつけておく。

たいせつ **2** [電流のはかり方] **右の図の器具を使って，電じしゃくに流れる電流の大きさをはかりました。これについて，次の問いに答えましょう。**

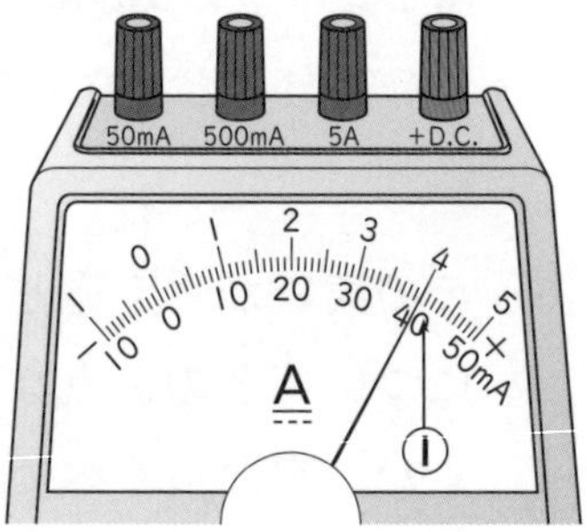

(1) 図の器具を何といいますか。(6点) (　　　)

(2) かん電池の＋極からと－極からの導線《どうせん》は，はじめは図のA～Dのどのたんしにつなぎますか。(12点)1つ6

＋極 (　　　) －極 (　　　)

(3) Cのたんしを使ったとき，流れた電流の大きさはいくらですか。(6点)

(　　　)

(4) 500 mA は，何 A ですか。(6点) (　　　A)

復《ふく》習《しゅう》のポイント!

- 電じしゃくのはたらきを強くするには，電流を大きくする方法と，コイルのまき数を多くする方法があります。
- 電流計の使い方を覚えましょう。

たいせつ **3** [電じしゃくの強さ] **次の図のように，100回まきのコイルと200回まきのコイルを使って電じしゃくをつくり，強さを調べました。これについて，あとの問いに答えましょう。**

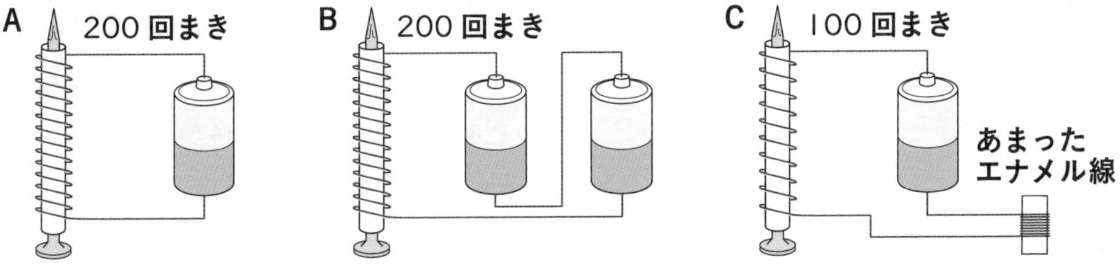

(1) 電流の大きさと電じしゃくの強さの関係を調べるには，図のA～Cのどれとどれを比《くら》べますか。(7点)　（　　と　　）

(2) コイルのまき数と電じしゃくの強さの関係を調べるには，図のA～Cのどれとどれを比べますか。(7点)　（　　と　　）

(3) 図のA～Cを，電じしゃくのはたらきが強いものから順にならべましょう。(7点)
（　　→　　→　　）

(4) 電じしゃくのはたらきを強くするには，どのような方法がありますか。2つ答えましょう。
（　　　　）
(14点)1つ7　（　　　　）

4 [電じしゃくの利用] **モーターは，次の図のじしゃくの極とXの極が引き合ったり，しりぞけ合ったりすることで回転します。あとの問いに答えましょう。**(15点)1つ5

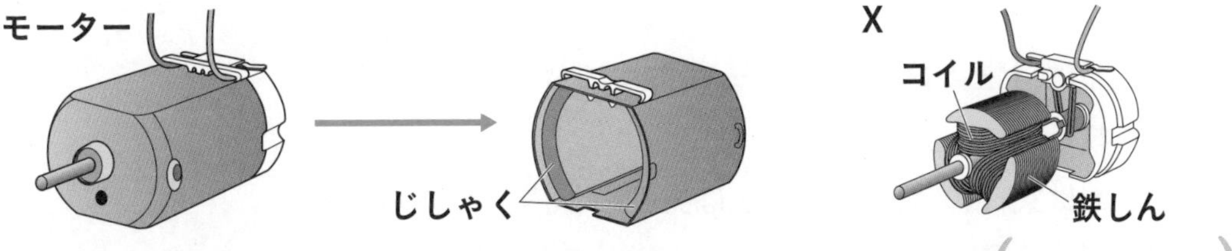

(1) コイルに電流を流すと，Xは何になりますか。　（　　　）

(2) コイルに流れる電流を大きくすると，モーターの回転の速さはどうなりますか。　（　　　）

(3) モーターを使ったものを次から選び，記号で答えましょう。　（　　）

ア せん風機　**イ** 豆電球　**ウ** 電気ストーブ　**エ** 電流計

13 仕上げテスト

月　日

〈時間〉30分　〈合格〉80点　〈得点〉　/100

答え→別さつ22ページ

1 ［植物の成長］ **図1はインゲンマメの種子のつくり，図2は種子が発芽《はつが》したときのようすを表しています。次の問いに答えましょう。**

図1

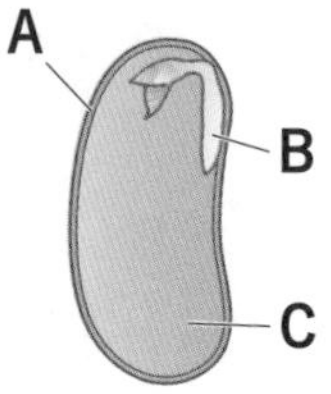

図2

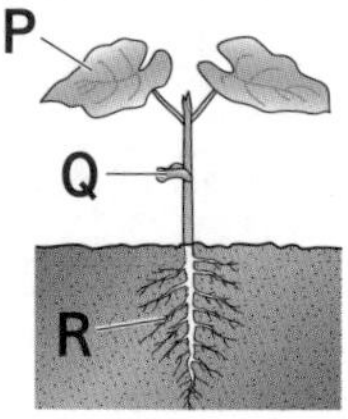

(1) 発芽のときに必要な養分は，**図1**の**A**～**C**のどこにふくまれていますか。(3点)　(　　)

(2) 発芽すると，**図1**の**C**は**図2**の**P**～**R**のどれになりますか。(4点)　(　　)

(3) 次の①，②のときに必要なものをすべて選び，それぞれ記号で答えましょう。

(8点)1つ4

①発芽させるとき　(　　)

ア 水　**イ** 空気　**ウ** 土　**エ** 適当《てきとう》な温度　**オ** 肥料《ひりょう》

②発芽後，よく成長させるとき　(　　)

ア 水　**イ** 土　**ウ** 日光　**エ** 肥料　**オ** デンプン

(4) 次の文の(　)にあてはまることばを答えましょう。(8点)1つ4

植物は，花がさいてめしべの先に(①　　)がつくと実ができ，実の中に(②　　)ができる。

2 ［人のたんじょう］ **右の図は，人の卵《らん》(卵子《らんし》)と精子《せいし》を表したものです。これについて，次の問いに答えましょう。**

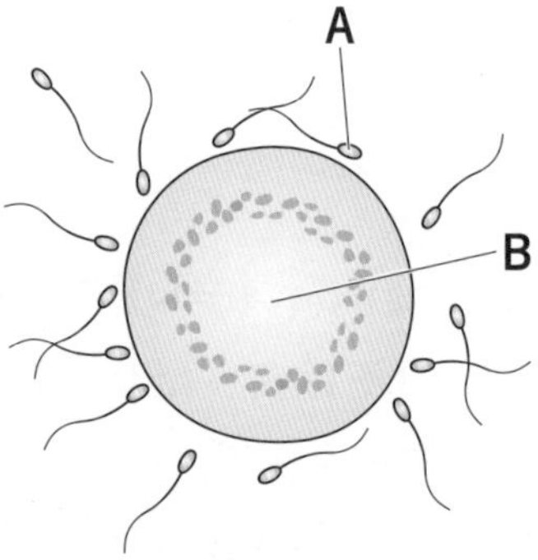

(1) 卵と精子がつくられるところについて正しく説明しているものを，次から選び，記号で答えましょう。

(3点)　(　　)

ア 卵は男性の体内で，精子は女性の体内でつくられる。

イ 卵は女性の体内で，精子は男性の体内でつくられる。

ウ 卵も精子も女性の体内でつくられる。

エ 卵も精子も男性の体内でつくられる。

(2) 次の(　)にあてはまることばを答えましょう。(9点)1つ3

図の**A**は(①　　)，**B**は(②　　)で，**A**と**B**が結びつくことを，(③　　)という。

3 ［天気の変化］**右の写真は，５月１日の正午の気象衛星《えいせい》による雲の画《が》像《ぞう》です。これについて，次の問いに答えましょう。**（20点）1つ4

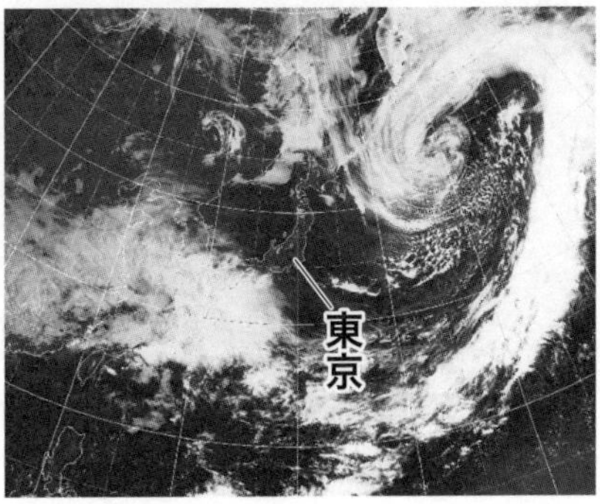

⑴ この画像で，白く見えるものは何ですか。
（　　　）

⑵ 西日本全体をおおっている⑴は，およそどの方位からどの方位へ動くと考えられますか。次から選び，記号で答えましょう。（　　　）

ア 北から南　**イ** 南から北　**ウ** 東から西　**エ** 西から東

⑶ このあと，東京《とうきょう》の天気はどのように変化すると考えられますか。次から選び，記号で答えましょう。（　　　）

ア 雨からくもりになる。　**イ** 雨から晴れになる。

ウ くもりから晴れになる。　**エ** 晴れから雨になる。

⑷ 晴れやくもりなどの天気は，空全体に対する何によって決まりますか。
（　　　）

⑸ 夏から秋にかけて，日本に台風が近づくことがあります。台風は，ふつうどこで発生しますか。次から選び，記号で答えましょう。（　　　）

ア 日本の東の陸上　**イ** 日本の西の海上

ウ 日本の南の海上　**エ** 日本の北の陸上

4 ［もののとけ方］**右の表は，いろいろな温度の水 50 mL にとける食塩とミョウバンの量をまとめたものです。これについて，次の問いに答えましょう。**

水の温度	10 ℃	30 ℃	60 ℃
A	3.8 g	8.3 g	28.7 g
B	17.9 g	18.0 g	18.5 g

⑴ 表の**A**，**B**は，それぞれ食塩，ミョウバンのどちらですか。（6点）1つ3

A（　　　）　**B**（　　　）

⑵ 60 ℃の水 50 mL に**A**と**B**をそれぞれとけるだけとかして，液《えき》を冷やして 10 ℃にしたときのようすを，次から選び，記号で答えましょう。（3点）（　　　）

ア **A**のほうがつぶが多く出てきた。

イ **B**のほうがつぶが多く出てきた。

ウ **A**も**B**も同じくらいの量のつぶが出てきた。

⑶ ⑵で現われたつぶを，ろ紙でこしてとりのぞきました。こしとった液には，**A**や**B**はとけていますか。（3点）（　　　）

5 ［流れる水のはたらき］ **土でゆるい坂をつくり，水を流しました。これについて，次の問いに答えましょう。**

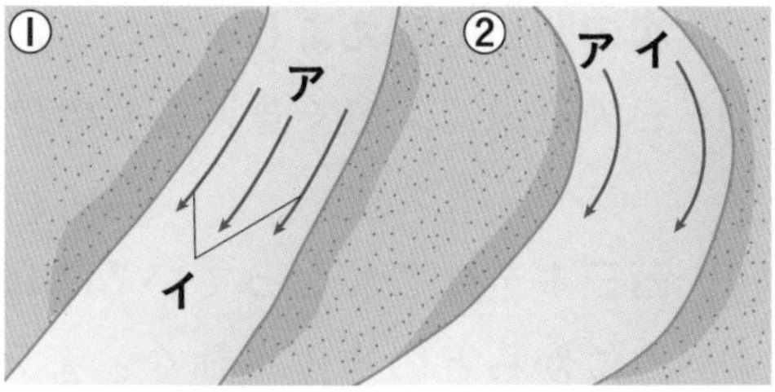

⑴ 右の①，②の図のように流れている所では，それぞれ**ア**，**イ**のどちらの流れがはやくなっていますか。記号で答えましょう。(6点)1つ3　①（　　）　②（　　）

⑵ 水の流れがはやい所では，水が土をけずるはたらきはどうなりますか。(3点)

（　　　　）

⑶ 流す水の量を多くすると，流れる速さはどうなりますか。(3点)

（　　　　）

6 ［ふりこの1往復《おうふく》する時間］ **右の表は，いろいろなふりこの長さとふれはば，おもりの重さをまとめたものです。これについて，次の問いに答えましょう。**(9点)1つ3

ふりこ	A	B	C	D
ふりこの長さ	20 cm	20 cm	25 cm	30 cm
ふれはば	30°	50°	30°	40°
おもりの重さ	30 g	30 g	30 g	20 g

⑴ **A**～**D**の中で，ふりこが1往復する時間がいちばん長いふりこはどれですか。

（　　）

⑵ **A**～**D**の中で，ふりこの長さとふりこが1往復する時間との関係を調べるには，どれとどれを比《くら》べればよいですか。（　　と　　）

⑶ **A**～**D**の中で，ふれはばとふりこが1往復する時間との関係を調べるには，どれとどれを比べればよいですか。（　　と　　）

7 ［電じしゃくの強さ］ **右の図のような電じしゃくをつくりました。これについて，次の問いに答えましょう。**

(12点)1つ4

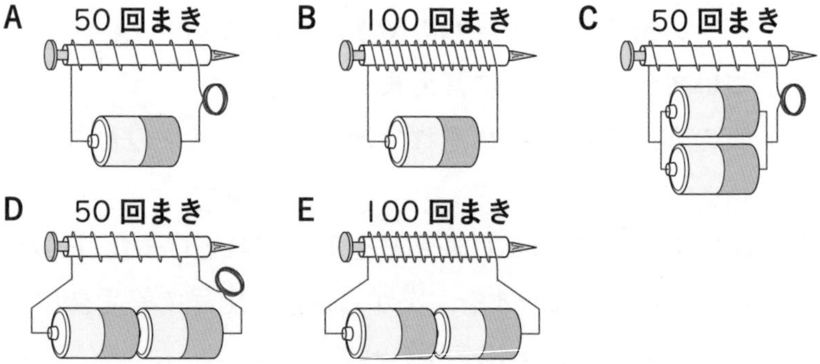

⑴ **A**と同じ強さの電じしゃくはどれですか。（　　）

⑵ **A**～**E**の中で，いちばん強い電じしゃくはどれですか。（　　）

⑶ **A**～**E**の中で，コイルのまき数と電じしゃくの強さとの関係を調べるには，どれとどれを比べればよいですか。（　　と　　）

(1)【漢字】——線a～cのかたかなを漢字に直して書きましょう。(9点)一つ3

a（　　） b（　　める） c（　　）

(2)【言葉のきまり】===線の主語と述語《じゅつご》を答えましょう。(5点)完答

主語（　　） 述語（　　）

(3)【ことわざ】——線①の意味を説明した一文をさがし、初めの五字をぬき出しましょう。(5点)

□□□□□

(4)【内容《ないよう》を深める】——線②とありますが、それはなぜですか。次の（　）に入る言葉を、本文中の言葉を使って書きましょう。(10点)一つ5

（　　）ことばによって、それがあらわそうとしているものの（　　）を頭にえがき出さなければならないから。

たいせつ

(5)【意見の理由】——線③とありますが、その理由として最も適切《てきせつ》なものを次から選び、記号で答えましょう。(5点)（　　）

ア 赤ん坊の耳が発達しているのは、見ることを幼いころから大切にすべきだと教えているようだから。

イ 赤ん坊の耳が発達しているのは、絵などはこどもにはわかりにくいものだと教えているようだから。

ウ 赤ん坊の耳が発達しているのは、ことばの教育を耳のことばからはじめるように教えているようだから。

(6)【つなぎ言葉】A に入る適切な言葉を次から選び、記号で答えましょう。(5点)（　　）

ア また　イ しかし

ウ したがって　エ それとも

(7)【言葉をさがす】B・C に入る漢字一字を、本文中からぬき出しましょう。(10点)一つ5

B □　C □

(8)【段落《だんらく》の内容】——線④とありますが、その理由を説明した段落を段落の番号で答えましょう。(15点)

□

〔佐賀大附属中—改〕

6 **次の文章を読んで、あとの問いに答えましょう。**

1 ①「百聞《ひゃくぶん》は一見《いっけん》にしかず」ということわざがあります。いくらたびたび聞いていてもよくわからなかったことが、一度目《ま》のあたりに見るだけで、すっかりわかってしまう。見ることがいかに大切であるかを教えたことばです。

2 同じことなら、ことばで説明するよりは、aジッサイを見せた方がずっとよくわかります。ジッサイそのままを見せるのではなく、映像《えいぞう》で見せてもよくわかるのです。さらに、絵にかいただけでも、なお、ことばだけよりもずっとよくわかることがあります。

3 ことばには音はあっても、形がありません。文字にすれば形はありますが、伝えようとするものの姿《すがた》を伝える形ではありません。そういうことばによって、それがあらわそうとしているものの姿や形を頭にえがき出そうというのですから、②ことばがわかるというのがなまやさしいことではないわけです。

4 ことばの教育がことばの声と音をきかせるところからbハジめるのは、そのむずかしいことからまず勉強しようというわけです。

5 生まれたばかりの赤ん坊《ぼう》が、目はまだよく見えないのに、耳はかなりよく聞こえているというのは、なかなか③意味が深いように思われます。まず、耳のことばからハジめよ、と教えているようなものです。

6 A 、ろくにまだことばのできないような幼《おさな》いこどもに絵本を見せるのは疑問《ぎもん》です。絵本ならわかりやすいから、それになれていると、絵本なしにことばだけきかせると、わからなくなってしまいがちです。

7 テレビは絵本よりもさらにいっそうわかりやすいものです。動く絵が出ていればわかるというくせをつけてしまいますと、ただことばだけをきいても、わからない、おもしろくない、むずかしいと思うようになります。

8 絵本がたくさんあらわれ、テレビがたいへんな発達をしたのは、それなりにcケッコウなことですが、どちらも、 B のことばを育てるのにまず役立つものであるために、どうしても C のことばがうまく育たなくなってしまいがちです。

9 それでなくとも、「百聞は一見にしかず」と言われるくらいです。④一聞が百見《ひゃっけん》におよばないのは当然すぎるほど当然なことなのですから。

（外山滋比古《とやましげひこ》「子育ては言葉《ことば》の教育から」。一部表記を改めました。）

17 仕上げテスト

月　日

〈時間〉30分　〈合格〉80点　〈得点〉　/100

答え→別さつ29ページ

1 【正しい送りがな】**次の――線のかたかなを、漢字と送りがな（ひらがな）に直して書きましょう。**（8点）一つ2

(1) チームをヒキイル。（　　）

(2) 長さをクラベル。（　　）

(3) 主役をツトメル。（　　）

(4) 答えをミチビク。（　　）

2 【部首】**次の部首を持つ適切《てきせつ》な漢字を、□に書きましょう。**（16点）一つ2

(1) くにがまえ　① □《いん》果　② 周□《い》

(2) ぼくにょう のぶん　① □《きゅう》助　② 事□《こ》

(3) ぎょうがまえ ゆきがまえ　① □《えい》星　② 手□《じゅつ》

(4) りっしんべん　① □《かい》挙　② 習□《かん》

3 【漢字の分類】**次の漢字の成り立ちをあとから選び、記号で答えましょう。**（4点）一つ2

(1) 洋（　　）　(2) 明（　　）

ア 象形《しょうけい》文字　**イ** 指事文字

ウ 会意文字　**エ** 形声文字

4 【つなぎ言葉】**次の各文の□に入るつなぎ言葉をあとから選び、記号で答えましょう。**（4点）一つ2

(1) 今日は寒かった。□、かぜをひいた。（　　）

(2) 犬が好きですか。□、ねこですか。（　　）

ア しかし　**イ** だから　**ウ** つまり

エ なぜなら　**オ** それとも

5 【文の型《かた》】**次の各文の型をあとから選び、記号で答えましょう。**（4点）一つ2

(1) この時計が、ぼくのたから物だ。（　　）

(2) 妹は、まだねている。（　　）

ア 何が―どうする　**イ** 何が―どんなだ

ウ 何が―何だ

たいせつ

(1) 【メモの使い方】「作文メモ」の六つの言葉のうち、作文中で使われていないものが三つあります。それらをすべて使って、**A** に入る言葉を二十字以内で書きましょう。(10点)

(2) 【語句】次の中から適切《てきせつ》な漢字を選び、**B** に入る四字熟語を完成させましょう。(10点)

大　意　深　断《だん》
敵《てき》　長　油　味

(3) 【言葉のきまり】——線a～dの中に、言葉の使い方のまちがっているものが二つあります。それぞれ適切な言葉をあとから選び、記号で答えましょう。(20点)一つ10完答

（　　）→（　　）・（　　）→（　　）

ア けっして　**イ** やはり　**ウ** たいして
エ さらに　**オ** まさか

たいせつ

(4) 【俳句を作る】‖線という先生のアドバイスにしたがって、けんじ君になったつもりで、俳句の一部を作文中の言葉と入れかえて作り直しましょう。(10点)

（　　）

たいせつ

2 【メモから作文する】**次のメモをもとに美化委員からの放送原稿《げんこう》を五十字以上、六十字以内で書きましょう。**(50点)

〔智辯学園中―改〕

放送原稿メモ
・緑公園のクリーン作戦の参加者ぼ集について
・クリーン作戦を行う日は五月十日
・しめきりは今月末
・各学級のたん任《にん》の先生まで

美化委員からのお知らせです。

50

みなさんのご参加をお待ちしています。

16 作文

月　日

〈時間〉20分　〈合格〉80点　〈得点〉　/100

答え↓別さつ29ページ

復習《ふくしゅう》のポイント！

- 事実と意見を分けて書きます。
- 文章の構成《こうせい》を意識《いしき》して書きます。
- 文章の基本形《きほんけい》を考えて書きます。

1 **次の作文は、作文メモをもとに、けんじ君が書いた作文の一部です。これを読んで、あとの問いに答えましょう。**

作文メモ
・冬山登山　・金剛山《こんごう》
・二月三日　・中学一年生全員
・八時集合　・片道《かたみち》七キロ

[A]が行われた。ぼくは、この日を前からとても楽しみにしていた。駅前に八時集合、先生の注意を受けたあと、A組からいよいよスタートだ。

小雪がまう中、片道七キロの登山道をゆっくり登り始めた。ふもとのほうは[a]たいそう積もっていなかったが、登るにつれ[b]しだいに雪が深くなり、ふみしめられた雪道は[c]うっかり気を許《ゆる》すとすぐすべる。

金剛山は、標高千百二十五メートル、頂上《ちょうじょう》付近には二十センチメートルも雪が積もっているところがあった。ぼくたちはとちゅう何度か転んだが、大きなけがもなく頂上に着いた。着いたころには雪もやんで、頂上からは一面雪におおわれたふもとの町や村が見わたせた。

記念写真をとったりしているうちに、昼食時間になったので、みんなと白くかがやくあたりの雪景色をながめながら弁当《べんとう》を食べた。母の作ってくれた弁当は、いつもよりいちだんとおいしく感じられた。そのことをぼくは江戸《えど》時代の有名な俳句《はいく》の作者松尾芭蕉《まつおばしょう》になったつもりで、五・七・五によんだ。

頂上でみんなと食べる母の味

紙切れに書いて先生に見せると、「いいねぇ。」とほめてくださったが、「季語をよみこむのが伝統《でんとう》だよ。」とアドバイスもしてくださった。

帰りはC組を先頭に山を下りる。また先生の注意があった。先生は事故《じこ》を未然に防《ふせ》ぐためか、「うっかりして注意をおこたると失敗をまねく」という意味の[B]という四字熟語《じゅくご》を使って、下る注意をされた。[d]きっとその通りで、登るより下るほうがむずかしかった。あちらこちらで「キャーッ」という声が聞こえた。……

(4) 【表現を味わう】——線③とは、どういうことですか。最も適切なものを次から選び、記号で答えましょう。

ア また飛び込まなくてはならず、つかれるということ。

イ 水に濡れて、体全体が重くなっているということ。

ウ 重力を感じない空中・水中から、重力のある世界にもどってきたということ。

（　　） (15点)

〔西武学園文理中—改〕

2 次の短歌・俳句《はいく》を読んで、あとの問いに答えましょう。

A 春なれや山の原っぱの草むらに
　人の寝《ね》てゐ《い》しあとがのこれる　前田夕暮《まえだゆうぐれ》

B あつき日を幾日《いくか》も吸《す》ひ《い》てつゆ甘《あま》く
　葡萄《ぶどう》の熟《じゅく》す深き□かな　木下利玄《きのしたりげん》

C ①団栗《どんぐり》の共に掃《は》かるゝ《る》落葉《おちば》かな　正岡子規《まさおかしき》

D 斧《おの》入れて②香《か》におどろくや冬木立《ふゆこだち》*　与謝蕪村《よさぶそん》

*木立＝立ち並《なら》んでいる木。

(1) 【情景《じょうけい》の理解《りかい》】Aについて、この短歌の意味として最も適切なものを次から選び、記号で答えましょう。(10点)

ア 春になったら、原っぱで寝転びたいものだ。

イ 春の原っぱで、知った人が寝ているのを見つけた。

ウ 人が寝ていたあとが残るほど、春の草はやわらかだ。

エ 原っぱで昼寝をしたら、春の心地《ここち》よさを感じた。

（　　）

(2) 【短歌の季節】Bの□に入る季節を表す言葉を、漢字一字で答えましょう。(5点)

□

(3) 【俳句の季節】Cについて、——線①と同じ季節を表す言葉として最も適切なものを次から選び、記号で答えましょう。(10点)

ア せみ　イ いちょう　ウ 雪合戦　エ 梅

（　　）

(4) 【表現《ひょうげん》を味わう】Dについて、——線②とありますが、なぜおどろいているのですか。最も適切なものを次から選び、記号で答えましょう。(15点)

ア 木が、思っていたよりいやな香《かお》りだったから。

イ 木立の香りに、夏のさわやかさを感じたから。

ウ 木が発する強い香りに身のきけんを感じたから。

エ 斧を入れたときの香りに、木の生命を感じたから。

（　　）

(5) 【情景の理解】A〜Dのうち、作者が味覚を使って季節を感じ取っているものを選び、記号で答えましょう。(10点)

（　　）

15 詩・短歌・俳句《はいく》を読む

復習《ふくしゅう》のポイント！

・詩のリズムや、独特《どくとく》な表現《ひょうげん》に親しみます。
・短歌・俳句の季節を読み取ります。
・詩・短歌・俳句の主題をとらえます。

月　日

〈時間〉20分　〈合格〉80点　〈得点〉　/100

答え↓別さつ28ページ

1 **次の詩は、水泳の飛び込《こ》みの選手をえがいたものです。これを読んで、あとの問いに答えましょう。**

飛び込み

村野四郎《むらのしろう》

①花のように雲たちの衣装《いしょう》が開く
水の反射《はんしゃ》が
あなたの裸体《らたい》に縞《しま》をつける
あなたは遂《つい》に飛びだした
筋肉《きんにく》の翅《はね》で
②日に焦《こ》げた小さい蜂《はち》よ
あなたは花に向かって落ち
つき刺《さ》さるようにもぐりこんだ
やがて　あちらの□のかげから
あなたは出てくる
液体《えきたい》に濡《ぬ》れて
③さも重たそうに

(1) 【表現《ひょうげん》を味わう】――線①とは、どういうことですか。最も適切《てきせつ》なものを次から選び、記号で答えましょう。（　　）(15点)

ア 空をゆったり流れる雲の形が、花もようのようだということ。

イ 空を流れる雲がプールの水にうつり、花がさいているように見えるということ。

ウ プールの周りには花がさきみだれ、その中で飛び込む選手が雲のようだということ。

(2) 【たとえの言葉】――線②とありますが、何を蜂にたとえたものですか。次の（　）に適切な言葉を書きましょう。(10点)

日にやけた（　　　　）を蜂にたとえている。

(3) 【たとえた言葉】□に入る適切な言葉を、詩の中から一字でぬき出しましょう。(10点)

□

で、どうにか対処《たいしょ》して、何とかきらわれずにこの社会の中に留《とど》まっていこう、という感じの人が増加《ぞうか》しているという感触《かんしょく》を私《わたし》は持っています。
（上田紀行《うえだのりゆき》「かけがえのない人間」）

＊ダライ・ラマ＝チベット仏教《ぶっきょう》ゲルク派《は》の法王。代々転生者が相続する。
＊ニュートラル＝どちらにも属《ぞく》さないこと。

(1)【内容《ないよう》の理解《りかい》】――線①とありますが、これはどういうことですか。最も適切《てきせつ》なものを次から選び、記号で答えましょう。（20点）（　　）

ア 人間は孤独に耐《た》えることのできない弱い生きものであるということ。
イ 人間はたがいに傷つけ合うことで成長する生きものであるということ。
ウ 人間は集団《しゅうだん》をつくって生活しようとする性質《せいしつ》を持っているということ。
エ 人間は思いやりのない人でも許《ゆる》さなければならないということ。

(2)【こそあど言葉】――線②の指し示《しめ》す内容を本文中から三十字以上三十五字以内でさがし、初めの五字をぬき出しましょう。（25点）

(3)【筆者の考え】――線③とありますが、筆者がこのように考えるのはなぜですか。その理由として最も適切なものを次から選び、記号で答えましょう。（25点）（　　）

ア 現代《げんだい》の日本社会には希望が見当たらず、人間関係も表面的なため、愛と思いやりが大切だとは思えないから。
イ 食うか食われるかの現代の競争社会において、他者に対して愛と思いやりを持つことは、すなわち負けを意味するから。
ウ 愛と思いやりを持つことは大切かもしれないが、周りの人間となんとかうまく付き合うことだけで精一《せいいっ》杯《ぱい》だから。
エ 現代社会に生きる日本人の多くは、他者の利益《りえき》よりも自分の利益を増《ふ》やすことが大切だという価値観《かちかん》を持っているから。

(4)【内容の理解】――線④とは、どのような感覚ですか。次の（　）に入る言葉を、本文中の言葉を使って書きましょう。（30点）一つ10

自分の周りには（　　　　）をとるのがわずらわしい人もいるが、そういう人たちとも（　　　　）に生きていかなければならないので、何とか（　　　　）に社会生活を営《いとな》んでいこうという感覚。

〔浦和実業学園中―改〕

14 説明文を読む②

復習《ふくしゅう》のポイント！
・何が書かれているか（話題）をとらえます。
・重要な言葉を見つけて要点をとらえます。
・筆者の意見・主張《しゅちょう》を読み取ります。

〈時間〉20分 〈合格〉80点 〈得点〉 /100 月 日

答え↓別さつ28ページ

1 **次の文章を読んで、あとの問いに答えましょう。**

＊ダライ・ラマは、我々《われわれ》の社会の根本にあるのは、「愛と思いやり」なのだ、と断言《だんげん》されます。そこから全てを考え始めなければならないといいます。

人間は、戦争をする人でも、人をだましてお金を手に入れようとする人でも、ただひとり孤独《こどく》に生きている人はいません。家族とともに生きたり、友達とともに生きたり、村をつくったり町をつくったりして生きていく。それは、人間は人といっしょに生きたい動物であり、言い換《か》えれば、①人間は社会的動物であるということなのです。

私《わたくし》たちはどうして集まりたがるのでしょうか。それはやはり、人間が生きていく上で、愛情《あいじょう》とか思いやりを必要としているからです。誰《だれ》も傷《きず》つけ合いたいからいっしょに生きているわけではないのです。人間どうしを結びつけているのは、何よりも愛と思いやりなのだということから出発しなければなりません、とおっしゃいました。

言われてみれば、こんなことダライ・ラマに言われなくたってわかっているよ、と言いたくなりますが、実は意外と、私たちは②これがわかっていないのです。

人はみな愛と思いやりで結びついている、他人が好きだから集まっている、と私たち日本人は言い切れるでしょうか。③愛と思いやりが社会の根底を支《ささ》えているのだと言われると、そんなわけないだろ、と思ってしまうのではないでしょうか。

今の日本人の④＊ニュートラルな感覚はどんな感じでしょう。とにかく今周りにいるこの人たちとどうにかしていっしょに生きなきゃいけない。そこからはずれるのは怖《こわ》い。とても信用なんかできなくて、何か落ち度があるとすぐ責《せ》めたり、悪口を言ったりするような人や、付き合っていくとうっとうしい人たちがたくさんいて、いやな人たちもたくさんいるけど、何とかいっしょに生きていかなければ。まあその中には数は少ないけれどもちょっと友達というか気の合う人たちもいるし……、こういう感覚なのだと思います。

日常《にちじょう》に出会うだいたいの人はうっとうしくて、毎日コミュニケーションをとってくるのがけっこうつらい、その中くとも一部の暖地をのぞいて、ほとんどのゴキブリは死に絶《た》えてしまうことでしょう。

5 エイムズ市のホテルで死んだゴキブリは、友人の話から推定《すいてい》すると、前述《ぜんじゅつ》のチャバネゴキブリだと思われます。このゴキブリはとりわけ寒さに弱く、そのおもな活動場所は一年中暖房の行きとどいたビルや飲食店、航空機《こうくうき》、新幹線《しんかんせん》、船舶《せんぱく》の中などで、一般家庭では、黒光りする大型のクロゴキブリは多いものの、その姿はあまり見られません。

(梅谷献二《うめやけんじ》「ヒトが変えた虫たち」)

(1) 〔語意〕——線①の意味として最も適切なものを次から選び、記号で答えましょう。(10点)

( )

ア 不要品としてすてる。　イ 勢力《せいりょく》が強くなる。

ウ ひどくにくまれる。　エ 急速に発達する。

(2) 〔内容《ないよう》の理解《りかい》〕——線②とありますが、その手助けをしたものは何ですか。本文中の言葉を使って答えましょう。(15点)

( )

(3) 〔つなぎ言葉〕A・Bに入る適切な言葉を次から選び、記号で答えましょう。(20点)一つ10

A( )　B( )

ア そして　イ つまり　ウ やはり　エ しかし

(4) 〔こそあど言葉〕——線③が指しているものを、本文中からすべてぬき出しましょう。(15点)

( )

(5) 〔段落《だんらく》内容〕——線④とありますが、そのことがよくわかる具体例が述《の》べられている段落をさがし、段落番号で答えましょう。(10点)

( )

(6) 〔理由説明〕——線⑤とありますが、その理由が述べられている部分を、本文中から三十五字以上四十五字以内でさがし、初めと終わりの五字を答えましょう。(15点)完答

□□□□□ ～ □□□□□

(7) 〔内容の理解〕本文の内容として最も適切なものを次から選び、記号で答えましょう。(15点)

( )

ア 日本で見られるゴキブリのうち、もともと日本にいたのはチャバネゴキブリである。

イ ゴキブリと人間との付き合いはとても長い。

ウ 一般家庭で見られるゴキブリの多くは黒光りしたクロゴキブリである。

エ 屋内性のゴキブリのほとんどは、冬に暖房を切られても生きのびることができる。

〔西南女学院中―改〕

13 説明文を読む ①

復習《ふくしゅう》のポイント！
- こそあど言葉が指すものをとらえます。
- 段落《だんらく》どうしの関係をとらえます。
- 説明されている内容《ないよう》の中心を読み取ります。

〈時間〉20分　〈合格〉80点　〈得点〉/100　月　日

答え↓別さつ28ページ

1 **次の文章を読んで、あとの問いに答えましょう。**

［1］ゴキブリの仲間は四億年近くも前の古生代に起源《きげん》を持つ原始的な昆虫《こんちゅう》です。かれらの歴史《れきし》から見れば人間との付き合いはまだはじまったばかりといえます。しかし、この短い年月の間に、たとえ一部の種類とはいえ、住居《じゅうきょ》・暖房《だんぼう》・交通機関の発達という人の文明に助けられて世界中に①はびこり、屋内害虫としてトップの座《ざ》を確立《かくりつ》した適応《てきおう》力にはおどろくほかありません。とくに小型《こがた》で淡《たん》褐色《かっしょく》のチャバネゴキブリなどは、②最近一〇〇年くらいの間に世界中の人家に進出を果たしましたが、すでに野外ではどこにもその姿《すがた》が見られず、この虫の本来のふるさとがどこなのかがわからないありさまです。

［2］日本で見られるおもな屋内性《せい》のゴキブリ類は、チャバネゴキブリをはじめ、ヤマトゴキブリ、クロゴキブリ、ワモンゴキブリ、トビイロゴキブリの五種類ですが、このうちもともと日本にいたのはヤマトゴキブリだけで、これは今でも家の中と野外の両方で見られます。［A］、ほかの種類はすべて江戸《えど》時代の中期よりもあとに外国からやってきた侵入《しんにゅう》者と考えられ、クロゴキブリが九州地方の野外で採集《さいしゅう》されることがあることをのぞけば、③その姿は屋内だけでしか見ることができません。

［3］屋内性のほとんどの種類は、熱帯地方が出身地と考えられ、④一般《いっぱん》に寒さはにが手です。この仲間は、日本では戦前までは衛生《えいせい》害虫としての地位が低く、⑤家庭で見かけることもまれでした。日本式のすき間だらけの住宅構造《じゅうたくこうぞう》と暖房の不十分さで、冬の寒さを乗り切ることができなかったからにちがいありません。それが住宅の西欧《せいおう》化と暖房設備《せつび》の向上によって、かつては分布《ぶんぷ》すらしていなかった北海道でも、いまやほとんどの種類が見られるようになりました。

［4］アメリカのエイムズ市に留学《りゅうがく》したことのある友人に聞いた話ですが、ある冬の夜、氷滴《ひょうてき》の重みで電線が切れ、一晩《ひとばん》中停電《ていでん》したことがあったそうです。［B］翌朝《よくあさ》、その友人は泊《と》まっていたホテルの廊下《ろうか》にころがるゴキブリの死体のあまりの多さにびっくりしたといいます。日本でも、もし冬にすべての暖房を二、三日止めたら、少な

る。何しろオレはタテの会だから」といったとか(編集部《へんしゅうぶ》注・三島由紀夫が中心となって結成した会の名前が「楯《たて》の会」という)。これは⑥私の作った冗談《じょうだん》だが、蟹という字を怖がったというところまでは本当の話である。

(金田一春彦《きんだいちはるひこ》「ホンモノの日本語を話していますか?」)

*恩恵=自然や他人から受け、その人を豊《ゆた》かにし、幸福をもたらすものごとや行為《こうい》。

(1) 【内容《ないよう》の理解《りかい》】――線①とありますが、どのように分類されていますか。本文中から三つぬき出しましょう。(30点)一つ10

( )

( )

( )

(2) 【内容の理解】――線②とありますが、中国人が受けた「漢字の恩恵」とは何ですか。同じ段落《だんらく》から十九字でさがし、初めと終わりの三字をぬき出しましょう。(10点)完答

□□□~□□□

(3) 【こそあど言葉】――線③は、どのようなことを指していますか。本文中の言葉を使って答えましょう。(20点)

( )

(4) 【つなぎ言葉】□に入る適切《てきせつ》な言葉を次から選び、記号で答えましょう。(10点)

ア だから　イ また　ウ しかし　エ では

( )

たいせつ

(5) 【筆者の意見】――線④とありますが、筆者はどんな点を「すばらしい」と感じていますか。それがわかる部分を本文中から十六字でさがし、初めの五字をぬき出しましょう。(10点)

□□□□□

(6) 【言葉の意味】――線⑤とありますが、「鳥肌が立つ」とはどういう状態《じょうたい》ですか。この説明として最も適切なものを次から選び、記号で答えましょう。(10点)

( )

ア おどろいてたおれそうになる状態。

イ うれしくて手を打って喜《よろこ》ぶ状態。

ウ 気味が悪くて口からものをはきそうになる状態。

エ 体に寒気が走って気持ちが悪くなる状態。

(7) 【内容の理解】――線⑥とありますが、「冗談」の部分を本文中からさがし、初めと終わりの四字をぬき出しましょう。(10点)完答

□□□□~□□□□

〔足立学園中―改〕

12 ずい筆を読む

復習《ふくしゅう》のポイント！

- 何について書かれた文か、話題をとらえます。
- 事実か意見かを区別します。
- 筆者の意見や言いたいことを読み取ります。

答え↓別さつ27ページ

〈時間〉20分　〈合格〉80点　〈得点〉　／100

月　日

1 次の文章を読んで、あとの問いに答えましょう。

中国へ行って、大学の中を案内してもらったことがあった。①図書館には学問の本が分類して並《なら》べてある。どのように分類されているかというと、中国で書かれた本、日本で書かれた本、欧米《おうべい》で書かれた本、というように分かれている。中国人に言わせると、中国で書かれた本は誰《だれ》でもわかる。欧米でできた本は語学を習わなくてはわからない。日本でできた本はその中間で、漢字をたどっていけば大体の意味はわかるそうだ。ただし助詞《じょし》と助動詞はわからないが、そこだけ文法を習えば、日本の学術的《がくじゅつてき》な本を読むのはやさしいという。これも②漢字の恩恵《*おんけい》である。

日本人もこの恩恵を受けている。私《わたし》たちが中国へ行って、デパートに入ると、どこが入り口でどこが出口かすぐわかる。出口の方は「出口」と書いてある。それに対して入る方は「進口」と書いてあるから、こっちが出口だな、こっちは入り口だろうと思う。手洗《てあら》いなどもわかりやすい。「男厠《おとこかわや》」、こう書いてあれば男性《だんせい》用。もっとも読み方は難《むずか》しい。日本語であれば「し」と読むのか。しかしどこが手洗いで、どっちが男性用かすぐにわかるのは非常《ひじょう》にありがたい。③これは漢字のおかげである。

［　　］、中国の唐《とう》の時代の詩、「国破《やぶ》れて山河《さんが》あり、城春にして草木《そうもく》深し」は、漢字ばかり並べてあるが、われわれがすぐに理解《りかい》できるというのも漢字の大きな力だと思う。これがもしローマ字か何かで書いてあるとしたら、全くわからないかもしれない。字を見ただけで意味がパッとわかる④漢字のすばらしさには何か神秘的《しんぴてき》なものさえ感じることがある。

ちょっと脱線《だっせん》するが三島由紀夫《みしまゆきお》という偉《えら》い小説家がいた。あの方は非常に嫌《きら》いなものがあって、カニが嫌いだった。宴会《えんかい》に行ってカニの料理が出ると、隣《となり》の人に「ちょっとこれを食べてくれないか」といちいち譲《ゆず》っていた。そういう人になると「蟹《かに》」という漢字を見ただけで⑤鳥肌《とりはだ》が立ったという。ある人が「あなたは勇ましい方で、カニなんか怖《こわ》がることはないと思いますが、どうしておいやなんですか」と聞いたら、「横に這《は》うところが気に入らない」と言う。「横に這ったっていいじゃないですか」、「イヤ、困《こま》

「本当だ。旅行は遠いわ」
「なに言ってるんだよ。おうえん、おうえん」
ぼくは、必死で旗をふった。『走れ！　ドジパパ』の文字をふった。
「無理しないで。やめてもいいのよ」
母さんが、そっと声をかけた。けど、父さんは強く首をふった。
そして、走りさっていった。
Bだけど、堂々《どうどう》と。
父さんのペースで、風をきって。

（赤羽《あかばね》じゅんこ「走れ！ドジパパ」）

(1)【場面をとらえる】この文章は、どのような場面ですか。次の（　）に入る適切《てきせつ》な言葉を答えましょう。（30点）一つ10

「ぼく」が（　　　）に出ているパパを（　　　）といっしょに（　　　）している場面。

(2)【慣用的《かんようてき》な表現《ひょうげん》】**A**に入る適切な言葉を、体の一部を表す漢字一字で書きましょう。（10点）

□

たいせつ

(3)【理由をとらえる】――線とありますが、その理由として最も適切なものを次から選び、記号で答えましょう。（20点）（　　）

ア　家族をグアム旅行に連れていけば、みんなに感謝《かんしゃ》してもらえると思ったから。
イ　走る姿《すがた》を子どもたちに見せることで、父親としてみとめてもらえると思ったから。
ウ　大変そうな姿を見たら、子どもたちがもうあまえてくることはないだろうと思ったから。
エ　いつも反こうしてくる子どもたちを、得意なマラソンで見返そうと思ったから。

(4)【様子をとらえる】**B**に入る言葉として最も適切なものを次から選び、記号で答えましょう。（20点）（　　）

ア　楽しげ　イ　悲しげ　ウ　苦しげ　エ　悔《くや》しげ

たいせつ

(5)【人物の気持ち】走る父さんを見て、「ぼく」はどのような気持ちになりましたか。最も適切なものを次から選び、記号で答えましょう。（20点）（　　）

ア　父さんのために姉弟《きょうだい》仲良くしていこうという気持ち。
イ　母さんとミキ姉の分もおうえんしようという気持ち。
ウ　無理をする父さんをなんとかあきらめさせたい気持ち。
エ　父さんの姿に胸《むね》を打たれ、父さんを思いやる気持ち。

11 物語を読む ②

1 **次の文章を読んで、あとの問いに答えましょう。**

ぼくたちは、街路樹《がいろじゅ》の木かげで父さんが走ってくるのを待っていた。ぼくはおうえんの旗を持ち、ミキ姉《ねえ》は、飲み水のボトルをわたす準備《じゅんび》をしている。

でも、先頭集団《しゅうだん》からだいぶたっても、父さんは現《あらわ》れない。つぎつぎと知らないランナーばかりが、通り過《す》ぎていく。

母さんが、ぼそっと言った。

「パパが、なんで走りだしたか、わかる?」

「グアム旅行のためじゃないの?」

ぼくとミキ姉は、[A]をそろえた。

「それもあるけど。でも、本当の理由はそうじゃないの。ミキもトシも、パパが優《やさ》しいからって、あまえて反こうばかりしてたでしょ。あれでも、けっこう傷《きず》ついていたのよ。それで、どうにかして『オヤジのいげん』を取りもどしたいって、そう思って決めたのよ」

「うそーっ。でも『オヤジのいげん』とマラソンって、関係ないじゃん」

ミキ姉が、首をかしげた。

「そこがパパなのよ。ほら、なにやっても不器用でしょ。それで、昔から得意《とくい》なマラソンしかないと思ったんじゃないの。あなたたちに見せるとしたら」

「ふーん。そうか」

「じゃ、ぼくらのために、走ってるんだ……」

ミキ姉とぼくは、顔を見合わせた。

優しくて気さくな父さんだから、つい、友だち感覚になっていた。父さんの気持ちなんて、全く気づかずに……。

「ねぇ、父さん。ずいぶんおくれてるよ」

ぼくはケイタイ電話で時間を確認《かくにん》した。通過《つうか》の予想タイムをだいぶすぎている。

「本当ね。だいじょうぶかしら」

「あっ、あそこ、パパよ」

ミキ姉が、背《せ》のびして指さした。

「父さん? どこ」

指さすほうを見て、ぼくは目を疑《うたが》った。すごく苦しそうに、あえぐように走る父さんがいたからだ。

「あーあ。完全にまいってるわね」

復習《ふくしゅう》のポイント!

- 場面(時・場所・登場人物)をとらえます。
- 人物の言動の理由を読み取ります。
- 場面ごとの人物の心情《しんじょう》の変化を読み取ります。

月　日

〈時間〉20分　〈合格〉80点　〈得点〉　/100

答え↓別さつ27ページ

母は顔をくしゃくしゃにし、□を細めた。修はうそを④つくのが少し後ろめたかったが、喜《よろこ》んでくれればいいやと思うのだった。
「おれ、テツオのところへ、遊びに行ってくら」
「ああ、行っといで。おそくなんないうちに帰るんだよ」
母はにこにこしながら、修の黒いユニフォーム姿に見入っていた。うそをついて居心地《いごこち》が悪かった。修は一目散に外に走り出た。

（森《もり》 詠《えい》「オサムの朝《あした》」）

＊上がりかまち＝玄関《げんかん》から一段《いちだん》高くなっているところ。
＊眉根を開く＝心配事がなくなり、晴れやかな表情《ひょうじょう》になる。

(1) 【内容《ないよう》の理解《りかい》】――線①は、だれが、どうやって作ったものですか。次の（　）に入る適切《てきせつ》な言葉を答えましょう。（30点）一つ15

（　　　）が（　　　）作ったもの。

(2) 【人物の気持ち】――線②とありますが、このときの「修」の気持ちがわかる言葉を、本文中から漢字四字でぬき出しましょう。（10点）

(3) 【出来事をとらえる】――線③とありますが、その様子を具体的に説明したひと続きの二文を本文中からさがし、初めの五字をぬき出しましょう。（10点）

(4) 【慣用的《かんようてき》な表現《ひょうげん》】□に入る適切な言葉を、漢字一字で書きましょう。（10点）

(5) 【内容の理解】――線④とありますが、どんなうそをついたのですか。次の（　）に入る適切な言葉を答えましょう。（30点）一つ15

体操の時間に（　　　）のに、みんなから（　　　）といわれたというそ。

(6) 【全体の流れをつかむ】本文の内容として最も適切なものを次から選び、記号で答えましょう。（10点）（　　）

ア 母は修が学校から帰ってくるのをうれしそうに待ち受けていた。
イ 修はうそがばれてはずかしく、急いで家から飛び出した。
ウ だれもが修のユニフォームをほめたわけではなかった。
エ 黒のユニフォームを着たら、ソフトボールが上手になっていた。

〔筑波大附属駒場中―改〕

10 物語を読む ①

復習《ふくしゅう》のポイント！
- 場面（時・場所・登場人物）をとらえます。
- 場面や人物の心情《しんじょう》の変化を読み取ります。
- 物語の主題を読み取ります。

月　日

〈時間〉20分　〈合格〉80点　〈得点〉　/100

答え↓別さつ27ページ

1 次の文章を読んで、あとの問いに答えましょう。

①黒のユニフォームを着た修《おさむ》は、②教室に入るとたちまちみんなの人気者になった。男の子たちは、修の周りに集まり、さまざまな批評《ひひょう》や感想を加えたが、修は気にならなかった。いち早く修の姿《すがた》を見た広瀬《ひろせ》先生が、母の作ったユニフォームと知ってほめてくれたからだった。女の子たちが自分のことをささやき合っているのも快《こころよ》かった。ろう下ですれちがう上級生や先生たちも、みんな修をふり返り、何かと声をかける。修は得意《とくい》満面だった。

午後の体操《たいそう》の時間は学級対抗《たいこう》のソフトボール試合だった。修はその日も正選手の人数が足りなかったので、レフトについた。修はユニフォームを着た分、身がひきしまり、上手になった気がしたが、③結果はさんざんだった。

その試合でレフトに飛んで来たフライは五球もあったが、いずれも修はボールをとれなかった。バッターに立っても打てず、三振《さんしん》とピッチャーゴロのノーヒットに終わった。

バッターボックスに立つたびに相手側から「黒バッタ」「黒バッタ」の野次《やじ》が飛び、上がってしまったせいもある。広瀬先生がにこやかにはげましてくれたことだけが修には唯一《ゆいいつ》の救《すく》いだった。

「ただいまッ」

ランドセルを＊上がりかまちに放り投げると、せんたく物をたたんでいた母が心配顔で修をむかえた。

「修、どうだった？　ユニフォーム」

「みんな、びっくりしてた。すごいって」

「よかった。馬鹿《ばか》にされたんじゃないかと思って心配してたわ」

母は＊眉根《まゆね》を開いた。

「みんなにからかわれたら、母さんが出ていってやるからね」

「そんなことなかったよ」

修は「黒バッタ」とからかわれたことはいうまいと思った。折角《せっかく》、夜なべして母が作ってくれたユニフォームだ。

「みんな、いってたよ。かっこいいって。母ちゃんにいって、おれみたいな黒のユニフォーム作ってもらうべって」

「そうかい、そうかい。友だちはみんなそういってたかい」

らい、農民や漁師《りょうし》、やる気のある者は、身分に関係なく仲間になれる。もし外国の軍艦がせめてくれば、買った船でたたかうこともできる。

小竜の話は、竜馬がなやんできたことすべてに、こたえるものでした。頭のもやもやが、□としました。

（横山充男《よこやまみつお》「おもしろくて　やくにたつ　子どもの伝記13　坂本《さかもと》竜馬」）

(1)【内容《ないよう》の理解《りかい》】――線①とありますが、竜馬がおしえてもらったことを次からすべて選び、記号で答えましょう。（20点）完答

（　　　）

ア　ヨーロッパの国ぐにが、日本を植民地にしようとしていること。
イ　アメリカの艦隊がすごい武器をもっていること。
ウ　イギリスの艦隊は、すぐれた科学知識をもっていること。
エ　ヨーロッパでは、大統領を選挙用紙で町民がえらぶこと。
オ　アメリカでは、農民や漁民でも、大統領になれること。

(2)【内容の理解】――線②とありますが、どのようなものですか。次の（　）に入る適切《てきせつ》な言葉を、本文中からぬき出しましょう。（15点）一つ5

国内や（　　　）で（　　　）をし、
（　　　）をみんなでわけあうもの。

たいせつ

(3)【意見の理由】――線③とありますが、竜馬がそう思った理由を、二つ答えましょう。（30点）一つ15

（　　　）
（　　　）

(4)【人物の気持ち】――線④とありますが、このときの小竜の気持ちとして最も適切なものを次から選び、記号で答えましょう。（10点）

（　　　）

ア　自分の知識を自まんする気持ち。
イ　竜馬のかしこさを、たのもしく思う気持ち。
ウ　竜馬の言葉にあきれる気持ち。

(5)【内容の理解】――線⑤とありますが、そのために、最初にするべきことは何ですか。次の（　）に入る適切な言葉を、本文中からぬき出しましょう。（15点）一つ5

（　　　）をつくり、（　　　）を買い、（　　　）をはじめること。

(6)【気持ちを表す言葉】□に入る最も適切な言葉を次から選び、記号で答えましょう。（10点）

（　　　）

ア　ぼんやり　イ　すっきり
ウ　いらいら　エ　はっきり

9 伝記を読む

復習《ふくしゅう》のポイント！

- 場面や中心人物をとらえます。
- すぐれた生き方や行いをつかみます。
- 人物の気持ちの変化をとらえます。

〈時間〉	〈合格〉	〈得点〉
20分	80点	/100

月　日

答え↓別さつ26ページ

1 **次の文章を読んで、あとの問いに答えましょう。**

それから河田小竜《かわだしょうりゅう》は、いっきにしゃべりだしました。竜《りょう》馬《ま》はその話におどろきました。①竜馬がしりたかったことを、ぜんぶおしえてくれたのです。

ヨーロッパの国ぐにが、インドやアジアを植民地にしていること。イギリスの艦隊《かんたい》が、どれほどすごい武器《ぶき》をもっているかということ。武器だけではない。大砲《たいほう》をつくる技《ぎ》術《じゅつ》や、天文気象《きしょう》などのすぐれた科学知識《ちしき》をもっていること。またアメリカでは、将軍《しょうぐん》(大統領《だいとうりょう》)を札《ふだ》(選挙用紙)で町民がえらぶこと。将軍には、農民でも漁民でも、だれでもなれることなどをはなしました。

土佐《とさ》では、さむらいは上士《じょうし》と下士《かし》にわけられています。どんなに優秀《ゆうしゅう》な者でも、下士はぜったいに上士にはなれません。竜馬の身分は郷士《ごうし》です。下士の一種でした。上士からは、いつもばかにされる身分です。

それが、アメリカでは、農民や町人でも将軍になれるというのです。国は天皇《てんのう》や将軍のものではなく、町民たちのものであること。また、②カンパニー(会社)というものがあり、もうけたお金をみんなでわけあうといいます。

「もうけたら、もうけたぶん、はたらいたら、はたらいたぶん、自分らのものになるがですか《(なるんですか)》。」

「だから、会社をつくり、外国にまででかけて商売をしよる《(している)》。」

「おんちゃん《(おじさん)》。そりゃ、③日本は勝てんがぞ《(勝てないですよ)》。やる気がちがうきに《(ちがうから)》。土佐だけをみても、上士じゃ下士じゃいうて、さむらいどうしでも仲がわるい。武士じゃ町人じゃいうて、身分にこりかたまっちゅう《(こりかたまっている)》。おんちゃん、アメリカには勝てんぜよ《(勝てないですよ)》。」

④小竜は深くうなずきました。それからまた話をつづけました。

⑤いまこそ日本がひとつになって、外国から身をまもらねばならないこと。そのためには、武士やら藩《はん》やらというものに、こだわっていてはいけないこと。まずすべきことは、カンパニーをつくり、外国の船を買い、運送業をはじめること。そうすれば航海術《こうかいじゅつ》も同時にまなぶことができること。運送業でもうけた金で、また船を買う。町人、さむ

4 **【意味をそえる言葉】次の各文の――線の言葉の意味として適切なものをあとから選び、記号で答えましょう。**（15点）一つ3

(1) 朝礼の時間に校長先生が話される。（　）

(2) この話ならぼくにも覚えられる。（　）

(3) わたしは毎朝母に起こされる。（　）

(4) 鈴木《すずき》さんが試合に出場される。（　）

(5) 台風で屋根がわらが飛ばされる。（　）

ア 受け身　**イ** 可能《かのう》　**ウ** 尊敬《そんけい》

5 **【つなぎ言葉】次の各文の□に入るつなぎ言葉をあとから選び、記号で答えましょう。**（12点）一つ3

(1) わたしはトマトが好きです。□、ピーマンはきらいです。（　）

(2) 妹は泣いた。□、ねこに引っかかれたからだ。（　）

(3) こちらの黄色いかさにしようか。□、向こうの赤いかさにしようか。（　）

(4) 雨がふってきた。□、かみなりまで鳴りだした。（　）

ア なぜなら　**イ** つまり　**ウ** それとも

エ けれども　**オ** だから　**カ** そのうえ

6 **【敬語】次の各文の――線の言葉を、適切な敬語に直して書きましょう。**（21点）一つ3

(1) 二時にお約束をしているお客様から先ほどお電話がありました。急用により、三時に来るそうです。（　）

(2) 健康管理についての話があります。保健《ほけん》の先生の言うことをよく聞くようにしてください。（　）

(3) ハイキングへのおさそいありがとうございました。兄が昨日はとても楽しかったと言っていました。（　）

(4) 先月近所にできたお店のケーキが、とてもおいしいと評判《ひょうばん》だったので、そのお店のケーキを買ってきました。ぜひ食べてください。（　）

(5) 絵画コンクールで校内にかざられた作品を、校長先生が見る。（　）

(6) お客様、何かおこまりですか。よろしければお話を聞きます。（　）

(7) おもしろそうなイベントですね。学校の友達にも教えてあげたいので、そのチラシをもらってもいいですか。（　）

8 言葉のきまり

復習《ふくしゅう》のポイント！

- 言葉の種類（十種類）を覚えます。
- 文中の言葉の意味や働きを理解《りかい》します。
- つなぎ言葉や敬語《けいご》の使い方に注意します。

〈時間〉20分　〈合格〉80点　〈得点〉　　/100

月　　日

1 ［言葉の種類］ **次の言葉の中から種類のちがうものを選び、記号で答えましょう。** （12点）一つ3

(1) ア 美しい　イ きれい　ウ 楽しい　エ 深い　（　　）

(2) ア 食べる　イ 読む　ウ 落ちる　エ 花見　（　　）

(3) ア 静かな　イ 大きな　ウ 確《たし》かな　エ はるかな　（　　）

(4) ア 悲しみ　イ 動き　ウ 受ける　エ 流れ　（　　）

たいせつ

2 ［決まった使い方の言葉］ **次の文の□に入る言葉をあとから選び、記号で答えましょう。** （12点）一つ4

(1) □雨がふったら、遠足は中止です。　（　　）

(2) 主役になるなんて□夢《ゆめ》のようだ。　（　　）

(3) □明日は晴れるだろう。　（　　）

ア まるで　イ もし　ウ まさか　エ たぶん　オ ぜひ

3 ［動詞《どうし》］ **例にならって、次の各文の（　）内の動詞を、文がうまくつながるように適切《てきせつ》な形に直して書きましょう。** （28点）一つ4

答え↓別さつ26ページ

例 どの本を（読む）うかな。　（ 読も ）

(1) 母がまだ買い物から（もどる）ない。　（　　）

(2) みなさん、大きな声で（歌う）ましょう。　（　　）

(3) 赤ちゃんがぐっすりと（ねむる）ている。　（　　）

(4) かれが（行く）たときにはお店はしまっていた。　（　　）

(5) 君もヨットを（作る）ばいいのに。　（　　）

(6) 山田さんがぽつりと（つぶやく）た。　（　　）

(7) にわとりやだちょうは（飛べる）ない鳥です。　（　　）

4 【主語・述語】次の各文の主語と述語を、それぞれ書きましょう。（12点）一つ3完答

(1) 祖母《そぼ》が 市場で しんせんな 野菜を 買った。

(2) 母の 作った 料理は とても おいしい。

(3) とても 美しい 満月が まどから 見える。

(4) 美しい むすめが 不思議な 布《ぬの》を 織《お》った。

(1) 主語（　　） 述語（　　）

(2) 主語（　　） 述語（　　）

(3) 主語（　　） 述語（　　）

(4) 主語（　　） 述語（　　）

5 【修飾語《しゅうしょくご》】次の〰〰線の言葉がくわしく説明している言葉を選び、記号で答えましょう。（10点）一つ2

(1) 庭で ア かわいい イ ひよこが ウ 鳴く。

(2) ア 公園に 白い イ もくれんの ウ 花が エ さいた。

(3) 羊の ア 群《む》れが イ 牧場で ウ 草を エ 食べる。

(4) ア 美しい イ 初日の出が 海から ウ のぼる。

(5) たぶん ア かれは イ 剣道《けんどう》の ウ 試合で エ ライバルに オ 勝つだろう。

(1)（　　） (2)（　　） (3)（　　） (4)（　　） (5)（　　）

6 【文の組み立て】例にならって、主語と述語に注意して、次の文の組み立てを□に書きましょう。（32点）一つ4

(例) 大きな 船が ゆっくりと 近づく。

(1) 山々に 初雪が おとずれるのは 十一月末である。

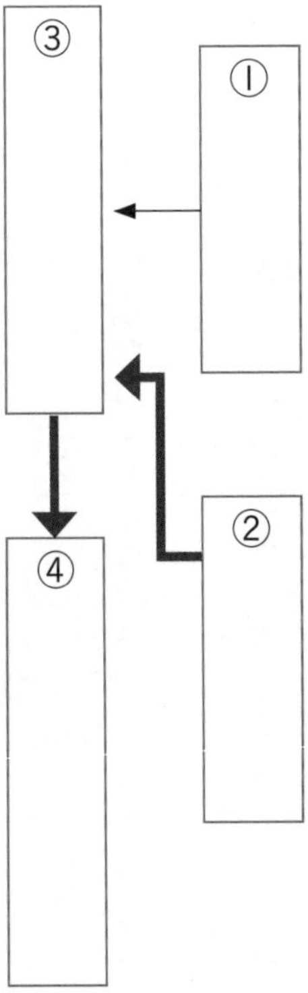

(2) 弟は めずらしい 本を もらった。

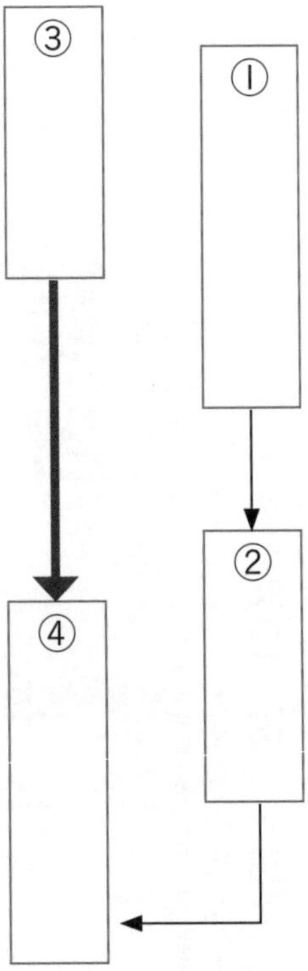

7 文のきまり

復習《ふくしゅう》のポイント！

・文の種類、文の型《かた》、文の組み立てを理解《りかい》します。
・主語・述語《じゅつご》・修飾語《しゅうしょくご》を正しくとらえます。

〈時間〉20分　〈合格〉80点　〈得点〉　／100

月　日

答え↓別さつ25ページ

1 【同じ種類の文】**次の各文の種類と文の種類が同じものをあとから選び、記号で答えましょう。**（9点）一つ3

(1) 母が歌い、姉がおどる。（　）

(2) これは、父がとった写真です。（　）

(3) 中学生の兄は学級委員です。（　）

ア 花がさく。（単文）
イ 兄は山へ行き、弟は海へ行った。（重文）
ウ わたしが植えた花がさいた。（複文《ふくぶん》）

2 【文の型《かた》】**次の各文の型をあとから選び、記号で答えましょう。**（10点）一つ2

(1) 弟が犬を追いかける。（　）

(2) あの店のケーキはとてもおいしい。（　）

(3) 庭のチューリップがきれいにさいた。（　）

(4) ぼくは来年、六年生だ。（　）

(5) 姉の花よめ姿《すがた》はとても美しかった。（　）

ア 何が—どうする　**イ** 何が—どんなだ
ウ 何が—何だ

3 【文の種類】**次の各文の種類として適切《てきせつ》なものをあとから選び、記号で答えましょう。**（27点）一つ3

(1) なぜ君は出発しないのですか。（　）

(2) なんて美しい夕焼けだろう。（　）

(3) この部屋から今すぐ出て行け。（　）

(4) わたしは先生を駅で見かけた。（　）

(5) こんなところで何をしているの。（　）

(6) 母が帰ってくるまでに、宿題を終わらせる。（　）

(7) なるほど、君の考えはすばらしいね。（　）

(8) そんなにかんたんにあきらめるな。（　）

(9) 図書館ではむだな私語《しご》をつつしみなさい。（　）

ア ふつうの言い方の文
イ 相手にたずねる言い方の文
ウ 相手に命令する言い方の文
エ 感動の気持ちを表す文

3 [似《に》た意味のことわざ] 次のことわざと似た意味のことわざをあとから選び、記号で答えましょう。（27点）一つ3

(1) 月とすっぽん（　）

(2) さるも木から落ちる（　）

(3) 泣きっ面《つら》にはち（　）

(4) 待てば海路の日和《ひより》あり（　）

(5) 三つ子のたましい百まで（　）

(6) ぬかにくぎ（　）

(7) かえるの子はかえる（　）

(8) 念には念を入れよ（　）

(9) ねこに小判《こばん》（　）

ア 取らぬたぬきの皮算用

イ とうふにかすがい

ウ ぶたにしんじゅ

エ うりのつるになすびはならぬ

オ 弘法《こうぼう》にも筆のあやまり

カ すずめ百までおどりわすれず

キ 果報《かほう》は寝《ね》て待て

ク ちょうちんにつりがね

ケ 弱り目にたたり目

コ 石橋をたたいてわたる

4 [慣用句の使い方] 次の□に入る慣用句をあとから選び、適切《てきせつ》な形に直して書きましょう。（28点）一つ4

(1) 学校から帰ってくる間に□て、お母さんにしかられた。（　）

(2) この前のテストの点がよかったからと□ていたら、大変な目にあうよ。（　）

(3) 先生に気に入られていることを□て、弟はえらそうな態度をとっている。（　）

(4) 宿題もせずに遊びほうけていたので、妹はお父さんにこってり□れた。（　）

(5) かれは販売員《はんばいいん》の□せられて、高級車を買わされた。（　）

(6) いつまでも□ていないで、早く宿題に取りかかりなさい。（　）

(7) ひきょうな手を使ってでも試合に勝とうとするなんて、スポーツマンの□やつだ。（　）

油を売る　すみに置けない
口車に乗る　道草を食う
油をしぼる　風上にも置けない
高をくくる　かさに着る

6 慣用句《かんようく》・ことわざ

復習《ふくしゅう》のポイント！

・慣用句の特別な言い回しに慣《な》れ、意味・用法を覚えます。
・ことわざの意味・用法を覚えます。

月　日

〈時間〉20分　〈合格〉80点　〈得点〉　/100

答え↓別さつ25ページ

1 [体の一部を使った慣用句《かんようく》] **次の□に入る言葉をあとから選び、漢字に直して書きましょう。** (21点)一つ3

(1) □にかける【自まんする。】
(2) □が出る【予算以上に使う。】
(3) □が軽い【何でも軽々しくしゃべる。】
(4) □がいたい【聞くのがつらい。】
(5) □が回る【とてもいそがしい。】
(6) □を切る【関係を清算する。】
(7) □をつぶす【はじをかかせる。】

カオ　ハナ　メ　アタマ
アシ　ミミ　テ　クチ

たいせつ

2 [慣用句の意味] **次の慣用句の意味をあとから選び、記号で答えましょう。** (24点)一つ3

(1) かぶとをぬぐ
(2) さじを投げる
(3) 耳をかたむける
(4) きもを冷やす
(5) かたを落とす
(6) 折り紙をつける
(7) 手のひらを返す
(8) 鼻をあかす

ア だいじょうぶだと保証《ほしょう》すること。
イ ひどくびっくりすること。
ウ 知らない間に出しぬいて、あっと言わせること。
エ 注意してよく聞くこと。
オ こうさんすること。
カ それまでの態度《たいど》をがらりと変えること。
キ ひどくがっかりすること。
ク 見こみがないとあきらめること。

3 【日本語の分類】 **次の言葉の種類をあとから選び、記号で答えましょう。**（20点）一つ2

(1) 森林（　　）　(2) グループ（　　）
(3) なみだ（　　）　(4) 衛星《えいせい》（　　）
(5) ゼリー（　　）　(6) 子犬（　　）
(7) 草花（　　）　(8) 銅像《どうぞう》（　　）
(9) ピエロ（　　）　(10) 選手（　　）

ア 和語　**イ** 漢語　**ウ** 外来語

たいせつ

4 【同じ意味の言葉】 **例にならって、次の（　）にあてはまる言葉を書きましょう。**（20点）一つ4

(例) 始める―開始―（スタート）
(1) 昼飯―（　　）―ランチ
(2) （　　）―友人―フレンド
(3) 果物―果実―（　　）
(4) （　　）―速度―スピード
(5) 宿屋―（　　）―ホテル

5 【外来語】 **次の説明にあてはまる外来語をあとから選び、記号で答えましょう。**（10点）一つ2

(1) もめごと。故障《こしょう》。（　　）
(2) 乗用車の後部にある荷物入れ。（　　）
(3) スポーツで、予選の試合。（　　）
(4) 農作業などに使う作業用自動車。（　　）
(5) 鋼鉄棒《こうてつぼう》を三角形に曲げて作った打楽器。（　　）

ア トライアル　**イ** トライアングル
ウ トラクター　**エ** トラブル
オ トランク

6 【複合語《ふくごうご》】 **次の言葉の成り立ちをあとから選び、記号で答えましょう。**（10点）一つ2

(1) 紙飛行機（　　）
(2) 東アジア（　　）
(3) 限定《げんてい》公開（　　）
(4) パソコン教室（　　）
(5) 型破《かたやぶ》り（　　）

ア 外来語＋漢語　**イ** 漢語＋漢語
ウ 和語＋漢語　**エ** 和語＋外来語
オ 和語＋和語

5 和語・漢語・外来語・複合《ふくごう》語《ご》

復習《ふくしゅう》のポイント！

・言葉の意味を、文章の前後から正しくとらえられるようにします。
・和語・漢語・外来語・複合語を適切《てきせつ》に使い分けます。

〈時間〉20分	〈合格〉80点	月　日
〈得点〉	/100	

答え↓別さつ24ページ

1 〔日本語の種類〕 **次の文の□に入る言葉をあとから選び、記号で答えましょう。**（12点）一つ2

・和語……日本でもともと使われていた言葉で［①］ともいわれています。［②］や漢字の［③］で表し、耳で聞いてもわかりやすく、やわらかい感じになります。　㊞ 調べる

・漢語……昔、［④］から日本に入ってきた言葉が中心ですが、日本で漢字を組み合わせて作ったものもあります。漢字の［⑤］で表した言葉で、多くは改まった場面や書き言葉として使われます。　㊞ 調査《ちょうさ》

・外来語…［④］以外の外国から日本に入ってきた言葉で、［⑥］で表します。㊞ リサーチ

ア かたかな　**イ** アメリカ　**ウ** 音読み
エ お国言葉　**オ** 大和《やまと》言葉　**カ** 中国
キ 訓読み　**ク** ひらがな

①（　　）②（　　）③（　　）
④（　　）⑤（　　）⑥（　　）

たいせつ

2 〔和語・漢語〕 **例にならって、次の——線の漢語を和語に直して書きましょう。**（28点）一つ4

㊞ くわしい説明は省略《しょうりゃく》します。（　省く　）

(1) 姉はかぜをひいて学校を欠席した。（　　）
(2) 学級会で新しい規則《きそく》が決定された。（　　）
(3) これは姉といっしょに作成した計画書です。（　　）
(4) パソコンを使用して文書をまとめる。（　　）
(5) 温水の出るじゃ口をひねる。（　　）
(6) 体育館で国旗をかかげる。（　　）
(7) 書類に名前と住所を記入する。（　　）

3 〔筆順〕次の漢字の筆順の正しいほうを選び、記号で答えましょう。（10点）一つ2

(1) 率　ア 亠 亠 泫 泫 泫 率　イ 亠 玄 泫 泫 泫 率（　）
(2) 複　ア ラ ネ ネ 衤 袙 複　イ ラ ネ ネ 衤 袙 複（　）
(3) 武　ア 二 弋 弋 武 武 武　イ 丅 下 正 正 武 武（　）
(4) 興　ア 同 侗 侗 侗 興 興　イ 丬 侗 侗 侗 興 興（　）
(5) 報　ア 土 圭 幸 幸 報 報　イ 土 圭 幸 幸 報 報（　）

4 〔画数〕次の漢字の赤い部分は、何画目に書きますか。数字で書きましょう。（12点）一つ2

(1) 罪（　）
(2) 性（　）
(3) 版（　）
(4) 布（　）
(5) 状（　）
(6) 織（　）

5 〔総画数《そうかくすう》〕次の漢字の総画数を、数字で書きましょう。（12点）一つ2

(1) 酸（　）
(2) 潔（　）
(3) 輪（　）
(4) 暴（　）
(5) 慣（　）
(6) 過（　）

たいせつ

6 〔部首名・総画数〕例にならって、次の漢字の部首名と総画数を書きましょう。また、その漢字を使った熟語《じゅくご》も書きましょう。（36点）一つ3

漢字	部首名	総画数	熟語
例 電	あめかんむり	13	電気
(1) 移			
(2) 則			
(3) 団			
(4) 益			

4 部首・筆順・画数

復習《ふくしゅう》のポイント！

- 部首には、へん・つくり・かんむり・たれ・にょう・あし・かまえの七種類があります。
- 筆順を覚えて漢字をバランスよく書きます。

〈時間〉20分 〈合格〉80点 〈得点〉　　/100

月　日

答え↓別さつ24ページ

1 〔部首の種類と部首名〕**次の漢字に共通する部首の種類と部首名を、それぞれあとから選び、部首の種類は（　）に、部首名は〔　〕に記号で答えましょう。**（10点）一つ2完答

(1) 賛・貸・貧　部首の種類（　）　部首名〔　〕

(2) 迷・適・造　部首の種類（　）　部首名〔　〕

(3) 限・際・険　部首の種類（　）　部首名〔　〕

(4) 術・衛・街　部首の種類（　）　部首名〔　〕

(5) 庫・序・康　部首の種類（　）　部首名〔　〕

【部首の種類】

ア へん　**イ** つくり　**ウ** かまえ　**エ** たれ

オ あし　**カ** にょう　**キ** かんむり

【部　首　名】

ク まだれ　**ケ** こざとへん　**コ** おおざと

サ かい・こがい　**シ** しんにょう　**ス** ぎょうがまえ

たいせつ

2 〔部首〕**次の部首をもつ漢字になるよう、適切《てきせつ》な部分をあとから選び、□に書きましょう。**（20点）一つ2

(1) さんずい　① □《えき》体　② □《げん》少

(2) てへん　① □《しょう》待　② □《てい》出

(3) こころ　① □《たい》勢　② □《し》願

(4) おおがい　① □《りょう》土　② 金□《がく》

(5) しかばね　① 住□《きょ》　② 金□《ぞく》

禹　是　能　古　召

客　夜　咸　士　令

4 〔形声文字〕 **例にならって、次の漢字の意味を表す部分を（　）に、音を表す部分とその音を〔　〕に書きましょう。** （20点）一つ4完答

㊐ 飯（飠）〔反・はん〕

(1) 銅（　）〔　・　〕

(2) 管（　）〔　・　〕

(3) 製（　）〔　・　〕

(4) 速（　）〔　・　〕

(5) 校（　）〔　・　〕

たいせつ

5 〔会意文字〕 **次の漢字は、どのような漢字を組み合わせてできたものですか。例にならって書きましょう。** （18点）一つ3完答

㊐ 休（人）＋（木）

(1) 念（　）＋（　）

(2) 柱（　）＋（　）

(3) 美（　）＋（　）

(4) 息（　）＋（　）

(5) 員（　）＋（　）

(6) 森（　）＋（　）＋（　）

---

6 〔象形文字・指事文字〕 **次の説明にあてはまる漢字を、あとの□に書きましょう。** （14点）一つ2

(1) 大きなおのの形をかいた字。「最もすぐれているもの、おうさま」の意味を表す。

(2) 地上にまっすぐたてたぼうの形をかいた字。「男、さむらい、資格《しかく》をもった人」などの意味を表す。

(3) ちいさい点を三つかいた字。「ちいさい、こまかい」の意味を表す。

(4) どくへびの形をかいた字。「はちゅうるい、こんちゅうるい」などの生き物を表す。

(5) 人が正面を向いてたっている形をかいた字。「たつ、なりたつ」の意味を表す。

(6) ものがぐるぐるとまわる様子をかいた字。「まわり、まわす、かえる」の意味を表す。

(7) 牛や羊のつのの生え始めの形をかいた字。「つの、かど、かくど」の意味を表す。

(1) □　(2) □　(3) □　(4) □

(5) □　(6) □　(7) □

3 漢字の成り立ち

復習《ふくしゅう》のポイント！

- 漢字は主に、「象形《しょうけい》文字」「指事文字」「会意文字」「形声文字」の四種類に分けられます。
- 漢字でいちばん多いのは「形声文字」です。

月　日

〈時間〉20分　〈合格〉80点　〈得点〉　/100

答え→別さつ24ページ

たいせつ

1 〔漢字の成り立ち〕**次の表の（　）に入る適切《てきせつ》な言葉をあとから選び、記号で答えましょう。**（12点）一つ3

種類	成り立ち	例
象形《しょうけい》文字	（①）の形をかたどったもの。	手・魚
指事文字	形で表せないものを（②）で表したもの。	天・三
会意文字	二つ以上の文字を組み合わせ、新しい意味を表したもの。	（③）
形声文字	意味を表す部分と読みを表す部分を組み合わせたもの。	（④）

ア 点や線　**イ** 明・畑
ウ 星・河　**エ** もの

①（　　）②（　　）③（　　）④（　　）

2 〔漢字の分類〕**次の漢字の成り立ちをあとから選び、記号で答えましょう。**（24点）一つ3

(1) 山（　　）　(2) 下（　　）
(3) 洋（　　）　(4) 林（　　）
(5) 鳴（　　）　(6) 犬（　　）
(7) 本（　　）　(8) 持（　　）

ア 象形文字　**イ** 指事文字
ウ 会意文字　**エ** 形声文字

3 〔漢字の分類〕**漢字の成り立ちがほかとはちがっているものを一つ選び、記号で答えましょう。**（12点）一つ3

(1) **ア** 七　**イ** 利　**ウ** 男　**エ** 婦（　　）
(2) **ア** 一　**イ** 上　**ウ** 末　**エ** 馬（　　）
(3) **ア** 岩　**イ** 初　**ウ** 町　**エ** 法（　　）
(4) **ア** 安　**イ** 羊　**ウ** 羽　**エ** 魚（　　）

3 〔同訓異字《いじ》・同音異義語《いぎご》〕 **次の――線のかたかなを漢字に直したものとして正しいほうを選び、記号で答えましょう。** （18点）一つ3

(1) 科学についてのアツイ｛**ア** 暑い　**イ** 厚い｝本。

(2) 学業をオサメル｛**ア** 修める　**イ** 治める｝。

(3) クマがすがたをアラワス｛**ア** 現す　**イ** 表す｝。

(4) 本人だとショウメイ｛**ア** 照明　**イ** 証明｝する。

(5) サイシン｛**ア** 細心　**イ** 最新｝の注意をはらう。

(6) とびらをカイホウ｛**ア** 解放　**イ** 開放｝する。

たいせつ

4 〔まちがえやすい送りがなの漢字〕 **次の――線のかたかなを、漢字と送りがな（ひらがな）に直して書きましょう。** （40点）一つ4

(1) 荷物をすみにヨセル。

(2) 真相をタシカメル。

(3) ケワシイ道のりを進む。

(4) このテストはヤサシイ。

(5) 満点を取ってヨロコブ。

(6) 助走でイキオイをつける。

(7) 川の流れにサカラウ。

(8) 楽しい時間をスゴス。

(9) 田畑をタガヤス。

(10) ココロヨイ音色が聞こえる。

2 漢字の書き

1 【漢字の書き方】次の□に漢字を書きましょう。（24点）一つ3

(1) 祖父《そふ》は胃薬《いぐすり》を□《じょうび》している。

(2) かれは□《ほうふ》な知識《ちしき》をもっている。

(3) 説明を□《しょうりゃく》する。

(4) びんの□《ようりょう》をはかる。

(5) きびしく□《しどう》する。

(6) この話は□《よだん》だ。

(7) □《どくだん》で決める。

(8) 失敗の□《げんいん》をさぐる。

2 【熟語《じゅくご》】例にならって、次の□に共通して入る漢字を書いて、二字の熟語を作りましょう。（18点）一つ2

例 意—見《けん》—学

(1) 弁《べん》—□《とう》—然

(2) 着—□《じつ》—現《げん》

(3) 好—□《ひょう》—判《ばん》

(4) 武《ぶ》—□《き》—用

(5) 格《かく》—□《げん》—動

(6) 衛《えい》—□《せい》—存《ぞん》

(7) 報《ほう》—□《こく》—白

(8) 可《か》—□《けつ》—意

(9) 質《しつ》—□《もん》—題

復習《ふくしゅう》のポイント！

- 文章の意味を考えて、正しい漢字が書けるようにします。
- 同じ読み方の漢字に気をつけます。

答え➡別さつ23ページ

〈時間〉20分　〈合格〉80点　〈得点〉　/100

月　日

3 【まちがえやすい読み方】**次の漢字の読み方のうち、正しいほうをそれぞれ選び、記号で答えましょう。**（24点）一つ3

(1) 布地　**ア** ぬのじ　**イ** ふじ

(2) 文化財　**ア** ぶんかさい　**イ** ぶんかざい

(3) 燃料　**ア** ねんりょう　**イ** ねんしょう

(4) 暴走　**ア** ぼうそう　**イ** ばくそう

(5) 復興　**ア** ふっきょう　**イ** ふっこう

(6) 寄付　**ア** きふ　**イ** よふ

(7) 安易　**ア** あんえき　**イ** あんい

(8) 居住　**ア** いじゅう　**イ** きょじゅう

4 【同じ読み方】**次の――線の漢字と同じ読み方をするものをそれぞれ選び、記号で答えましょう。**（20点）一つ4

(1) 出張　**ア** 昼食　**イ** 定規　**ウ** 貯金　**エ** 帳面

(2) 仮面　**ア** 通過　**イ** 発芽　**ウ** 画家　**エ** 祝賀

(3) 検査　**ア** 限度　**イ** 結果　**ウ** 実験　**エ** 直径

(4) 講堂　**ア** 構図　**イ** 告白　**ウ** 号令　**エ** 故意

(5) 夢想　**ア** 不備　**イ** 事務　**ウ** 無事　**エ** 主婦

せたつい

5 【特別な読み方】**次の――線の漢字の読み方を書きましょう。**（12点）一つ4

(1) 河原で水遊びをする。

(2) 兄は眼鏡をかけている。

(3) 妹が迷子になる。

1 漢字の読み

復習《ふくしゅう》のポイント！

- 複数《ふくすう》の読み方をもつ漢字に気をつけます。
- 送りがなのついた漢字を読み分けます。
- 特別な読み方の漢字（熟字訓《じゅくじくん》）に気をつけます。

〈時間〉20分　〈合格〉80点　〈得点〉　/100　　月　日

答え↓別さつ23ページ

1　【漢字の読み方】**次の——線の漢字の読み方を書きましょう。**（32点）一つ4

(1) 運賃《うんちん》を精算する。

(2) 天気がいいので毛布をほす。

(3) 現在《げんざい》の心境を語る。

(4) 温暖化《おんだんか》で氷河が消える。

(5) 大きな旅館を営む。

(6) この問題は易しい。

(7) 海から快い風がふく。

(8) 険しい山を登る。

2　【いろいろな読み方】**次の——線の漢字の読み方を書きましょう。**（12点）一つ2

(1)
① 長い間、家を留守にする。
② 返事を保留する。

(2)
① 雑木林を通りぬける。
② 複雑なもようをえがく。

(3)
① 秋になると食欲《しょくよく》が増す。
② 体重が増える。

5年 国語

はじめに

文章を読み取るためには，話の流れをつかむことが大切です。たとえば物語を読むときは出来事と登場人物の気持ちの動きをおさえ，説明文を読むときはつなぎ言葉やこそあど言葉などを一つ一つおさえながら読み進めます。特につなぎ言葉は，その言葉だけで文のつながりや文章の流れがどうなるのかを示《しめ》すので，重要です。これらに注意して，文章を読み取る練習を積み重ね，国語の力を身につけていきます。

答え

英語

4～5ページ

1 自こしょうかいをしよう！

1 (1) tennis (2) baseball
(3) volleyball

2 (1) I am Mike.
(2) Nice to meet you.
(3) My name is Eri.
(4) Nice to meet you, too .

3 (1) What sport do you like?
(2) I like basketball.

4 (1) I am Judy.
(2) My name is Eisuke.
(3) Nice to meet you .
(4) What sport do you like ?
(5) I like volleyball .

考え方

1 「テニス」は tennis, 「野球」は baseball, 「バレーボール」は volleyball と書きます。

2 「わたしは～です」と言うときは I am ～. を使います。自分の名前を伝えるときは My name is のあとに名前を続けます。「はじめまして」は Nice to meet you. と言います。
「こちらこそ，はじめまして」は Nice to meet you, too. と言います。

ここに注意！ 人の名前はいつも大文字で始めます。

3 「何のスポーツ」とたずねるときは What sport を使います。好きなものを伝えるときは I like のあとに好きなものを続けます。

6～7ページ

2 たん生日をたずねてみよう！

1 (1) January (2) March
(3) June (4) October

2 (1) When is your birthday ?
(2) My birthday is May 2nd.

3 (1) What do you want for your birthday?
(2) I want a bag.

4 (1) When is your birthday ?
(2) My birthday is December 27th.
(3) What do you want for your birthday?
(4) I want a book .

考え方

1 「1月」は January, 「3月」は March, 「6月」は June, 「10月」は October と書きます。

ここに注意！ 月を表すことばは大文字で始めます。

2 「いつ」とたずねるときは When を使います。自分のたん生日を伝えるときは My birthday is のあとにたん生日を続けます。

3 「何」とたずねるときは What を使います。ほしいものを伝えるときは I want のあとにほしいものを続けます。

ひっぱると，はずして使えます。

8～9ページ

3 1日の生活についてたずねてみよう！

1 (1) eat breakfast (2) go to school
(3) study English
(4) take a bath

2 (1) Do you have math on Monday?
(2) Yes, I do.
(3) No, I don't.

3 (1) What time do you get up?
(2) I usually get up at seven.

4 (1) Do you have English on Tuesday?
(2) No, I don't.
(3) What time do you go to bed?
(4) I usually go to bed at ten.

考え方

1 「朝食を食べる」は eat breakfast, 「学校へ行く」は go to school, 「英語を勉強する」は study English, 「風ろに入る」は take a bath と書きます。

2 「あなたは～を持っていますか〔～がありますか〕」とたずねるときは Do you have ～？を使います。答えるときは，Yes, I do. または No, I don't. と言います。

3 「何時」とたずねるときは What time を使います。「～時に」と時こくを伝えるときは数字を表す単語の前に at をつけます。

10～11ページ

4 できること，できないことをたずねてみよう！

1 (1) sing well (2) run fast
(3) swim fast

2 (1) I can't ride a bike.
(2) I can jump high.
(3) I can play tennis well.

3 (1) Can you play the piano?
(2) Yes, I can.
(3) No, I can't.

4 (1) I can speak English.
(2) I can't play baseball.
(3) Can you dance well?
(4) Yes, I can.
(5) No, I can't.

考え方

1 「上手に歌う」は sing well, 「はやく走る」は run fast,「はやく泳ぐ」はswim fastと書きます。

2 「～することができる」と言うときは I can ～.,「～することができない」と言うときは I can't[cannot] ～. を使います。それぞれの絵がどちらの状《じょう》きょうを表しているかを判断《はんだん》しましょう。

3 「～することができますか」とたずねたいときは Can you ～？と言います。答えるときは，Yes, I can. または No, I can't[cannot]. と言います。

12～13ページ

5 どこに行きたいかたずねてみよう！

1 (1) park (2) restaurant
(3) library (4) station

2 (1) Where do you want to go?
(2) I want to go to Australia.

3 (1) Where is your cap?
(2) It's on the bed.

4 (1) Where do you want to go?

(2) I want to go to the bookstore.

(3) Where is the book?

(4) It's under the table.

考え方

1 「公園」は park,「レストラン」は restaurant,「図書館」は library, 「駅」は station と書きます。

2 行きたい場所をたずねるときは Where do you want to go? と言います。答えるときは I want to go to ～. を使います。

3 ものの場所をたずねたいときは Where is ～? と言います。答えるときは, on ～「～の上に」や under ～「～の下に」などの, 場所を表すことばを使います。

14～16ページ

6 仕上げテスト

1

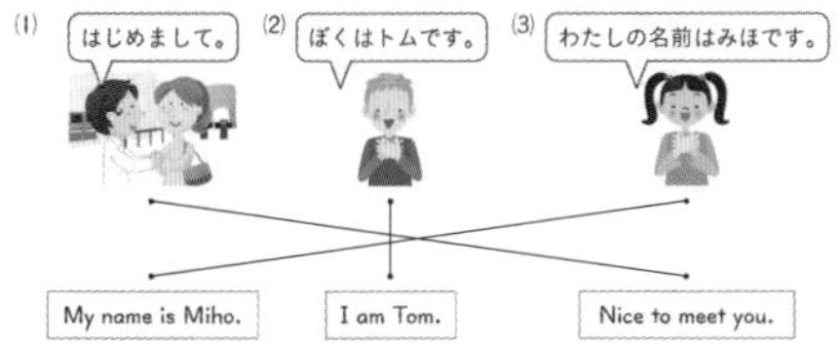

2 (1) When is your birthday?

(2) My birthday is March 5th.

(3) What do you want for your birthday?

3 (1) Do you have science on Monday?

(2) No, I don't.

(3) What time do you get up?

4 できること：play basketball, run fast (順不同)

できないこと：play soccer, swim (順不同)

5 (1) What sport do you like?

(2) I like tennis.

6 (1) Where is the book?

— It's on the desk.

(2) Where is the ball?

— It's under the table.

考え方

1 「はじめまして」は Nice to meet you.,「わたしは～です」は I am[I'm] ～.,「わたしの名前は～です」は My name is ～. と言います。

2 「いつ」とたずねるときは When を使います。「3月」は March。月の名前は必ず大文字で始めます。「あなたは～に何がほしいですか」は What do you want for ～? と言います。

3 Do you ～? でたずねられたときは Yes, I do. や No, I don't. と答えます。「何時に」は What time と言います。

4 「～することができる」と言うときは I can ～.,「～することができない」と言うときは I can't[cannot] ～. を使います。絵のせりふの中の can, can't に続く語《ご》句《く》をそれぞれ確《かく》にんしましょう。

5 「何の～が好きですか」とたずねたいときは What ～ do you like? と言います。答えるときは I like ～. と, 具体的に好きなものを伝えます。

6 「どこ」とたずねたいときは Where を使います。「～の上に」は on ～,「～の下に」は under ～を使います。

算数

18～19ページ

1 小数のかけ算

1 (1)4.5 (2)25.6 (3)170.2

2 (1)5.44 (2)13.72 (3)42.25
(4)63.08 (5)1.44 (6)1.645

3 (1)9.1 (2)32.4 (3)2
(4)0.76 (5)0.78 (6)0.07

4 (1)81kg (2)4.5倍

5 (1)22.78cm² (2)7.84m²

6 **イ，エ**

7 36kg

解き方

1 (1)積の小数点は，かけられる数とかける数の小数点の右にあるけた数の和だけ，右から数えてうちます。

```
    9  ←0けた
× 0.5  ←1けた
  4.5  ←1けた
```

2 (1)かけられる数とかける数の小数点の右にあるけた数はともに1けただから，積の小数点は右から2つ数えてうちます。

```
   1.7  ←1けた
×  3.2  ←1けた
   3 4
 5 1
 5.4 4  ←2けた
```

3 積の小数点より右のはしの0は，消しておきます。

ここに注意！ (4)76の小数点は左へ2けた移《うつ》るから，.76となります。このとき，一の位を表す0をつけわすれないようにしましょう。

```
   3.8
× 0.2
 0.7 6
```

4 (1)45×1.8＝81
(2)妹の体重　45×0.4＝18
81÷18＝4.5

5 (1)6.7×3.4＝22.78
(2)2.8×2.8＝7.84

6 1より小さい数をかけると，積はかけられる数より小さくなります。

7 4.8×7.5＝36

20～21ページ

2 小数のわり算

1 (1)8 (2)35 (3)45

2 (1)6 (2)9 (3)14 (4)23 (5)38
(6)720

3 (1)3.5 (2)93.5 (3)0.75 (4)0.25

4 (1)5.2 (2)3.5

5 (1)3余《あま》り6.2 (2)21余り0.3

6 **ア，エ**

7 (1)2.4m (2)0.42kg

解き方

1 (1)わられる数に，0をつけたして計算します。

```
         8
4.5)3 6 0
    3 6 0
        0
```

2 わる数とわられる数の小数点を同じ数だけ右に移し，わる数を整数になおしてから計算します。

3 0をつけたして，計算しつづけます。

4 (1)4.7÷0.9＝5.22…→5.2
(2)8÷2.3＝3.47…→3.5

5 (1)余りの小数点は，わられる数のもとの小数点と同じ位置にうちます。

```
            3
     8.6)3 2.0
         2 5 8
余り……    6.2
```

6 1より小さい数でわると，商はわられる数より大きくなります。

7 (1)8.4÷3.5＝2.4
(2)3.5÷8.4＝0.416…→0.42

22～23ページ

3 整数の性質

1 (1)1243 (2)4312

2 (1)5，10，15 (2)13，26，39
(3)25，50，75

3 (1)1，2，4，8
(2)1，2，3，6，9，18
(3)1，3，5，9，15，45

4 (1)28，56，84 (2)72，144，216
(3)24，48，72

5 (1)45 (2)56 (3)90 (4)78 (5)84
(6)90

6 (1)1，2 (2)1，2，3，4，6，12
(3)1，2，3，6

7 (1)3　(2)15　(3)13　(4)14　(5)18
(6)8
8 12個《こ》
9 (1)午前8時30分　(2)5回
10 36人

解き方

1 一の位の数字が偶数《ぐうすう》であれば偶数，奇数《きすう》であれば奇数になります。
2 倍数というときには，0の倍数や，0倍は考えないことにします。
4 大きい数の倍数が小さい数の倍数になるかどうかを調べます。
5 公倍数のうち，最も小さい数を，最小公倍数といいます。
6 小さい数の約数が大きい数の約数になるかどうかを調べます。
7 公約数のうち，最も大きい数を，最大公約数といいます。
8 150÷12の商の整数部分を求めます。
9 15と18の最小公倍数は90なので，Ｂ町行きのバスとＣ町行きのバスは90分ごとに同時に発車します。
10 人数は，144と180の最大公約数36(人)となります。

24～25ページ

4 合同な図形

1 **ウ，エ，カ**
2 (1)頂点《ちょうてん》E　(2)辺GH　(3)75°
(4)6cm
3 (1)**ア**　(2)**イ**
4 (1)**ア，ウ，エ，オ**　(2)**ウ，エ**
5

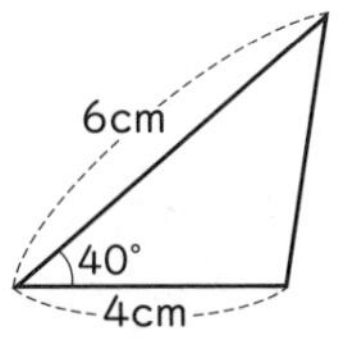

解き方

1 形や大きさが同じで，ずらしたりまわしたりうら返しにして，ぴったり重ね合わせることのできる2つの図形は，合同であるといいます。
2 2つの合同な図形で，重なり合う頂点，辺，角を，それぞれ対応《たいおう》する頂点，対応する辺，対応する角といいます。合同な図形では，対応する辺の長さは等しく，対応する角の大きさも等しくなっています。
3 (1)は角Aの大きさか，辺BCの長さがわかれば合同な三角形がかけます。(2)は角Cの大きさか，辺ABの長さがわかれば合同な三角形がかけます。
4 (2)**ア**の平行四辺形と**オ**の長方形は，2つの対角線で分けると，2つの合同な三角形が2組できます。
5 三角形は3つの頂点が決定すれば，かくことができます。

26～27ページ

5 図形の角

1 (1)40°　(2)54°　(3)59°　(4)65°
(5)46°　(6)26°
2 ㋐34°　㋑56°
3 ㋐126°　㋑25°
4 (1)110°　(2)68°　(3)122°
(4)43°　(5)65°　(6)130°
5 (1)4本　(2)900°
6 66°

解き方

1 三角形の3つの角の大きさの和は180°です。
(1)$180^\circ-(60^\circ+80^\circ)=40^\circ$
(2)$180^\circ-(90^\circ+36^\circ)=54^\circ$
(3)$(180^\circ-62^\circ)\div 2=59^\circ$
(4)まず，㋐のとなりの角の大きさを求めます。
(5)まず，104°のとなりの角の大きさを求めます。
(6)$180^\circ-(50^\circ+70^\circ)=60^\circ$
$60^\circ-34^\circ=26^\circ$
2 ㋐$180^\circ-(90^\circ+56^\circ)=34^\circ$
㋑$90^\circ-34^\circ=56^\circ$
3 ㋑$180^\circ-(126^\circ+29^\circ)=25^\circ$
4 四角形の4つの角の大きさの和は360°です。また，五角形の5つの角の大きさの和は540°です。
(1)$360^\circ-(100^\circ+80^\circ+70^\circ)=110^\circ$
(2)$360^\circ-(78^\circ+124^\circ+90^\circ)=68^\circ$

(3)360°−(79°+86°+137°)=58°
180°−58°=122°
(4)360°−(70°+90°+60°)=140°
140°−97°=43°
(5)360°−(75°+80°+75°)=130°
360°−(75°+130°+90°)=65°
(6)540°−(100°+80°+120°+110°)=130°

5 (1)七角形は，頂点《ちょうてん》Aから4本の対角線をひき，5つの三角形に分けられます。
(2)三角形の3つの角の大きさの和は180°だから，三角形が5つ分で，180°×5=900°

6 右の図より，

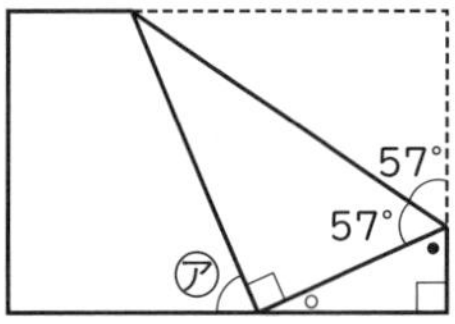

●=180°−57°×2
=66°
○=180°−(90°+66°)=24°
㋐の角度は180°−(90°+24°)=66°

ここに注意！ 折り返した角の大きさは，等しくなります。

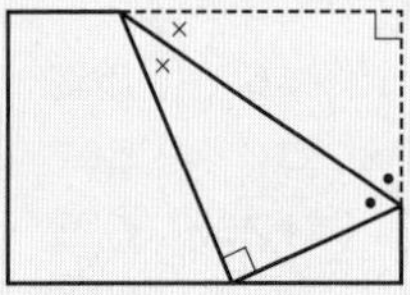

ここに注意！ 円周の半分と直径の和になります。

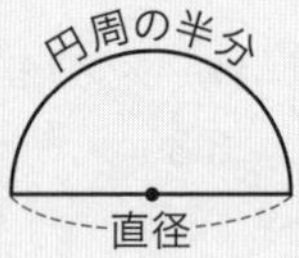

(2)6×2×3.14÷4+6×2=21.42

3 直径を□として求めます。
(1)□×3.14=9.42　□=9.42÷3.14=3
(2)□×3.14=25.12
□=25.12÷3.14=8　8÷2=4

4 (1)(12+8)×3.14÷2+12×3.14÷2+8×3.14÷2=62.8
(2)14×2×3.14÷4+14×2=49.98

5 (1)360°÷5=72°
(2)正多角形は，円の中心のまわりを同じ大きさにして，同じ角度になるように半径をかき，はしの点を直線でつなぐとかくことができます。

6 (2)ひし形ABCO，ひし形CDEO，ひし形EFAOは合同なので，それぞれの対角線AC，CE，EAの長さは同じです。

7 円は，半径が2倍，3倍，…になると，円周も2倍，3倍，…になります。
28÷7=4

28～29ページ

6 円と正多角形

1 (1)12.56cm　(2)21.98m
2 (1)12.85cm　(2)21.42cm
3 (1)3m　(2)4cm
4 (1)62.8cm
(2)49.98cm
5 (1)72°
(2)右図

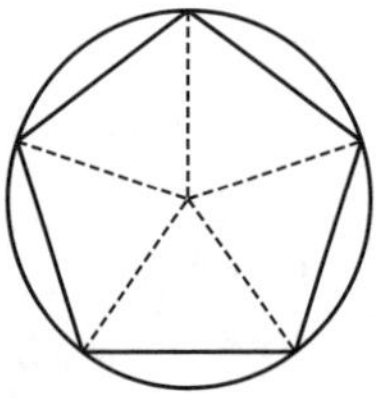

6 (1)正三角形　(2)正三角形
7 4倍

解き方

1 円周=直径×3.14
(1)4×3.14=12.56
(2)3.5×2×3.14=21.98

2 (1)5×3.14÷2+5=12.85

30～31ページ

7 三角形・四角形の面積

1 (1)14cm^2　(2)13.5cm^2　(3)8.5m^2
2 (1)三角形DBC　(2)三角形ABD
3 14cm
4 (1)120cm^2　(2)24cm^2
5 (1)54cm^2　(2)48m^2　(3)84cm^2
6 (1)84cm^2　(2)81m^2
7 (1)420cm^2　(2)560cm^2

解き方

1 三角形の面積=底辺×高さ÷2
(1)7×4÷2=14
(2)4.5×6÷2=13.5
(3)3.4×5÷2=8.5

2 ㋐，㋑の直線は平行だから，三角形ABC，DBC，ACD，ABDの高さは同じです。

3 高さを□とすると，
9×□÷2=63　9×□=63×2
9×□=126　□=126÷9=14

4 (1)24×(10＋4)÷2－24×4÷2＝120

別解 16×10÷2＋8×10÷2＝120

(2)正方形の面積から，3つの白い三角形の面積をひきます。

8×8＝64

8÷2＝4だから，8×4÷2×2＝32

4×4÷2＝8

64－32－8＝24

5 平行四辺形の面積＝底辺×高さ

(1)9×6＝54

(2)12×4＝48

(3)7×12＝84

6 (1)台形の面積＝(上底＋下底)×高さ÷2

(10＋14)×7÷2＝84

(2)ひし形の面積＝対角線×対角線÷2

18×9÷2＝81

7 平行四辺形は，高さが2倍，3倍，…になると，面積も2倍，3倍，…になります。また，底辺が2倍，3倍，…になっても，面積は2倍，3倍，…になります。

(1)140×3＝420

(2)32÷8＝4，140×4＝560

32〜33ページ

8 分数と小数・整数

1 (1) $\frac{4}{5}$ (2) $\frac{3}{16}$ (3) $\frac{15}{4}\left(3\frac{3}{4}\right)$

2 (1)0.8 (2)3 (3)0.83

3 (1) $\frac{9}{10}$ (2) $\frac{17}{10}\left(1\frac{7}{10}\right)$ (3) $\frac{301}{1000}$

4 (1) $\frac{1}{3}$倍 (2) $\frac{3}{10}$倍 (3) $\frac{10}{1}$倍

5 (1) $\frac{3}{5}$，0.65，0.7，$\frac{3}{4}$

(2)1.1，$\frac{8}{7}$，1.2，$\frac{11}{9}$

6 (1)9，30 (2)10，56 (3)14，9

(4)10，3

7 (1) $\frac{2}{3}$ (2) $\frac{1}{4}$ (3) $\frac{1}{3}$ (4) $\frac{2}{5}$

(5) $\frac{2}{3}$ (6) $\frac{1}{3}$

8 (1) $\frac{3}{6}$，$\frac{4}{6}$ (2) $\frac{40}{56}$，$\frac{21}{56}$

(3) $\frac{9}{12}$，$\frac{10}{12}$ (4) $\frac{21}{24}$，$\frac{10}{24}$

(5) $\frac{21}{140}$，$\frac{8}{140}$ (6) $\frac{56}{144}$，$\frac{33}{144}$

9 (1) $\frac{11}{18}$，$\frac{7}{12}$ (2) $\frac{7}{20}$，$\frac{11}{32}$

(3) $\frac{5}{6}$，$\frac{13}{16}$，$\frac{3}{4}$

解き方

1 $\bullet \div \blacktriangle = \frac{\bullet}{\blacktriangle}$

2 (1)(2)分子を分母でわります。

$\frac{\bullet}{\blacktriangle} = \bullet \div \blacktriangle$

(3) $\frac{5}{6}$＝5÷6＝0.833…→0.83

3 0.1は$\frac{1}{10}$，0.01は$\frac{1}{100}$，

0.001は$\frac{1}{1000}$であることから考えます。

4 整数も，1などを分母とする分数で表せます。

(1)1÷3＝$\frac{1}{3}$ (2)3÷10＝$\frac{3}{10}$

(3)10÷1＝$\frac{10}{1}$

5 分数を小数になおして比《くら》べます。

(1) $\frac{3}{4}$＝0.75，$\frac{3}{5}$＝0.6

(2) $\frac{8}{7}$＝1.14…，$\frac{11}{9}$＝1.22…

6 分母と分子に同じ数をかけても，分母と分子を同じ数でわっても，分数の大きさは変わりません。

7 分母と分子を公約数でわります。

8 2つの分数の分母の最小公倍数を分母にします。

9 (2)20と32の最小公倍数は160だから，$\frac{7}{20}$と$\frac{11}{32}$を通分すると，$\frac{56}{160}$と$\frac{55}{160}$になります。

(3)4と6と16の最小公倍数は48だから，

$\frac{3}{4}$と$\frac{5}{6}$と$\frac{13}{16}$を通分すると，$\frac{36}{48}$と$\frac{40}{48}$と

$\frac{39}{48}$になります。

34〜35ページ

9 分数のたし算・ひき算

1 (1) $\frac{7}{8}$ (2) $\frac{11}{15}$ (3) $1\frac{13}{18}\left(\frac{31}{18}\right)$

(4) $\frac{17}{20}$ (5) $\frac{47}{60}$ (6) $2\frac{41}{72}\left(\frac{185}{72}\right)$

(7) $\frac{31}{63}$ (8) $\frac{11}{21}$ (9) $2\frac{7}{20}\left(\frac{47}{20}\right)$

2 (1) $\frac{1}{6}$　(2) $\frac{3}{8}$　(3) $1\frac{7}{36}\left(\frac{43}{36}\right)$

(4) $\frac{27}{50}$　(5) $\frac{13}{42}$　(6) $\frac{31}{54}$

(7) $\frac{3}{20}$　(8) $\frac{23}{63}$　(9) $\frac{25}{28}$

3 (1) $\frac{1}{3}$　(2) $\frac{5}{6}$　(3) $\frac{1}{8}$

4 $\frac{11}{20}$L

5 $\frac{31}{45}$km

6 $\frac{3}{4}$m

解き方

1 (1) $\frac{3}{4}+\frac{1}{8}=\frac{6}{8}+\frac{1}{8}=\frac{7}{8}$

(2) $\frac{1}{3}+\frac{2}{5}=\frac{5}{15}+\frac{6}{15}=\frac{11}{15}$

(3) $\frac{1}{6}+1\frac{5}{9}=\frac{3}{18}+1\frac{10}{18}=1\frac{13}{18}$

(4) $\frac{2}{5}+\frac{9}{20}=\frac{8}{20}+\frac{9}{20}=\frac{17}{20}$

(5) $\frac{5}{12}+\frac{11}{30}=\frac{25}{60}+\frac{22}{60}=\frac{47}{60}$

(6) $2\frac{5}{18}+\frac{7}{24}=2\frac{20}{72}+\frac{21}{72}=2\frac{41}{72}$

(7) $\frac{3}{14}+\frac{5}{18}=\frac{27}{126}+\frac{35}{126}=\frac{62}{126}=\frac{31}{63}$

(8) $\frac{4}{15}+\frac{9}{35}=\frac{28}{105}+\frac{27}{105}=\frac{55}{105}=\frac{11}{21}$

(9) $1\frac{5}{28}+1\frac{6}{35}=1\frac{25}{140}+1\frac{24}{140}$

$=2\frac{49}{140}=2\frac{7}{20}$

2 (1) $\frac{5}{6}-\frac{2}{3}=\frac{5}{6}-\frac{4}{6}=\frac{1}{6}$

(2) $\frac{7}{8}-\frac{1}{2}=\frac{7}{8}-\frac{4}{8}=\frac{3}{8}$

(3) $1\frac{5}{12}-\frac{2}{9}=1\frac{15}{36}-\frac{8}{36}$

$=1\frac{7}{36}$

(4) $\frac{7}{10}-\frac{4}{25}=\frac{35}{50}-\frac{8}{50}=\frac{27}{50}$

(5) $\frac{11}{14}-\frac{10}{21}=\frac{33}{42}-\frac{20}{42}=\frac{13}{42}$

(6) $1\frac{5}{18}-\frac{19}{27}=1\frac{15}{54}-\frac{38}{54}=\frac{69}{54}-\frac{38}{54}$

$=\frac{31}{54}$

(7) $\frac{5}{12}-\frac{4}{15}=\frac{25}{60}-\frac{16}{60}=\frac{9}{60}=\frac{3}{20}$

(8) $\frac{13}{18}-\frac{5}{14}=\frac{91}{126}-\frac{45}{126}=\frac{46}{126}=\frac{23}{63}$

(9) $2\frac{5}{12}-1\frac{11}{21}=2\frac{35}{84}-1\frac{44}{84}$

$=1\frac{119}{84}-1\frac{44}{84}=\frac{75}{84}=\frac{25}{28}$

3 (1) $\frac{3}{4}-\frac{1}{2}+\frac{1}{12}=\frac{9}{12}-\frac{6}{12}+\frac{1}{12}$

$=\frac{4}{12}=\frac{1}{3}$

(2) $\frac{7}{9}+\frac{1}{3}-\frac{5}{18}=\frac{14}{18}+\frac{6}{18}-\frac{5}{18}$

$=\frac{15}{18}=\frac{5}{6}$

(3) $\frac{7}{8}-\frac{3}{5}-\frac{3}{20}=\frac{35}{40}-\frac{24}{40}-\frac{6}{40}=\frac{5}{40}$

$=\frac{1}{8}$

4 $\frac{3}{10}+\frac{1}{4}=\frac{6}{20}+\frac{5}{20}=\frac{11}{20}$

5 $1\frac{2}{15}-\frac{4}{9}=\frac{51}{45}-\frac{20}{45}$

$=\frac{31}{45}$

6 $3\frac{1}{4}-\frac{2}{3}-1\frac{5}{6}$

$=3\frac{3}{12}-\frac{8}{12}-1\frac{10}{12}=\frac{9}{12}=\frac{3}{4}$

36～37ページ

10 体　積

1 (1)40　(2)1.5　(3)3200　(4)2000

(5)0.4　(6)1200000

2 (1)672cm³　(2)1728cm³

3 (1)84cm³　(2)96cm³　(3)3.375m³

(4)2.1m³

4 36m³

5 (1)308cm³　(2)480cm³

6 (1)(左から順に)12，18，24

(2)7cm　(3)比例《ひれい》する

解き方

1 1L＝1000mL＝1000cm³，

1m³＝1000L＝1000000mL

2 直方体の体積＝たて×横×高さ，立方体の体積＝1辺×1辺×1辺 です。

(1)8×7×12＝672

(2)12×12×12＝1728

3 (1)4×7×3＝84

(2)2.4×5×8＝96

(3)1.5×1.5×1.5＝3.375

(4)1.5×2×0.7＝2.1

4 3×6×2＝36

5 (1)7×8×(8－5)＋7×4×5＝308

(2)5×12×6＋5×(12－3－3)×4
＝480

6 直方体は，高さが2倍，3倍，…になると，体積も2倍，3倍，…になります。

(2)42÷6＝7

38～39ページ

11 角柱と円柱

1 ①四角柱(直方体)　②8　③12　④6
⑤四角形(長方形)　⑥長方形　⑦三角柱
⑧6　⑨9　⑩5　⑪三角形
⑫長方形　⑬円柱　⑭円

2 (1)①0　②1　③2　④2　(2)3cm

3 (1)面アオカイ，面イカキウ，
面ウキクエ，面アオクエ
(2)辺アイ，辺イウ，辺ウエ，辺アエ

4 31.4cm

5 (1)頂点《ちょうてん》ケ，頂点キ
(2)頂点オ　(3)辺カオ

6 (1)三角柱　(2)12cm

解き方

2 三角柱は次のようになります。

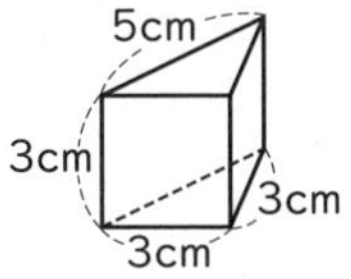

4 辺アエの長さは底面の円の円周の長さと等しくなります。

5×2×3.14＝31.4

5 見取図《みとりず》は次のようになります。

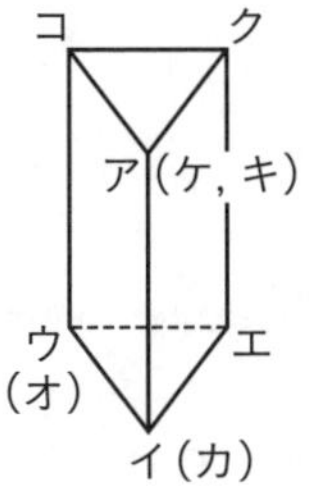

40～41ページ

12 平均とその利用

1 82.5点

2 2人

3 372ページ

4 (1)約0.61m　(2)約1500m

5 (1)58g　(2)約1.2kg

6 (1)80.5点　(2)93点

7 4.1さつ

解き方

1 (84＋92＋78＋76)÷4
＝82.5

2 (3＋2＋0＋4＋1)÷5＝2

3 平均《へいきん》×日数＝合計 となるので，
24.8×15＝372(ページ)

4 (1)9.21÷15＝0.614(m)より，
約0.61m
(2)0.61×2400＝1464(m)より，
約1500m

5 (1)平均＝合計÷個《こ》数 だから，
(54＋59＋62＋56＋60＋57)÷6
＝58
(2)58×20＝1160
1160g＝1.16kg → 約1.2kg

6 (1)(78＋84＋68＋92)÷4
＝80.5
(2)5回のテストの合計点は83×5＝415(点)
だから，415－80.5×4＝93(点)

7 (男子が読んだ本の合計＋女子が読んだ本の合計)÷(全体の人数) と考えます。
(3×18＋5×22)÷(18＋22)＝4.1

42～43ページ

13 単位量あたりの大きさ

1 95円

2 15g

3 B

4 (1)88まい　(2)B

5 (1)0.4人　(2)0.25倍($\frac{1}{4}$倍)

6 (1)480人　(2)C県　(3)およそ9倍

解き方

1 380÷4=95

2 57÷3.8=15

3 Aは720÷150×100=480(円),
Bは260÷50×100=520(円)だから,
Bのお茶のほうが高くなります。

4 (1)3520÷40=88
(2)Bは2850÷30=95(まい)
Cは3850÷50=77(まい)だから，Bがいちばん多く印刷できます。

5 (1)480÷1200=0.4
(2)B公園の1m^2あたりの人数は,
80÷800=0.1(人)
0.1÷0.4=0.25(倍)

6 (1)3750000÷7779=482.0…より，480人
(2)B県は770000÷6707=114.8…(人),
C県は4940000÷4968=994.3…(人)だから，C県となります。
(3)B県は約110人，C県は約990人だから,
990÷110=9(倍)

44～45ページ

14 速　さ

1 (1)500　(2)4　(3)4.2　(4)780
(5)15　(6)90

2 時速15km

3 (1)時速38km　(2)Bの自動車

4 90km

5 33.75km

6 1.5時間

7 13分20秒

8 15分

9 10分

解き方

1 (1)30km=30000mだから,
30000÷60=500(m)→分速500m
(2)240÷60=4(m)→秒速4m
(3)70m=0.07kmだから,
0.07×60=4.2km
(4)13×60=780(m)→分速780m
(5)54km=54000mだから,
54000÷60÷60
=15(m)→秒速15m
(6)25×60×60=90000(m)
90000m=90km

2 分速は，1500÷6=250(m)
だから，時速は,
250×60=15000(m)→時速15km

3 (1)152÷4=38(km)
(2)2時間30分=2.5時間だから,
Bの時速は，100÷2.5=40(km)です。

4 2時間=120分だから,
750×120=90000(m)→90(km)

5 3km=3000mだから,
分速は，3000÷8=375(m)
1時間30分=90分だから,
375×90=33750(m)→33.75(km)

6 108÷72=1.5(時間)

7 12km=12000mだから,
12000÷15=800(秒)
800秒=13分20秒

8 家から学校までの道のりは,
60×18=1080(m)だから,
1080÷72=15(分)

9 時速60km=分速1000m,
時速84km=分速1400mだから,
1000×14÷1400=10(分)

46～47ページ

15 割　合

1 (1)1.25　(2)0.75　(3)0.25

2 (1)百分率《ひゃくぶんりつ》…40%，歩合…4割《わり》
(2)百分率…7%，歩合…7分《ぶ》
(3)百分率…263%，歩合…26割3分

3 (1)25　(2)17　(3)2500　(4)125
(5)12　(6)280

4 (1)72L　(2)16%

5 (1)45人　(2)280人

6 (1)14%　(2)$\frac{1}{2}$倍　(3)950頭

解き方

1 割合=比《くら》べる量÷もとにする量

2 0.01が1%，また，0.1が1割，0.01が1分です。

3 (1)160÷640=0.25→25%
(2)25×0.68=17

(3)850÷0.34＝2500
(4)300÷240＝1.25→125％
(5)48×0.25＝12
(6)210÷0.75＝280

4 (1)150×0.48＝72
(2)(150－72－54)÷150＝0.16→16％

5 (1)
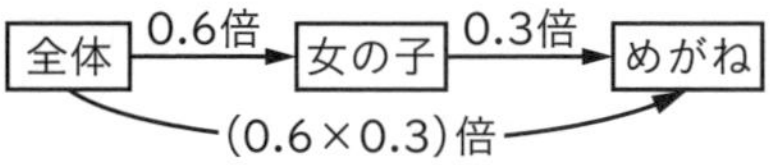

250×0.6×0.3＝45
(2)
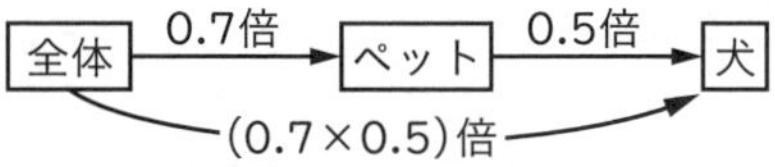

98÷(0.7×0.5)＝280

6 (1)牛の部分のめもりを数えると14です。
(2)ぶたは28％だから，$14÷28=\frac{1}{2}$
(3)羊は4％だから，38÷0.04＝950

48～49ページ

16 問題の考え方

1 りんご…49個《こ》，みかん…196個
2 荷物…14kg，ゆきおさん…42kg
3 (1)0.7km (2)3.5km
4 ケーキ…380円，かんづめ…190円
5 びん…0.8L，ペットボトル…2.4L
6 メダカ…150ぴき，フナ…67ひき
7 タワー…115m，ビル…25m
8 (1)箱代…170円，クッキー…140円
(2)3390円

解き方

1
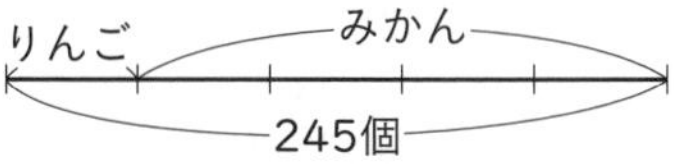

上の図より，全体はりんごの数の5倍になります。
りんご…245÷5＝49
みかん…49×4＝196

2
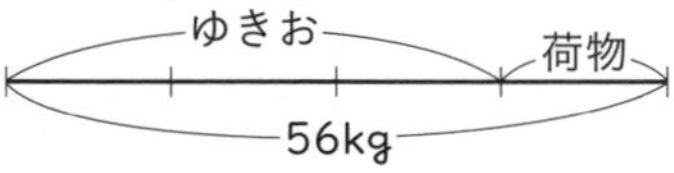

荷物…56÷4＝14
ゆきおさん…14×3＝42

3
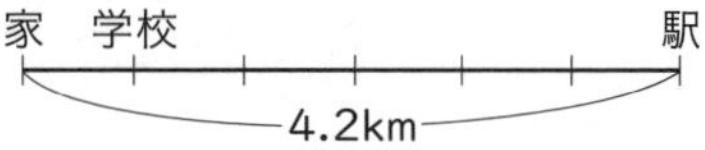

(1)4.2÷6＝0.7
(2)4.2－0.7＝3.5

4
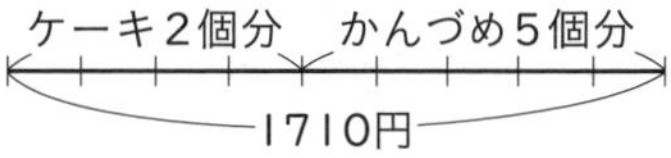

上の図より，全体はかんづめ1個のねだんの9倍になっています。
かんづめ1個…1710÷9＝190
ケーキ1個…190×2＝380

5 ペットボトル1本には，びん1本の3倍の量がはいることから図をかくと，全体はびん1本の量の13倍になっています。
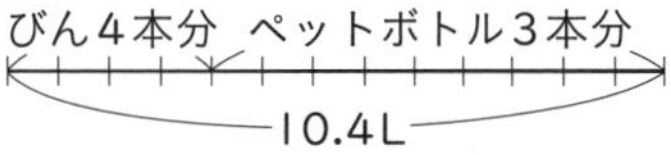

びん1本…10.4÷13＝0.8
ペットボトル1本…0.8×3＝2.4

6
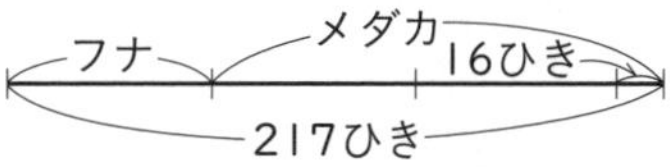

上の図より，全体から16をひいた数が，フナの数の3倍になります。
フナ…(217－16)÷3＝67
メダカ…217－67＝150

7
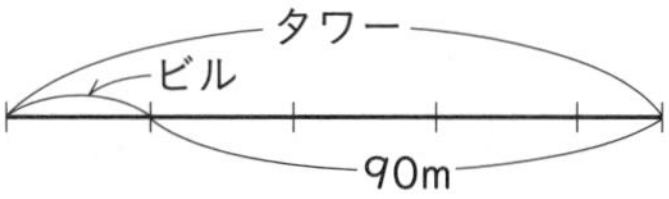

上の図より，タワーとビルの高さの差が，ビルの高さの3.6倍です。
ビル…90÷3.6＝25
タワー…25＋90＝115

8
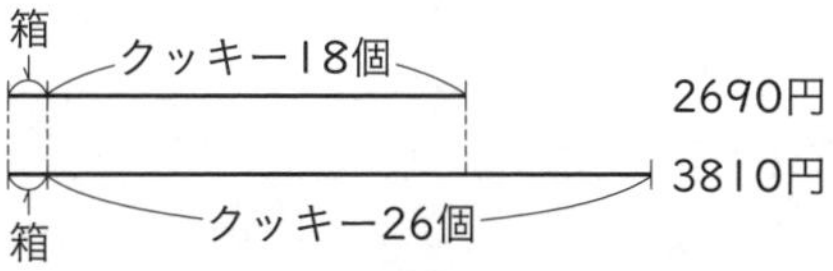

(1)上の図より，3810円と2690円の差が，クッキー(26－18)個のねだんです。
クッキー1個…(3810－2690)÷(26－18)＝140
箱代…2690－140×18＝170
(2)140×23＋170＝3390

50〜52ページ

17 仕上げテスト

1 (1)49.92　(2)0.75　(3) $\frac{13}{21}$　(4) $\frac{1}{36}$
(5) $\frac{1}{5}$　(6) $\frac{1}{2}$

2 (1)㋐112°　㋑68°　(2)26.8cm

3 (1)4cm　(2)40まい

4 76点

5 (1)25.12m　(2)57cm^2　(3)51.6cm^2
(4)18cm^2

6 $\frac{5}{6}$, 0.84, 0.85, $\frac{6}{7}$

7 (1)240　(2)16　(3)25

8 (1)**オ**の面　(2)75cm^3

9 0.3人

10 (1)420　(2)500　(3)36

11 バラ…310本, カーネーション…62本

解き方

2 (1)正三角形の1つの角は60°, ひし形の向かいあった角は等しいです。
㋐360°−128°−60°×2＝112°
㋑(360°−112°×2)÷2＝68°
(2)6.7×4＝26.8

3 (1)正方形の1辺の長さは, 20と32の最大公約数となります。
(2)正方形の紙に,
たてに, 20÷4＝5(まい),
横に, 32÷4＝8(まい)切り分けるので,
5×8＝40

4 78×5−78.5×4＝76

5 (1)(6＋2)×3.14÷2＋6×3.14÷2＋2×3.14÷2＝25.12
(2)12×9.5÷2＝57
(3)8.6×6＝51.6
(4)(4＋8)×3÷2＝18

6 $\frac{5}{6}$＝0.83…, $\frac{6}{7}$＝0.857…

7 (1)84÷0.35＝240
(2)25×0.64＝16
(3)12÷48＝0.25→25％

8 てん開図を組み立てると, 右の図のようになります。

(2)5×5×3＝75

9 18÷60＝0.3

10 (1)7×60＝420
(2)30km＝30000mだから,
30000÷60
＝500(m)→分速500m
(3)10×60×60＝36000(m)
36000m＝36km

11

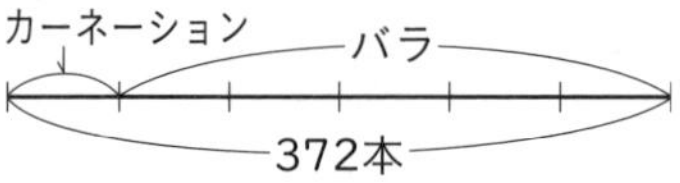

上の図より, 全体はカーネーションの数の6倍になります。
カーネーション…372÷6＝62
バラ…62×5＝310

社会

54～55ページ

1 世界の大陸と海洋

1 (1)①**ウ**　②**ア**　③**カ**　④**イ**　⑤**エ**　⑥**オ**
(2)A…インド洋　B…太平洋《たいへいよう》
C…大西洋《たいせいよう》
(3)地球ぎ
(4)①**ウ**　②**イ**　③**オ**

2 (1)①サウジアラビア　②インド
③アメリカ合衆国《がっしゅうこく》　④ブラジル
(2)①**オ**　②**ウ**　③**エ**　④**ア**

3 (1)A…**エ**　B…**イ**　C…**ア**　D…**ウ**
(2)①D　②A

考え方

1 (1)(2)世界には，6つの大陸と3つの大洋があります。太平洋と大西洋の漢字のちがいに注意しましょう。

3 (2)世界で最も面積の広いロシア連邦《れんぽう》の面積はおよそ1700万km^{2}で，日本(およそ38万km^2)のおよそ45倍です。また，世界で最も人口が多い国は中国《ちゅうごく》で，およそ14億人です。

56～57ページ

2 日本の国土と気候

1 **ウ**

2 a…与那国島《よなぐにじま》　b…沖ノ鳥島《おきのとりしま》
c…択捉島《えとろふとう》　d…南鳥島《みなみとりしま》

3 (1)A…石狩《いしかり》(平野)　B…奥羽《おうう》(山脈)
C…信濃《しなの》(川)　D…関東《かんとう》(平野)
E…琵琶《びわ》(湖)　F…中国《ちゅうごく》(山地)
G…九州《きゅうしゅう》(山地)
(2)リアス海岸

4 (1)A…**カ**　B…**ア**　C…**ウ**　D…**エ**
E…**イ**　F…**オ**
(2)風…季節風　季節…冬
(3)①**イ**　②**ア**　③**エ**

考え方

1 **ア**．日本の河川《かせん》は外国に比《くら》べて，短く流れが急であるという特ちょうがあります。
イ．日本の時刻《じこく》は，東経《とうけい》135度の経線で決められています。

2 dの南鳥島は，名まえに「南」と入っていますが，実際《じっさい》は東のはしなので注意しましょう。南のはしの島は，bの沖ノ鳥島です。

3 (2)リアス海岸には，多くの岬《みさき》と湾《わん》があるので，天然の漁港として利用されています。

4 (3)①は冬の降水量《こうすいりょう》が多い日本海《にほんかい》側の気候区，②は冬の寒さがきびしい北海道《ほっかいどう》の気候区，③は夏の降水量が多い太平洋《たいへいよう》側の気候区のグラフです。

ここに注意！　平野や盆地《ぼんち》は川や湖のまわりに広がっています。したがって，平野や盆地を覚えるときには，そこを流れる川や湖を組み合わせて覚えるようにするとよいでしょう。

58～59ページ

3 自然とくらし

1 **イ**

2 (1)断熱材《だんねつざい》　(2)じょ雪車

3 (1)台風　(2)**イ**

4 (1)輪中《わじゅう》
(2)**ア**
(3)水屋《みずや》

5 (1)**イ**　(2)高原野菜

考え方

1 札幌《さっぽろ》の降水量《こうすいりょう》が7月より1月のほうが多いのは，冬に雪が多くふるためです。

2 (2)雪が多い地域《ちいき》の人々は，冬に雪かきや雪おろしの作業に追われるようになります。また，雪を川まで流してすてる流雪《りゅうせつ》こうという設備《せつび》がある地域もあります。

3 (1)沖縄《おきなわ》県の伝統的《でんとうてき》な家では，台風のひ害を防《ふせ》ぐために，しっくいで屋根がわらを固め，家のまわりを石垣《いしがき》で囲《かこ》んでいます。また，防風林《ぼうふうりん》を植えている家もあります。
(2)沖縄県では，水不足対策《たいさく》として給水タンクをおいている家が多く見られます。

4 (1)堤防《ていぼう》は，高波やこう水《ずい》から人々の生活を守るためにつくられています。

5 (1)**ア**は太平洋《たいへいよう》側の気候区の東京《とうきょう》のグラフです。**イ**は中央高地《ちゅうおうこうち》の気候区の野辺山原《のべやまはら》のグラフで，夏と冬の気温の差が大きいことが特ちょうです。

60〜61ページ

4 日本の農業 ①

1 (1)7(月から)8(月)
(2)①**ア**　②**イ**
(3)**ア**
(4)冷害
(5)①**エ**　②**イ**　③**ア**　④**ウ**

2 (1)カントリーエレベーター
(2)人件費《じんけんひ》

3 (1)**イ**，**エ**
(2)**ウ**

考え方

1 (2)②コンバインは，かり取りだけではなく，だっこくまで同時にすることができます。また，ふんむ器は農薬の散布《さんぷ》に使われる機械です。

2 (1)カントリーエレベーターで保管《ほかん》された米は，農業協同組合(JA)の計画にしたがって，全国のさまざまな地域《ちいき》に出荷《しゅっか》されます。

3 (1)**ア**の専業《せんぎょう》農家の減少《げんしょう》や，**ウ**の野菜を生産する農業人口の減少は，このグラフからはわかりません。
(2)**ウ**の在庫《ざいこ》として余《あま》っている米をすべてすてるというのは，米の生産量を増《ふ》やすくふうにはあてはまりません。

62〜63ページ

5 日本の農業 ②

1 A…**イ**　B…**ア**　C…**カ**

2 (1)**ウ**　(2)**ア**
(3)**イ**　(4)**エ**

3 A…**ウ**　B…**イ**　C…**ア**

4 A…**イ**　B…**ウ**
C…**ア**　D…**エ**

考え方

1 りんごは，すずしい地域《ちいき》でさいばいがさかんです。

2 (3)のようなさいばい方法を抑制《よくせい》さいばいといいます。

3 **A**は北海道《ほっかいどう》や鹿児島《かごしま》県，宮崎《みやざき》県が上位３道県であるので肉牛です。**B**は北海道や栃木《とちぎ》県，熊本《くまもと》県が上位３道県であるので乳牛《にゅうぎゅう》です。**C**は宮崎県や鹿児島県，岩手《いわて》県が上位３県であるので肉用わかどりです。北海道は酪農《らくのう》と畜《ちく》産《さん》のどちらもさかんで，宮崎県や鹿児島県は畜産がさかんです。

4 米は1975年くらいまで生産額《せいさんがく》が高かったのですが，それ以降《いこう》は生産調整などを行っているので，生産額が減少《げんしょう》している**A**です。2017年に最も生産額の多い**B**が野菜，今も昔も生産額が大きく変わらない**C**がくだもの，生産額が最も低い**D**が麦類です。

ここに注意！ すずしい地域やあたたかい地域などの気候のちがいや，川が流れる平野や盆地《ぼんち》などの地形のちがいによって行われている農業のようすがちがうことを覚えるようにするとよいでしょう。

64〜65ページ

6 日本の水産業

1 (1)① **A**…千島《ちしま》海流(親潮《おやしお》)
B…日本海流(黒潮《くろしお》)
C…対馬《つしま》海流
②**ウ**
(2)大陸だな
(3)**ウ**
(4)①**ア**　②**エ**

2 (1)**ア**
(2)200(海里)
(3)**A**…①　**B**…②　**C**…③

3 (1)さいばい漁業
(2)真じゅ

考え方

1 (1)① **D**の海流はリマン海流です。
②南から流れてくる海流が暖流《だんりゅう》，北から流れてくる海流が寒流です。

2 (1)沖合《おきあい》漁業は3つの漁業の中で最も漁かく量が多いです。しかし，いずれの漁業も，近年は漁かく量が減《へ》り続けています。

3 (1)ある程度《ていど》まで育ててから，海や川に放し，自然に成長させるのがさいばい漁業で，最後までいけすで育てて出荷《しゅっか》するのが養しょく漁業です。
(2)志摩《しま》半島の英虞湾《あごわん》でさかんです。

66～67ページ

7 これからの食料生産

1 (1)**イ**　(2)**ア**　(3)**エ**

2 (1)**ア**　(2)**エ**

(3)**ウ→ア→イ→エ**

3 **エ**

考え方

1 (1)日本の食料自給率《じきゅうりつ》は，先進国の中では，非《ひ》常《じょう》に低いです。特に，しょうゆやとうふ，なっとうの原料になるなど，日本の食事に欠かせない大豆の自給率が低くなっています。

(2)①**A**の小麦と**B**の大豆はともにアメリカ合《がっ》衆国《しゅうこく》から最も多く輸入《ゆにゅう》しています。ロシア連《れん》邦《ぽう》やフランスも小麦の生産量が多いです。ドイツは，大豆の生産量は少ないです。

2 (2)航空機の輸送費用《ひよう》は高いですが，そのぶん短時間で運ぶことができるので，新せんなうちに早くとどけたい魚介《ぎょかい》類や生花などの輸送に利用されています。

3 食料の輸入量が増《ふ》えているのは，外国産の食料が国内でつくられたものに比《くら》べて安い価格《かかく》であることも理由の１つです。

68～69ページ

8 日本の工業 ①

1 (1)**ウ**　(2)**ウ**　(3)**ア**

2 (1)**B→D→C→A→E**

(2)①コンベヤー(ベルトコンベヤー)

②流れ作業

③関連工場

3 (1)**ア**　(2)**エ**　(3)**イ**　(4)**ウ**

考え方

1 (3)日本は，多くの自動車を海外に輸出《ゆしゅつ》しており，貿易《ぼうえき》まさつの原因《げんいん》の１つになっています。そのため，輸出量を減《へ》らしたり，海外に工場を建設《けんせつ》し，現地《げんち》の人々をやとって生産したりしています。

2 (2)②流れ作業は，ロボットや機械，人が同じ作業を行うことで，自動車を効率《こうりつ》よくつくるためのくふうです。

③関連工場では，自動車の組み立て工場から注文を受けて，必要な部品だけをつくります。そのため，むだがありません。

3 最近では，人にぶつからない装置《そうち》や，体の不自由な人でも運転できる装置の開発も行われています。

70～71ページ

9 日本の工業 ②

1 (1)①京浜《けいひん》(工業地帯)

②中京《ちゅうきょう》(工業地帯)

③阪神《はんしん》(工業地帯)

④瀬戸内《せとうち》(工業地域《ちいき》)

(2)②　(3)太平洋《たいへいよう》ベルト　(4)**エ**

2 **イ**

3 (1)①**ウ**　②**ア**　③**イ**　④**エ**　⑤**オ**

(2)重化学工業

(3)軽工業

4 (1)**イ**，**ウ**

(2)①持続可能　②エコタウン

考え方

1 (4)**エ**．太平洋ベルトの地域は工業がさかんなので，かつてはさまざまな公害がたびたびおこりました。

3 (2)(3)重化学工業とは，重いもの，大きな生産設備《せつび》が必要な工業で，軽工業とは，軽く，主に生活に必要なものを生産する工業です。

4 (1)**ア**．製造業《せいぞうぎょう》で働く人の数は30年前より減《へ》っています。**エ**．以前に比《くら》べて，外国から輸入《ゆにゅう》された安い価格《かかく》の製品《せいひん》もよく売れています。

72～73ページ

10 日本の貿易と運輸

1 (1)石炭・鉄鉱石《てっこうせき》　(2)鉄鉱石

(3)**ウ**

2 (1)①船　②自動車

(2)①船　②航空機

3 (1)中国《ちゅうごく》

(2)貿易《ぼうえき》まさつ

(3)**エ**

4 (1)**イ**　(2)**ア**

考え方

1 (3)日本は，サウジアラビアやアラブ首長国連《しゅちょうこくれん》邦《ぼう》，カタールなど，西アジアの国々から石油を多く輸入《ゆにゅう》しています。

2 (2)船は時間がかかること，自動車はそう音，じゅうたいがおこること，航空機は輸送費《ひ》が高いこと，鉄道は線路が通っているところしか運べないこと，などの短所があります。

3 (3)日本はサウジアラビア，オーストラリアなどから大量の工業原料を輸入しています。そのため，これらの国に対しては輸出額《がく》よりも輸入額が多くなっています。

4 (1)オーストラリアやインドネシア，ロシア，アメリカ合衆国《がっしゅうこく》が上位であるので，**イ**の石炭があてはまります。**ア**の石油はサウジアラビアやアラブ首長国連邦，銅《どう》はチリやペルー，**エ**の天然ガスはオーストラリアやマレーシアから多く輸入しています。

ここに注意！ (2)日本の鉄鉱石の輸入先は，1位オーストラリア，2位ブラジルです。石炭と鉄鉱石の輸入が最も多いのはオーストラリアです。

74～75ページ

11 くらしと情報

1 (1)**ウ**→(**イ**)→**オ**→**ア**→**エ**
(2)①**オ**　②**エ**　③**ア**
(3)副調整室
(4)**エ**

2 (1)①**エ**　②**ウ**　③**ア**　④**イ**
(2)マスメディア
(3)ホームページ(ウェブページ)

3 ①**ウ**　②**ア**　③**イ**

考え方

1 (4)ニュースの本番で，実際《じっさい》に原こうを読む仕事をするのはアナウンサーです。

2 (3)ホームページは自由に情報《じょうほう》を発信でき，世界中の情報を得ることもできます。また，ホームページで，商品を売ったり買ったりすることもできます。

3 病院から遠い地域《ちいき》の人々は，長い時間をかけて病院に通うのは大変なので，情報ネットワークを利用して，医師《いし》とかん者が連らくを取り合い，しん察《さつ》を受けることができるようにしています。

76～77ページ

12 住みよい国土

1 (1)**A**…四日市《よっかいち》ぜんそく　**B**…水俣《みなまた》病
C…新潟《にいがた》水俣病(第二水俣病)
D…イタイイタイ病
(2)**A**…**ウ**　**B**…**エ**　**C**…**ア**　**D**…**イ**
(3)**A**…**ウ**　**B**…**ア**　**C**…**ア**　**D**…**イ**

2 (1)**ウ**　(2)**イ**　(3)**エ**

3 (1)**ウ**，**オ**　(2)①**イ**　②**ウ**　③**ア**

4 (1)①**ウ**　②**イ**　③**エ**　(2)**ウ**

考え方

1 (3)水俣病も新潟水俣病も原因《げんいん》は有機水銀《ゆうきすいぎん》です。

3 (2)①の日照りの害は, 雨の少ない瀬戸内《せとうち》地方で, ②の雪害は, 日本海側の豪雪《ごうせつ》地帯でおきやすくなっています。

4 森林のはたらきとしては, ほかに, 栄養分をふくんだ土をつくる, 二酸化炭素《にさんかたんそ》をとりこみ酸素をつくる, などがあげられます。

78～80ページ

13 仕上げテスト

1 (1)ユーラシア大陸
(2)**ウ**　(3)太平洋
(4)①×　②×　③○　④○　⑤×　⑥×

2 (1)**A**　(2)**A**　(3)**B**
(4)**B**　(5)**A**

3 (1)①**カ**　②**オ**　③**ウ**　④**イ**
(2)①リアス海岸　②潮目《しおめ》(潮境《しおざかい》)
(3)①大豆　②くだもの　③米

4 (1)**ウ**　(2)**イ**

5 **ウ**

6 **エ**

考え方

1 (2)**ア**のエジプトはアフリカ大陸，**イ**のブラジルは南アメリカ大陸，**エ**のアメリカ合衆国《がっしゅうこく》は北アメリカ大陸にあります。
(4)①南端《なんたん》の島は，沖ノ鳥《おきのとり》島です。
②奥尻《おくしり》島ではなく色丹《しこたん》島です。
⑤黒潮《くろしお》ではなく対馬《つしま》海流です。「対馬」は「対島」ではないので注意しましょう。
⑥中華人民共和国《ちゅうかじんみんきょうわこく》はおよそ14億人で，世界

で最も人口の多い国です。世界で最も面積の広い国はロシア連邦《れんぽう》です。

3 (2)① **A** の海岸は，三陸《さんりく》海岸です。三陸海岸は，リアス海岸であることで有名です。リアス海岸で有名なのは，三陸海岸のほかに，志《し》摩《ま》半島，若狭湾《わかさわん》などです。志摩半島の英虞《あご》湾では真じゅの養しょくがさかんで，若狭湾は原子力発電所があることで知られています。
(3)国内生産量の割合《わりあい》が最も小さい①が大豆，国内生産量の割合が最も大きい③が米，残った②はくだものです。

4 (1)**ウ**．2018年の機械類の割合は37.6％なので，正しいです。**ア**．2018年の輸出《ゆしゅつ》で最も割合が大きいのは，機械類です。**イ**．1960年の割合で３番目に大きいのは，鉄鋼《てっこう》です。
エ．船は，2018年の輸出のグラフには見られません。

5 情報《じょうほう》を受け取る場合，必要な情報を選ぶ，必要のない情報は受け取らない，情報が本当に正しいかどうかを確《たし》かめることが大切です。

6 **ア**．大気中の二酸化炭素《にさんかたんそ》が増《ふ》えると，地球温《おん》暖《だん》化の原因《げんいん》となります。
イ．地下水のくみ上げすぎでおこるのは地ばんちん下です。
ウ．1993年に制定《せいてい》されたのは環境基本法《かんきょうきほんほう》です。
オ．酸性雨《さんせいう》は，森林がかれる原因となります。

理科

82～83ページ

1 植物の発芽と成長

1 (1)**A**…×　**B**…○　**C**…×　**D**…○　**E**…×
(2)**D**(と)**E**　(3)水，空気

2 (1)**B**　(2)ヨウ素液《そえき》　(3)でんぷん
(4)発芽《はつが》するときに養分として使われたから。

3 (1)肥料《ひりょう》(養分)　(2)**A ウ**　**B イ**　**C ア**
(3)**A**(と)**C**　(4)**A**(と)**B**　(5)**ウ**

考え方

1 (1)(3)種子の発芽には，水・空気・適当《てきとう》な温度が必要です。**A** は水がないため，**C** は空気がないため，**E** は温度が低いため，発芽しません。

2 (1)**B** は子葉で，発芽のときに必要な養分がふくまれています。
(2)(3)ヨウ素液は，でんぷんがあると青むらさき色に変わります。
(4)子葉にふくまれている養分は，発芽するときに使われ，根・くき・葉が成長するにつれて少なくなっていきます。

3 (1)畑の土には植物が成長する養分がふくまれているので，植物の成長と肥料の関係を調べるために，バーミキュライトのように，肥料がふくまれていない土を使って実験を行います。
(2)植物を育てるときに肥料や日光をあたえないと，植物はよく育たず，葉が小さく少なくなり，くきも細くなります。また，日光があたらないと，インゲンマメの葉は黄色っぽくなります。
(3)～(5)植物の成長に水は欠かせないものです。**A** と **C** を比《くら》べると，日光があたる **A** のほうがよく成長することがわかります。また，**A** と **B** を比べると，肥料がある **A** のほうがよく成長することがわかります。

ここに注意！ 植物の成長の条件《じょうけん》を調べる実験では，調べたい条件以外はすべて同じにしておきます。

84〜85ページ

2 花から実へ

1 (1)**A**花びら　**B**がく　**C**めしべ
　Dおしべ
(2)②　(3)**ウ**　(4)**イ**　(5)**ウ**

2 (1)**ア**　(2)がく　(3)受粉《じゅふん》　(4)**ウ**
(5)種子

3 (1)①**A**　②**C**　③**D**　④**B**
(2)**イ**→**ウ**→**エ**→**ア**

4 (1)外からの花粉《かふん》がつかないようにするため。
(2)めしべの先　(3)**A**

考え方

1 (2)花のもとにふくらみがあるものがめばなで，ふくらみのないものがおばなです。
(3)(4)花粉がおしべの先から出て，めしべの先につくと，やがてめしべのもとのふくらんだ部分が育って実になります。
(5)カボチャの花粉は，花のみつをすったり，花粉を集めたりするこん虫のからだについて運ばれます。

2 (1)おしべの先には花粉の入ったふくろがあります。
(4)(5)受粉すると，やがてめしべのもとのふくらんだ部分が実になり，中に種子ができます。

ここに注意！ 花には，カボチャやヘチマのように，おしべがあるおばなとめしべがあるめばなに分かれたものと，アサガオやアブラナのように，おしべとめしべが1つの花にあるものがあります。

3 (1)**E**は反しゃ鏡です。
(2)先に，横から見ながら調節ねじを回して対物レンズとプレパラートをできるだけ近づけておきます。続いて，接眼《せつがん》レンズをのぞきながら，調節ねじを前と逆《ぎゃく》向《む》きに回して対物レンズとプレパラートをはなしていき，ピントを合わせます。

4 (1)花が開いてしまったものはすでに花粉がついているかもしれません。受粉しためばなと受粉しないめばなで実のでき方を調べるには，つぼみのときからふくろをかけて花粉がつくのを防《ふせ》ぐ必要があります。
(2)(3)花粉をめしべの先につけて受粉させためばなには実ができますが，受粉させなかっためばなには実ができません。

86〜87ページ

3 魚のたんじょう

1 (1)**B**　(2)①**イ**　②**イ**　③**ア**
(3)めす　(4)**イ**，**オ**

2 (1)かいぼうけんび鏡　(2)**ア**，**ウ**

3 (1)**イ**　(2)**ウ**　(3)**ア**　(4)**C**→**A**→**B**→**D**
(5)目　(6)**イ**　(7)**エ**

考え方

1 (1)〜(3)メダカのおすとめすは，せびれとしりびれの形で見分けます。また，めすのはらは，おすよりもふくらんでいます。
(4)水そうは，日光が直接《ちょくせつ》あたらない明るいところに置きます。水草はたまごを産みつける場所になります。水そうに入れる水はくみ置きの水を使い，水がよごれたら，半分くらいとりかえます。

2 (2)メダカのたまごはペトリ皿に入れて観察します。かいぼうけんび鏡は，調節ねじを回すとレンズが上下に動き，ピントを合わせることができます。

3 (2)(3)メダカは，おすとめすがならんで泳ぎながらからだをすり合わせ，めすはたまごを産み，おすは精子《せいし》を出します。たまごと精子が結びついて受精卵《じゅせいらん》となるとたまごは成長を始めます。産卵したとき，たまごはめすのはらについており，そのあと，水草にたまごを産みつけます。
(4)はじめはあわのようなものが見えるだけですが，しだいにからだの形ができ，目が黒くなって，せぼねの形もわかるようになります。
(7)**D**はかえったばかりの子メダカで，はらのふくろにある養分を使って育つので，しばらくの間はえさを食べません。

88～89ページ

4 人のたんじょう

1 (1)受精卵《じゅせいらん》 (2)**イ** (3)**A**→**C**→**D**→**B**
(4)**A** (5)**ウ** (6)①**D** ②**C** ③**B**

2 (1)子宮 (2)**B**へそのお **C**たいばん
(3)**イ** (4)**ウ** (5)へそ

3 (1)**ウ**
(2)身長…(約) 50 (cm)
体重…(約) 3 (kg)

考え方

1 (1)(2)卵《らん》(卵子《らんし》)と精子《せいし》が結びつくことを受精といい，受精した卵を受精卵といいます。卵は受精することによって成長を始めます。
(4)(5) 0.1 mmくらいの受精卵は，身長が50 cmくらいまで成長します。

2 (2)～(4)子どもは，へそのおでたいばんとつながっていて，へそのおを通してたいばんから養分などをもらい，いらなくなったものをたいばんに返しています。また，子どもをとり囲んでいる液体《えきたい》を羊水《ようすい》といい，子どもを外のショックからまもっています。

3 (1)人の子どもは，子宮の中で受精後約 38 週間育てられます。

90～91ページ

5 天気の変化 ①

1 (1)午前 9 時…くもり
午後 3 時…晴れ
(2)雲

2 (1)**ウ** (2)くもり (3)**イ**
(4)積らん雲(かみなり雲，入道雲《にゅうどうぐも》)

3 (1)西(から)東 (2)**エ** (3)西(から)東
(4)**ア**

4 (1)**ウ**，**エ** (2)**C**

考え方

1 (1)晴れとくもりのちがいは，雲の量で決めています。空全体の広さを 10 としたとき，空をおおっている雲の量が 0～8 のときは晴れ，9・10 のときはくもりとします。
(2)雲の量や形などのようすが変わると，天気も変わります。雲が多くなったり，厚みのある形になると，やがて雨がふったりします。

2 (1)(3)雨雲(らんそう雲)は，低い空に見られる黒っぽい色の雲で，雨をふらせます。
(4)積らん雲は，低い空から高い空へ向かって発達し，雨をふらせます。

3 (1)(3) 1 日目に日本全体をおおっていた雲が，東のほうへ動いています。このように，日本付近の雲は，西から東へ動くことが多く，天気も西から東へ変わっていくことが多いです。
(2)福岡《ふくおか》，大阪《おおさか》，東京《とうきょう》はどれも雲でおおわれているので，くもりか雨であると考えられます。
(4) 3 日目の福岡の西側には雲があまりなく，晴れていると考えられるので，4 日目は福岡も晴れると考えられます。

4 (1)アメダスとは，全国にある気象観測《かんそく》そう置で，自動的に雨の量や気温，風速などを観測し，集計するしくみのことです。図から，どの地いきにどのくらいの量の雨がふっているかがわかります。
(2)日本付近の天気は，およそ西から東へ変化していくことが多いので，**C**もやがて雨になると考えられます。

92～93ページ

6 天気の変化 ②

1 (1)台風 (2)**イ** (3)南 (4)**ア** (5)**イ**
(6)**イ**

2 (1)②→①→③ (2)①**イ** ②**ア** ③**ウ**

3 ①× ②× ③○ ④○ ⑤× ⑥○
⑦× ⑧○

考え方

1 (1)～(3)日本にやってくる台風は，夏から秋にかけて南の海上で多く発生し，北に向かって進んでいきます。
(4)(5)台風が西日本に近づいているので，福岡《ふくおか》では雨が多いと考えられます。また，福岡ではこのあと，雨や風がはげしくなると考えられます。
(6)台風は日本付近を通過《つうか》したあと，ふつう，小さくなって消えてしまいます。

2 写真のうずをまいた雲は台風で，時間とともに南から北へ進んでいきます。台風の雲がかかっている地いきでは，強い雨がふっていると考えられます。

3 台風がくると，強い風でものが飛ばされたり，木や建物がたおされたりすることがあります。また，大雨のために地ばんがゆるんでがけがくずれたり，こう水が起こったりすることもあります。一方，この雨によって，水不足が解消《かいしょう》されることもあります。

94〜95ページ

7 もののとけ方 ①

1 (1)**ウ** (2)**イ**
(3)さとう水(さとうの水よう液《えき》)

2 (1)水よう液 (2)**ウ** (3)なくならない

3 (1)上皿てんびん (2)**イ** (3)55 g
(4)水(と)食塩(の重さの和)

4 (1) 60 (g) (2) 12 (g) (3) 116 (g)

考え方

1 (1)(2)さとうや食塩を水に入れると，まぜなくても少しずつとけていきます。(とける限《げん》界をこえるととけ残ります。)さとうが全部とけた水はとう明で色がなく，水と同じように見えます。

2 (1)(2)水にものがとけている液を水よう液といい，色があるものとないものがありますが，どちらもとう明です。
(3)水にとけたものは，目には見えなくてもなくなってはいません。

3 (2)上皿てんびんを使うとき，分銅《ふんどう》ははかるものと同じぐらいの重さのものをのせます。のせた分銅が重すぎるときは次に軽い分銅にかえ，のせた分銅が軽すぎるときは次に軽い分銅を加えます。
(3)ビーカーの中に入っているものは，水50 gと食塩5 gなので，全体の重さは55 gになります。食塩をとかす前ととけたあとで，重さは変わりません。

4 (1)水よう液の重さ＝水の重さ＋とけたものの重さ だから，50＋10＝60(g)
(2)水 100 g にさとうを入れると 112 g になったので，ふえた分の 12 g がさとうの重さということになります。
(3)スプーンに3ばいで 12 g なので，1ぱいで4 g です。112+4＝116(g)

96〜97ページ

8 もののとけ方 ②

1 (1)**エ** (2)決まっている (3)**イ**

2 (1)メスシリンダー (2)**B** (3) 48 (mL)
(4)スポイト

3 (1)食塩 (2)**ウ** (3)**A**

4 (1)ろ紙 (2)ある (3)ホウ酸《さん》
(4)水をじょう発させる。

考え方

1 (1)(2)水の量が決まっているとき，その水にとける食塩の量も決まっているので，まぜたり，置いておいても，それ以上とかすことはできません。しかし，水の量をふやすと，その分だけとける食塩の量もふえることになります。
(3)同じ量の水にとけるものの量は，ものの種類によってちがいます。同じ量の 20 ℃の水にとけるホウ酸の量は，食塩よりも少ないです。

2 (1)水の体積(量)を正確《せいかく》にはかるには，メスシリンダーを使います。

ここに注意! メスシリンダーの目もりは，液面《えきめん》の平らな部分を真横から見て読みとります。ななめから見ると，正確に読みとることができません。

3 (1)(2)それぞれの温度でとける量は，ホウ酸のほうが少ないです。グラフより，60 ℃の水 50 mL にとける量は食塩(**A**)が約 18 g，ホウ酸(**B**)が約 7.4 g なので，ホウ酸がとけ残ります。
(3)グラフより，食塩(**A**)は水の温度を上げてもとける量が少ししかふえません。ホウ酸(**B**)は水の温度を上げると，とける量がふえます。

4 (2)(3)とけ残りのある液をろ過《か》すると，とけ残ったものだけがろ紙の上に残り，水よう液と分けることができます。この液(ろ液といいます)にはとけたものがふくまれており，水の温度を低くすると，ホウ酸のとける量が少なくなるので，とけきれなくなったホウ酸のつぶがでてきます。

98〜99ページ

9 流れる水のはたらき

1 (1)上流…**イ**，**カ**　中流…**ア**，**オ**
　下流…**ウ**，**エ**　(2)下流

2 (1)はやくなる　(2)**ア**，**エ**　(3)**イ**

3 (1)**A** **ウ**　**B** **イ**　(2)**ウ**

4 (1)**A** しん食　**B** 運ぱん　**C** たい積
(2)①**ア**　②**ア**　(3)**X**

考え方

1 川の上流は水の量が少なく，流れがはやいです。中流から下流にいくにつれて，水の量が多くなり，流れがゆるやかになります。上流にある大きくて角ばった石は，水に運ばれるときに角がけずられてしだいに小さくなり，丸みをおびていきます。

2 (1)(2)水の量がふえると，川の流れははやくなるので，川底や川岸をけずりとり，けずった土などを運ぶはたらきが大きくなります。

3 曲がって流れている川の外側では流れがはやく，土がけずられて深くなり，岸がけずられてがけになっている所が多いです。一方，内側では流れがおそく，土がたまって浅くなり，小石やすながたまって川原になっている所が多いです。

4 (2)(3)流れる水の量がふえると，流れがはやくなり，地面をけずって，土などを運ぶはたらきが大きくなります。水が曲がって流れている所の外側では流れがはやく，けずるはたらきが大きくなります。

100〜101ページ

10 ふりこの動き

1 (1)ふりこ　(2)**ウ**　(3)**ウ**
(4)おもりの重さ…同じにする
　糸の長さ…同じにする
(5)**ウ**　(6)**ウ**

2 (1)ふりこのふれはば，おもりの重さ
(2)**ア**　(3)**イ**
(4)ふりこの長さが長いほど長い

3 (1)①(と)④　(2)①(④)→③→②

考え方

1 (5)(6)ふりこが１往復《おうふく》する時間はふりこの長さだけによって決まるので，おもりのふれはばを変えても，１往復する時間は変わりません。

ここに注意！ 条件《じょうけん》を変えて調べる実験では，調べたい条件(ふりこのふれはば)以外はすべて同じにしておきます。

2 (1)ふりこの長さ以外の条件は，すべて同じにします。
(2)ふりこが１往復する時間は，ふりこが長いほど長く，短いほど短くなります。**B**は**A**の２倍の長さなので，１往復する時間は**A**の1.0秒よりも長くなります。
(3)ふりこが１往復する時間は，おもりの重さが変わっても変わりません。

3 (1)ふりこの長さが同じものを選びます。
(2)ふりこの長さが短い順になります。

102〜103ページ

11 電じしゃくの性質

1 (1)コイル　(2)同じ向きにする。
(3)ふれる　(4)**ウ**　(5)電じしゃく

2 ①×　②×　③○　④×　⑤○　⑥○

3 (1)**ア**　(2)**A**側…S極　**B**側…N極
(3)**A**側…北　**B**側…北
(4)**A**側…N極　**B**側…S極
(5)引きつけ合う　(6)**ア**，**ウ**

考え方

1 (1)(2)エナメル線を同じ向きに何回もまいたものをコイルといいます。
(3)〜(5)コイルに鉄くぎを入れて電流を流すと，じしゃくのように方位じしんのはりやゼムクリップなどの鉄を引きつけるようになります。これを電じしゃくといいます。

2 ①電じしゃくは電流が流れているときだけ，じしゃくのはたらきをします。
②電じしゃくのはたらきは，じしゃくと同じで鉄を引きつけますが，アルミニウムは引きつけません。
④⑥電じしゃくの極は，コイルに流れる電流

の向きによって変わります。また，電じしゃくの強さはコイルに流れる電流の大きさやコイルのまき数によって変わります。

3 (2)**A**側に方位じしんのＮ極が，**B**側に方位じしんのＳ極が引きつけられているので，**A**側はＳ極，**B**側はＮ極になっていることがわかります。
(3)電流が流れないと電じしゃくははたらかないので，方位じしんのはりは北をさします。
(4)コイルに流れる電流の向きが変わると，電じしゃくのＮ極とＳ極は入れかわります。
(5)**P**は**図1**の**B**側と同じＮ極，**Q**は**図1**の**A**側と同じＳ極になっています。ちがう極どうしは引きつけ合います。

104～105ページ

12 電じしゃくの強さ

1 (1)多くなる　(2)直列つなぎ　(3)**ウ**
(4)**イ**

2 (1)電流計　(2)＋極…**D**　－極…**C**
(3) 4 A　(4) 0.5 (A)

3 (1)**A**(と)**B**　(2)**A**(と)**C**
(3)**B**→**A**→**C**
(4)コイルに流れる電流を大きくする。
コイルのまき数をふやす。

4 (1)電じしゃく　(2)はやくなる　(3)**ア**

考え方

1 (2)直列つなぎでは，かん電池の数が多くなるほど，電流が大きくなります。へい列つなぎでは，かん電池の数がふえても，電流の大きさはかん電池１このときと同じです。
(3)コイルのまき数を変えると，電じしゃくの強さが変わってしまうので，同じまき数のままにしておきます。
(4)あまったエナメル線は切りとったりしないで，まき数を変えたときも全体の長さが同じになるようにします。ただし，鉄くぎにまくと，もう１つ電じしゃくができることになるので，気をつけなくてはいけません。

2 (2)**D**を＋たんしといい，かん電池の＋極側の導線《どうせん》をつなぎます。**A**，**B**，**C**を－たんしといい，かん電池の－極側の導線をつなぎます。はじめはいちばん大きい電流をはかれる５Ａのたんし(**C**)につなぎ，はりのふれが小さければ，順に小さい電流をはかれるたんしに変えていきます。
(4)1000 mA＝1 Aだから，500 mA は0.5 A。

3 (3)(4)電じしゃくのはたらきは，コイルに流れる電流が大きいほど，また，コイルのまき数が多いほど，強くなります。

ここに注意！ 条件《じょうけん》を変えて調べる実験では，調べたい条件以外はすべて同じにしておきます。まき数を変えたときにあまったエナメル線(導線)も電じしゃくの強さに関係するので，たばねておき，切らないようにします。

4 (2)電じしゃくのはたらきが強くなるので，モーターははやく回転するようになります。

106～108ページ

13 仕上げテスト

1 (1)**C**　(2)**Q**
(3)①**ア**，**イ**，**エ**　②**ア**，**ウ**，**エ**
(4)①花粉《かふん》　②種子

2 (1)**イ**　(2)①精子《せいし》　②卵《らん》(卵子《らんし》)　③受精《じゅせい》

3 (1)雲　(2)**エ**　(3)**エ**　(4)雲の量　(5)**ウ**

4 (1)**A**ミョウバン　**B**食塩　(2)**ア**
(3)とけている

5 (1)①**ア**　②**イ**　(2)大きくなる
(3)はやくなる

6 (1)**D**　(2)**A**(と)**C**　(3)**A**(と)**B**

7 (1)**C**　(2)**E**　(3)**A**(と)**B**(**D**(と)**E**)

考え方

1 (1)(2)**C**の部分は子葉で，発芽《はつが》のときに必要な養分(でんぷん)がふくまれています。また，**B**は根・くき・葉になる部分です。

2 女性の体内でつくられる卵(卵子)と，男性の体内でつくられる精子が結びつくことを受精といい，受精した卵のことを受精卵といいます。

3 (2)(3)日本付近の雲は，およそ西から東へ動くことが多く，天気も西から東へ変わっていくことが多いので，東京《とうきょう》はこのあと雲におおわれて雨またはくもりになると考えられます。
(5)台風は，ふつう日本の南の海上で発生し，夏から秋にかけて日本に近づきます。日本に近づいた台風は，はじめは西のほうへ動き，そのあと北や東のほうへ動くことが多いです。台風が近づくと，強い風がふいたり，短い時間に大雨がふったりすることが多いです。

4 (1)(2)ミョウバンは水の温度が変わると，とける量が大きく変わります。食塩は水の温度が変わっても，とける量がほとんど変わらないので，60℃から10℃に冷やしても，つぶが少ししか出てきません。

5 流れる水のはやさは，まっすぐ流れている所ではまん中が，曲がって流れている所では外側がはやくなります。また，水の量が多くなると，流れがはやくなり，地面をけずって，土などを運ぶはたらきが大きくなります。

6 (1)ふりこの長さが長いほど，ふりこが1往復《おうふく》する時間は長くなります。
(2)(3)ふりこが1往復する時間の長さについて実験をするときは，調べたい条件《じょうけん》以外はすべて同じにしておく必要があります。

7 (1)かん電池のへい列つなぎは，かん電池1このときと同じ大きさの電流が流れます。
(3)コイルのまき数と電じしゃくの強さとの関係を調べるには，コイルのまき数以外の条件が同じである必要があります。

国語

143～142ページ

1 漢字の読み

1 (1)せいさん (2)もうふ (3)しんきょう
(4)ひょうが (5)いとな (6)やさ
(7)こころよ (8)けわ

2 (1)①るす ②ほりゅう
(2)①ぞうきばやし ②ふくざつ
(3)①ま ②ふ

3 (1)**ア** (2)**イ** (3)**ア** (4)**ア** (5)**イ**
(6)**ア** (7)**イ** (8)**イ**

4 (1)**エ** (2)**ア** (3)**ウ** (4)**ア** (5)**イ**

5 (1)かわら (2)めがね (3)まいご

考え方

2 (3)のように，訓読みが複数《ふくすう》ある漢字は，送りがなに注意して読み分けましょう。

ここに注意！ 漢字には，中国から伝わってきたときの音をもとにした音読みと，日本にもともとあった言葉を漢字にあてはめた訓読みの二種類があります。訓読みの大部分は，送りがなが必要です。

4 (1)は「しゅっちょう」，(2)は「かめん」，(3)は「けんさ」，(4)は「こうどう」，(5)は「むそう」と読みます。熟語《じゅくご》の読み方に気をつけて，正しいものを選びましょう。

5 特別な読み方をする漢字(**熟字訓**)なので，漢字一字一字の読みではなく，熟語単位の読みを答えます。

ここに注意！ 熟語の中には，漢字が本来もっている読み方とは異《こと》なり，その熟語のときのみ，特別な読み方をするもの(熟字訓)があります。

141～140ページ

2 漢字の書き

1 (1)常備 (2)豊富 (3)省略 (4)容量
(5)指導 (6)余談 (7)独断 (8)原因

2 (1)当 (2)実 (3)評 (4)器 (5)言
(6)生 (7)告 (8)決 (9)問

3 (1)**イ** (2)**ア** (3)**ア** (4)**イ** (5)**ア** (6)**イ**

4 (1)寄せる (2)確かめる (3)険しい
(4)易しい (5)喜ぶ (6)勢い (7)逆らう
(8)過ごす (9)耕す (10)快い

考え方

2 読み方を参考に，上，または下の漢字から熟《じゅく》語《ご》を考え，共通する漢字を見つけましょう。

4 送りがなまで正確《せいかく》に覚えましょう。送りがなによって，漢字の読み方が変わるものもあります。

ここに注意！ 形の似《に》た漢字は，読みが同じであることも多いので，どこがちがうか注意し，熟語に直すなど，意味を考えて解《と》きましょう。

139～138ページ

3 漢字の成り立ち

1 ①**エ** ②**ア** ③**イ** ④**ウ**
2 (1)**ア** (2)**イ** (3)**エ** (4)**ウ** (5)**ウ**
(6)**ア** (7)**イ** (8)**エ**
3 (1)**ア** (2)**エ** (3)**ウ** (4)**ア**
4 (1)(釒)〔同・どう〕
(2)(⺮)〔官・かん〕
(3)(衣)〔制・せい〕
(4)(⻌)〔束・そく〕
(5)(木)〔交・こう〕
5 (1)今・心 (2)木・主 (3)羊・大
(4)自・心 (5)口・貝 (6)木・木・木
6 (1)王 (2)士 (3)小 (4)虫 (5)立
(6)回 (7)角

考え方

2 (4)は，「木」がたくさん集まっているところ＝「林」，(5)は，「鳥」の「口」から聞こえるもの＝「鳴き声」と考えましょう。(7)は，「木」の地面に近い部分に印をつけて，「根本」という意味を表しています。

3 (1)**ア**は指事文字ですが，ほかは会意文字です。(2)**エ**は象形《しょうけい》文字ですが，ほかは指事文字です。(3)**ウ**は形声文字ですが，ほかは会意文字です。(4)**ア**は会意文字ですが，ほかは象形文字です。

4 意味を表している部分とは，漢字の部首のことです。また，音を表している部分はそれだけで漢字として成り立っているものがほとんどです。

6 説明と意味をよく読んで考え，答えを導《みちび》き出しましょう。

137～136ページ

4 部首・筆順・画数

1 (部首の種類・部首名の順に)
(1)**オ・サ** (2)**カ・シ** (3)**ア・ケ**
(4)**ウ・ス** (5)**エ・ク**
2 (1)①液 ②減 (2)①招 ②提
(3)①態 ②志 (4)①領 ②額
(5)①居 ②属
3 (1)**イ** (2)**ア** (3)**イ** (4)**イ** (5)**ア**
4 (1)6 (2)3 (3)6 (4)1 (5)1 (6)17
5 (1)14 (2)15 (3)16 (4)15 (5)14
(6)12
6 (1)のぎへん・11・(例)移動・移行
(2)りっとう・9・(例)規則・校則
(3)くにがまえ・6・(例)団結・団体
(4)さら・10・(例)利益・有益

考え方

1 (2)の部首名は「しんにゅう」ともいいます。(3)とまちがえやすいのは「おおざと」です。左側につくのが「こざとへん」，右側につくのが「おおざと」です。(4)の部首名は「ゆきがまえ」ともいいます。「彳（ぎょうにんべん）」とまちがえやすいので注意しましょう。

5 (4)「氺」は4画ではなく5画です。(5)「毌」は5画ではなく4画です。

6 まずは，部首がどの部分かを考えましょう。

ここに注意！ 筆順は，文字をバランスよく書くために決められたものです。どうしても筆順がわからない漢字は，漢字辞典などで調べましょう。

135～134ページ

5 和語・漢語・外来語・複合語

1 ①**オ** ②**ク** ③**キ** ④**カ** ⑤**ウ** ⑥**ア**
2 (1)休む (2)決まり

(3)作る　(4)使う
(5)温かい水　(6)国の旗
(7)書き入れる(書き記す・記す)

3 (1)**イ**　(2)**ウ**　(3)**ア**　(4)**イ**　(5)**ウ**　(6)**ア**　(7)**ア**　(8)**イ**　(9)**ウ**　(10)**イ**

4 (1)昼食　(2)友達　(3)フルーツ　(4)速さ　(5)旅館

5 (1)**エ**　(2)**オ**　(3)**ア**　(4)**ウ**　(5)**イ**

6 (1)**ウ**　(2)**エ**　(3)**イ**　(4)**ア**　(5)**オ**

考え方

2 漢語は音読みの熟語《じゅくご》，和語は訓読みの漢字を使って表した言葉です。

ここに注意！ 漢語は，日本に入ってきた時代が古いので，和語と区別がつかないほど，わたしたちの生活にとけこんでいます。また，漢語に対応《たいおう》するものがなかったために，和語が存在《そんざい》しないものもたくさんあります。

133～132ページ

6 慣用句・ことわざ

1 (1)鼻　(2)足　(3)口　(4)耳　(5)目　(6)手　(7)顔

2 (1)**オ**　(2)**ク**　(3)**エ**　(4)**イ**　(5)**キ**　(6)**ア**　(7)**カ**　(8)**ウ**

3 (1)**ク**　(2)**オ**　(3)**ケ**　(4)**キ**　(5)**カ**　(6)**イ**　(7)**エ**　(8)**コ**　(9)**ウ**

4 (1)道草を食っ　(2)高をくくっ
(3)かさに着　(4)油をしぼら
(5)口車に乗　(6)油を売っ
(7)風上にも置けない

考え方

1 慣用句《かんようく》は，二つ以上の言葉が結びついて，全体として別の意味になった言葉です。(3)しゃべる→口，(4)聞く→耳など，意味をヒントに考えましょう。

2 その動作をイメージすることで，意味をとらえやすくなります。

ここに注意！ 2(6)の「折り紙をつける」と「レッテルをはる」という言葉は，意味をまちがえて使ったり，「折り紙をはる」「レッテルをつける」と混同《こんどう》したりしやすいので，注意しましょう。

3 ことわざは，昔から言いならわされてきた言葉で，いましめやためになることを教えるものです。(1)と**ク**は，形は似《に》ているけれども，ちがいがありすぎてつり合わない，という意味です。

131～130ページ

7 文のきまり

1 (1)**イ**　(2)**ウ**　(3)**ア**

2 (1)**ア**　(2)**イ**　(3)**ア**　(4)**ウ**　(5)**イ**

3 (1)**イ**　(2)**エ**　(3)**ウ**　(4)**ア**　(5)**イ**　(6)**ア**　(7)**エ**　(8)**ウ**　(9)**ウ**

4 (主語・述語の順に)
(1)祖母が・買った　(2)料理は・おいしい
(3)満月が・見える　(4)むすめが・織った

5 (1)**ウ**　(2)**ウ**　(3)**ア**　(4)**ウ**　(5)**オ**

6 (1)①山々に　②初雪が
③おとずれるのは　④十一月末である
(2)①めずらしい　②本を　③弟は
④もらった

考え方

1 **ア**の単文とは，主語と述語《じゅつご》が一組だけある文のことです。**イ**の重文とは，主語と述語の関係が二つ以上あり，おたがいが対等な関係になっている文のことです。**ウ**の複文《ふくぶん》とは，主語と述語の関係が二つ以上あり，一方がもう一方にふくまれる文のことです。**イ**と**ウ**を混《こん》同《どう》しやすいので，注意しましょう。

2 **ア**「何が―どうする」の述語は，動作を表しています。**イ**「何が―どんなだ」の述語は，様子や状態《じょうたい》を表しています。**ウ**「何が―何だ」の述語は，ものの名前を表しています。

4 述語は文の最後にあることが多いので，まず，述語を見つけてから，「何(だれ)が」にあたる主語を見つけましょう。

5 修飾語《しゅうしょくご》は，すぐあとにもってきても不自然にならない言葉をくわしく説明しています。

ここに注意！ 文の種類には，**1**のように，構成《こうせい》から分類されたものと，**3**のように，性質《せいしつ》から分類されたものがあります。

129～128ページ

8 言葉のきまり

1 (1)**イ** (2)**エ** (3)**イ** (4)**ウ**

2 (1)**イ** (2)**ア** (3)**エ**

3 (1)もどら (2)歌い (3)ねむっ (4)行っ (5)作れ (6)つぶやい (7)飛べ

4 (1)**ウ** (2)**イ** (3)**ア** (4)**ウ** (5)**ア**

5 (1)**エ** (2)**ア** (3)**ウ** (4)**カ**

6 (1)いらっしゃる(おこしになる・来られる)
(2)おっしゃる(言われる) (3)申して
(4)めし上がって (5)ごらんになる
(6)うかがいます(お聞きします)
(7)いただいても

考え方

1 (1)**イ**は，言い切りの形が「きれいだ」となるので，形容動詞《けいようどうし》，それ以外は「――い」となるので，形容詞です。(3)は，**イ**だけが「大きだ」とはいえないので，形容動詞ではありません。

2 それぞれ，(1)は「……たら」と，(2)は「……ようだ」と，(3)は「……だろう」という言葉と組になるものを選びます。

4 **ア**の「受け身」は「**A**が**B**に……される」という文になるもの，**イ**の「可能《かのう》」は「……することができる」と言いかえることができるもの，**ウ**の「尊敬《そんけい》」は主語に対する敬意を表すもので，主語が目上の人になっている場合が多いです。

5 つなぎ言葉(接続語《せつぞくご》)は，前の文とあとの文の関係を考えて選びましょう。

ここに注意！ **つなぎ言葉(接続語)**には，次のような種類があります。
①前の文の内容《ないよう》(原因《げんいん》)を受けて，あとの文(結果)を続けるもの (例)だから
②前の文とは逆《ぎゃく》の内容の文を続けるもの (例)けれども
③前の内容とあとの内容のどちらかを選ぶもの (例)それとも
④前の文の内容を，あとの文が説明するもの (例)なぜなら
⑤前の文の内容を，あとの文で言いかえるもの (例)つまり
⑥前の文の内容に，あとの文の内容をつけ加えるもの (例)そのうえ

6 ――線の動作がだれのものであるかを考えます。相手側の動作の場合は，相手の行為《こうい》を高める表現《ひょうげん》の尊敬語，自分や身内の動作の場合は，自分や身内の行為を低める表現のけんじょう語を使います。

127～126ページ

9 伝記を読む

1 (1)**ウ・オ**
(2)外国・商売・もうけたお金
(3)(例)・やる気がちがうから。
・日本人は身分にこりかたまっているから。
(4)**イ** (5)カンパニー・外国の船・運送業
(6)**イ**

考え方

1 (1)第二段落《だんらく》に小竜《しょうりゅう》が話したことが書かれています。どの国がどのような様子なのか，きちんと読み取りましょう。
(2)――線②の直後の説明や小竜のせりふに着目しましょう。
(3)――線③の直後に，なぜ日本は勝てないのか，竜馬《りょうま》の考えが書かれています。
(4)竜馬は，小竜の話をきちんと聞いて，自分の意見を言っています。それを聞いて，小竜も話を続けてくれています。
(5)――線⑤の一行あとの「まずすべきことは……」に着目しましょう。
(6)□の前に，「小竜の話は，竜馬がなやんできたことすべてに，こたえるものでした」とあるので，「もやもや」が「すっきり」したことがわかります。

ここに注意！ 伝記文では，その文章を読む人に対して，作者がうったえたいことをつかむことが大切です。中心になる人物の考えや行動に着目しましょう。

125～124ページ

10 物語を読む ①

1 ⑴母・夜なべして
⑵得意満面　⑶その試合で　⑷目
⑸(例)「黒バッタ」とからかわれた・かっこいい
⑹**ウ**

考え方

1 ⑴「広瀬《ひろせ》先生が，母の作ったユニフォームと知ってほめてくれた」「折角《せっかく》，夜なべして母が作ってくれたユニフォームだ」からわかります。
⑶次の段落《だんらく》に，試合での「修《おさむ》」の様子が具体的に書かれています。
⑷「目を細める」は，喜《よろこ》んでいる様子を表す慣用《かんよう》句《く》です。
⑸一つ目の(　)は，「『黒バッタ』と野次《やじ》を飛ばされた」，二つ目の(　)は「すごい」などでもかまいません。
⑹「男の子たちは……さまざまな批評《ひひょう》や感想を加えた」とあります。

123～122ページ

11 物語を読む ②

1 ⑴マラソン・(例)母さんとミキ姉・おうえん
⑵**ロ**　⑶**イ**　⑷**ウ**　⑸**エ**

考え方

1 ⑴２・３行目の「ぼくはおうえんの旗を持ち，ミキ姉《ねえ》は……」や６行目「母さんが，ぼそっと言った」から，「ぼく」以外の登場人物と，登場人物たちが何をしているのかを読み取ります。
⑵母さんの問いかけに対する返答は「グアム旅行のためじゃないの？」の一言です。しかし，そのあとに「ぼくとミキ姉は」とあることから，「グアム旅行のため……」という言葉は，二人が同時に言った言葉だとわかります。同じことを複数人《ふくすうにん》で言うさまを「口をそろえる」といいます。
⑶――線の３行あとで，母さんが「本当の理由はそうじゃないの」と言っています。そのあとに続く言葉が，父さんがマラソンを走る本当の理由です。
⑷「［B］だけど，堂々《どうどう》と」とあるので，「堂々と」とは反対の意味の言葉が入るとわかります。「強く首をふった」とあることから，**イ**の「悲しげ」は合いません。「父さんのペースで」走っていることから，**エ**の「悔《くや》しげ」も合いません。「すごく苦しそうに，あえぐように走る父さん」という言葉から，**ウ**の「苦しげ」があてはまります。
⑸初めは，父さんはグアム旅行のために走っているのだと思っていた「ぼく」ですが，父さんの思いに気づき，「必死で旗をふっ」ておうえんするようになりました。

121～120ページ

12 ずい筆を読む

1 ⑴・中国で書かれた本
・日本で書かれた本
・欧米で書かれた本
⑵漢字を～わかる
⑶(例)中国に行っても，漢字を見ただけで，どこがトイレかなどがわかること。
⑷**イ**　⑸字を見ただ　⑹**エ**
⑺ある人が～ったとか

考え方

1 ⑴――線①の直後の「どのように分類されているかというと……」と具体的に書かれている部分に着目しましょう。
⑵――線②の直前に「これも」とあるので，「これ」が指す内容《ないよう》をさがしましょう。
⑶「これ」は，直前に書かれているものを指し示《しめ》すこそあど言葉です。
⑷［　　］の前も後ろも，漢字のおかげで受ける恩恵《おんけい》について書かれていることから，どのつなぎ言葉を使うか考えましょう。
⑸――線④の直前に書かれている説明に着目しましょう。

(6)三島由紀夫《みしまゆきお》はカニが嫌《きら》いで，文字を見るのもいやであることから考えましょう。**ア**の「おどろいて」，**ウ**の「はきそうになる」という内容は文章に書かれていません。
(7)——線⑥の直前に「これは」とあるので，「これ」が指す内容をさがしましょう。「これ」は，直前に書かれているものを指し示すこそあど言葉です。三島由紀夫がなぜそんなにカニが嫌いなのかを聞かれて答える部分が，「私《わたし》の作った冗談《じょうだん》」の内容です。

ここに注意！ ずい筆とは，自己の見聞・体験・感想などを筆に任《まか》せて自由な形で書いた文章のことです。

119〜118ページ

13 説明文を読む ①

1 (1)**イ**
(2)住居・暖房・交通機関の発達(という人の文明)。
(3)**A—エ　B—ア**
(4)チャバネゴキブリ・ワモンゴキブリ・トビイロゴキブリ
(5)4　(6)日本式のす〜かったから　(7)**ウ**

考え方

1 (1)「屋内害虫としてトップの座《ざ》を確立《かくりつ》した」から，考えましょう。
(2)「住居《じゅうきょ》・暖房《だんぼう》……という人の文明に助けられて」という言葉に着目しましょう。
(3)つなぎ言葉(接続語《せつぞくご》)は，文の前後の関係から判断《はんだん》しましょう。
(4)「その姿《すがた》」が指しているのは，「(ヤマトゴキブリ以外の)ほかの種類」のゴキブリのこと。その中でも，「クロゴキブリが……のぞけば」とあることから，残りの種類は何かと考えましょう。
(5)具体例とは，「アメリカのエイムズ市に留学《りゅうがく》したことのある友人に聞いた話」のことです。
(6)理由は，「から・ので・ため」という言葉を目印にしてさがしましょう。
(7)**ア**は，「チャバネゴキブリ」ではなく「ヤマトゴキブリ」なので，不適切《ふてきせつ》。**イ**は1段落《だんらく》に「かれらの歴史《れきし》から見れば人間との付き合いはまだはじまったばかりといえます」とあるので，不適切。**エ**は，4段落に「もし冬にすべての暖房を二，三日止めたら……ほとんどのゴキブリは死に絶《た》えてしまうことでしょう」とあるので，不適切です。

ここに注意！ 説明文の構成《こうせい》は，次のようなものがあります。
①話題の提示《ていじ》(**序論**《じょろん》)→説明(**本論**)→まとめ(**結論**)
②まとめ(**結論**)→説明(**本論**)→まとめ(**結論**)
段落ごとの要点や，つなぎ言葉(接続語)をもとに，構成を判断しましょう。

117〜116ページ

14 説明文を読む ②

1 (1)**ウ**　(2)人間どうし　(3)**ウ**
(4)コミュニケーション・いっしょ・きらわれず

考え方

1 (1)——線①の直前に「人間は人といっしょに生きたい動物であり，言い換《か》えれば」とあることから考えましょう。
(2)「これ」は，直前に書かれているものを指し示《しめ》すこそあど言葉です。「私《わたくし》たち」が「わかっていない」のは何かを読み取りましょう。
(3)**ア**の「日本社会には希望が見当たらず」，**イ**の「負けを意味する」や**エ**のような内容《ないよう》は本文には書かれていません。
(4)問題文中の「…をとる」「…に生きていかなければ」「何とか…」という言葉に着目して，本文中から，「…」にあてはまる言葉をさがしましょう。

115〜114ページ

15 詩・短歌・俳句を読む

1 (1)**イ**　(2)(飛び込みの)選手　(3)花　(4)**ウ**
2 (1)**ウ**　(2)夏　(3)**イ**　(4)**エ**　(5)**B**

考え方

1 (1)雲がプールの水面にうつっているということを読み取りましょう。
(2)水面にうつった雲に向かって落ちていくの

は，飛び込《こ》み選手です。
⑶「花に向かって落ち」て「花」から出てくると考えましょう。

2 ⑴この短歌は，「春だなあ。山の原っぱの草むらに人の寝《ね》ていたあとが残っていることだ」という意味の短歌です。「あと」は「足あと」などの「あと」，「のこれる」は漢字にすると「残れる」です。
⑵「あつき日」という言葉や，「葡萄《ぶどう》の熟《じゅく》す」時期を考えると，季節は夏だとわかります。
⑶「団栗《どんぐり》」は秋の俳句《はいく》に使われる言葉です。「せみ」は夏，「雪合戦」は冬，「梅」は春を表します。
⑷「香《か》」は香《かお》りのことです。この短歌は冬に歌われたもので，「枯《か》れ木と思い木に斧《おの》を入れたら，ぷーんとよい香りがしておどろいた。木は生きていたのだな」という意味の俳句です。作者は，斧を入れたところからよい香りがして，冬で木も枯れている(死んでいる)だろうと思っていたが，この木は生きていたのだ，と木の生命に感動しているのです。
⑸味覚とは，舌《した》で感じる味の感覚のことです。「あつき日を幾日《いくか》も吸《す》ひてつゆ甘《あま》く」とは，「暑さがきびしいほど葡萄は甘くなり」という意味です。甘さを感じるのは味覚なので，**B**が正解《せいかい》です。

113〜112ページ

16 作 文

1 ⑴(例)二月三日，中学一年生全員による冬山登山
⑵油断大敵 ⑶**a→ウ・d→イ**
⑷(例)雪景色みんなと食べる母の味

2 (例)五月十日に行われる緑公園のクリーン作戦の参加者をぼ集します。参加希望者は今月末までにたん任の先生に伝えてください。

考え方

1 ⑴「作文メモ」の中で，使われていないものは「冬山登山」「二月三日」「中学一年生全員」です。これらを二十字以内になるように，うまく組み合わせましょう。
⑶それぞれ，**a**は「それほど積もっていない」という意味に，**d**は「先生の注意の通り」という意味になるように，正しい言葉を選びましょう。
⑷季節を感じさせる言葉を作文中から見つけましょう。

2 「放送原稿《げんこう》メモ」をもとに，児童全員によびかけるような文章を考えましょう。また，聞きまちがいのないように言葉づかいに気をつけて，伝えたい内容《ないよう》をかんたんにまとめましょう。

ここに注意！ 作文を書く場合は，次の点に注意しましょう。
①誤字《ごじ》・脱字《だつじ》がないようにする。
②原稿用紙を正しく使って書く。
③主題や要旨《ようし》を考えて書く。
④主題や要旨がわかるように，構成《こうせい》を考えて書く。
⑤段落《だんらく》のはっきりとした文章を書く。
⑥段落相互《そうご》の関係を考えて書く。
⑦事実と感想・意見を区別して書く。
⑧敬体《けいたい》と常体《じょうたい》を使い分ける。
⑨語句《ごく》の係り方や，呼応《こおう》の仕方に注意する。
⑩こそあど言葉や接続語《せつぞくご》・敬語などを適切《てきせつ》に使う。

111〜109ページ

17 仕上げテスト

1 ⑴率いる ⑵比べる ⑶務める
⑷導く
2 ⑴①因 ②囲 ⑵①救 ②故
⑶①衛 ②術 ⑷①快 ②慣
3 ⑴**エ** ⑵**ウ**
4 ⑴**イ** ⑵**オ**
5 ⑴**ウ** ⑵**ア**
6 ⑴a…実際 b…始 c…結構
⑵(主語)テレビは (述語)ものです
⑶いくらたび
⑷(音があっても)形のない・姿や形
⑸**ウ** ⑹**ウ** ⑺**B**…目 **C**…耳 ⑻[2]

考え方

1 (3)同訓異字《いじ》の「努める」(力をつくすという意味)と区別しましょう。

2 それぞれの部首は(1)「口」，(2)「攵」，(3)「彳亍」(4)「忄」になります。

3 (1)「洋」は，意味を表す「氵」と，音を表す「羊」からできた形声文字です。(2)「明」は「日」と「月」を組み合わせて，「あかるい」などの別の意味を表した会意文字です。

4 (1)「寒かった」のが「かぜをひいた」ことの原因《げんいん》になっています。(2)「犬」と「ねこ」のどちらかを選択《せんたく》する文です。

5 (1)述語《じゅつご》にある「たから物」はものの名前なので，「何が—何だ」の文です。

(2)述語の「ねている」は動作を表しているので，「何が—どうする」の文です。

6 (2)主語は「何(だれ)が」にあたるもの，述語は「どうする・どんなだ・何だ」にあたるものです。述語は文の最後にあることが多いので，述語を見つけてから，主語を見つけましょう。

(4)「ことば」は，どのような特徴《とくちょう》をもっているのか，と考えましょう。

(5)直後の一文と同じ意味のものを選びましょう。

(6)前の文を理由として，筆者が自分の意見を述《の》べていることから考えましょう。

(7)**B**は「絵本」や「テレビ」が育てる「ことば」，反対に，**C**は「絵本」や「テレビ」によってうまく育たなくなってしまいがちな「ことば」のことです。

(8)「一聞《いちぶん》が百見《ひゃっけん》におよばない」のが当然である理由は，「同じことなら，ことばで説明するよりは，……」から始まる[2]段落《だんらく》の三文で具体的に説明されています。